税と
社会保障の
抜本改革

西沢和彦
Nishizawa Kazuhiko

日本経済新聞出版社

はじめに

税と社会保障の一体改革が民主党政権で進められている。一体改革は好ましいことだが、残念なことに政府・与党間には、一体改革に関する明確なコンセンサスが存在していない。政府の社会保障改革に関する集中検討会議は、社会保障を呼び水として、一般会計に空いた穴を消費税率の引き上げによって埋めることを一体改革と考えているようだ。改革というよりも修正といった趣だ。他方、与党がかねてより掲げてきたのは、税と社会保障についてのより抜本的な改革である。

こうしたなか、われわれ国民は、自らの目と耳に基づいて、政府・与党から提示される政策案を評価しなければならない。国任せでは、実現される政策が、正しい方向性に向かっているという保証も、また、国民から見て理解可能ですっきりとした内容になっているという保証もない。例えば、２０１０年12月に公表された政府の「高齢者医療制度改革案」は、非常にテクニカルであり、一般の国民にはとてもついていけないほど複雑怪奇な内容となっている。

本書は、政府・与党から国民向けに提示される政策案を一般の市民が理解し、評価する際に少しでも役立つと思われる「材料」を提供することを最大の目的としている。また、筆者は、この国において現行制度のテクニカルな修正ではなく、真に抜本改革の名に値する改革が成し遂げられることを願っている。今後日本が、未曾有の財政難と、未だどの国も経験したことのない規模で進む超高齢社会を克服するには、それが必要だと考えるからである。このため、本書のタイトルは「一体改革」とせず、あえて「抜本改革」とした。

本書の特徴は、次の5つである。

第1に、本書は、税と社会保障に関する、今まさにわれわれが直面している政策課題に対する政策論を目指している。勉強のための教科書でも、節税や年金の受給方法を書いたハウツー本でもない。

第2に、各章に制度解説を配し、予備知識がなくても読めるようにした。もっとも、本書は、政府の説明の受け売りとは明確に一線を画している。例えば、「年金は100年安心」などといった政府の説明を無批判に繰り返しても、年金を説明したことにならない。かえってミスリードするだけだ。

第3に、最近の政府・与党の主要政策を整理し、評価を下している。すなわち、年金一元化、後期高齢者医療制度の廃止、子ども手当、給付付き税額控除、消費税の社会保障目的税化、および、歳入庁構想などについてポイントを整理するとともに、著者の評価を加えている。

第4に、税と社会保障を一体的に論じている。現状では、税と社会保障はバラバラに議論されており、その弊害は随所に見られる。例えば、厚生労働省は、社会保険料は素晴らしいと言いながら、社会保障の財源に消費税を充てるという。これは矛盾を含んだ主張だ。こうした主張の横行が日本の議論のレベルを低めている。

第5に、政策提言を盛り込んでいる。政府・与党、とりわけ与党の政策は、方向性の提示にとどまり、具体性に欠けるものが少なくない。本書では、例えば、欧米で普及している給付付き税額控除は、日本の場合、どのように活用し得るのか、試算を交えて提言している。

本書は、全10章から成り、構成は次の通りである。

第1章は、本書の導入部で、なぜ税と社会保障の抜本改革・一体改革が必要なのか、その一端を明らかにする。一体改革という言葉は、先進諸外国に比べ低率にある日本の消費税の税率を引き上げることにより、一般会計に空いた穴を埋めるという、ごく狭い意味で認識される場合も少なくない。社会保障改革に関する集中検討会議、遡れば、自民党政権末期がそうであった。もちろん、財政再建だけでも重要ではある。

しかし、本書では、一体改革をより広義に捉える。社会保障財源に占める税と社会保険料の役割の再構築が不可欠となっていること、あるいは、給付付き税額控除に代表されるように、税制を用いた社会保障機能の包摂といった政策的可能性が広がっていることなども、一体改革が求められる極めて重要な背景である。加えて、本章では、日本の税と社会保障の全体像を、マクロの統計を用いて俯瞰する。

第2章は、消費税を取り扱う。税率の引き上げに向けて、消費税という税目そのものについて詰めるべき課題は多く、かつ、それらは重い課題だ。しばしばあげられる逆進性批判への対応、簡易課税制度のさらなる見直しなどのほか、現在4対1という国と地方の消費税率の配分のあり方などは、いわばパンドラの箱のようなものであり、意見集約の大変難しい問題である。

このほか、盲点ともなっているのが、非課税取引の取り扱いである。医療、介護、教育などは、社会政策的な配慮から非課税取引となっているが、実際には、消費税がしっかり課税されている。それは、非課税取引において、仕入税額控除が認められていないためだ。本章では、まず、こうした問題を整理し、解決の方向性を提示していく。続いて、消費税の社会保障目的税化、逆進性批判への対応方法など今後の消費税のあり方について、試案を示す。

第3章は、個人所得課税を取り扱う。個人所得課税とは、国税である所得税と地方税である住民税の総称である。税制改正といえば、昨今、消費税のみがシンボリックに取り上げられる傾向が強い。確かに、今後の税制改正において消費税が柱になることは間違いない。

しかし、消費税が柱になるとしても、他方で、基幹税の1つである個人所得課税が全く手つかずのままでいい訳はない。個人所得課税にも見直すべき点は多くあり、低所得層への配慮がなされている個人所得課税の改正で税収増が図られれば、その分、消費税率の引き上げ幅を抑えることもできる。

また、消費税が柱になるとしても、それが、単に現在の税率が低いからという理由だけでは、あまりに安易である。個人所得課税をはじめとする、他の税目との比較考量によって、消費税のメリットとデメリットを浮かび上がらせることが必要であり、消費税を評価するためには、他の税目の特徴を把握することが不可欠である。本章は、そうした役割も担っている。

第4章と第5章のテーマは、年金である。年金改革において取り組まれるべき課題は、年金財政と年金制度の2つに大きく分けられる。第4章では、そのうち年金財政を論じる。少子高齢化が進み、低成長経済へ移行していくなか、年金財政の持続可能性をいかに確保していくのか。今後75年間、100年間、あるいは、無限の期間といった中長期的時間軸のなかで収入と支出をどのようにバランスさせるのか。これが課題である。

もっとも、今の日本は、そうした政策論以前の段階にある。2004年の年金改正、2009年の財政検証時の政権与党であった自民党と公明党は、100年安心、2・3倍もらえる年金など過剰なレトリックで年金財政を取り繕い、正直にありのままの年金財政を国民に知らせるということから逃げてきた。民主党政権も、100年安心を黙認し続けており、同罪である。

そこで、本章では、米国の社会保険会計（Social Insurance Accounting）を紹介し、それと日本の情報開示の現状とを照らし合わせる。米国には、公会計の一環として年金と医療に関し社会保険会計があり、かつ、それを改善すべく常に議論が行われている。

第5章は、年金制度を取り扱う。年金制度の課題とは、制度を現在の経済・社会状況にいかに適合せていくか、複雑な制度をいかに分かりやすいものへ改めていくかといった制度のデザインの問題である。本章では、まず、日本の年金制度に対する通念を覆す形で制度解説をし、問題点を指摘する。通念とは、日本の年金制度は、国民年金（基礎年金）を1階とし、厚生年金と共済年金を2階とする2階建てになっているというものだ。

しかし、日本の年金制度は、厚生、共済、国民各制度の分立を基本とし、基礎年金は、制度というよりも、勘定、あるいは、給付される際の名称にすぎない。現状の年金制度をこのように捉えることこそ制度に関する議論の出発点といえるだろう。正確な現状把握がなければ、議論の出発点にも立てない。

次に、民主党の年金改革案、すなわち、一元化、所得比例年金、最低保障年金、および、歳入庁構想などの要点を整理しつつ、評価を加える。さらに、自民党マニフェストにおいて年金改革の柱に想定されている保険料軽減支援制度を検証する。

第6章と第7章のテーマは、医療である。民主党は、2009年の衆議院選マニフェストで、後期高齢者医療制度廃止を掲げた。後期高齢者医療制度は、自公政権下の2008年4月にスタートしたばかりの新しい制度である。民主党は、これを高齢者への差別であると断じている。

第6章では、まず、健康保険制度の全体像を、財政面に絞りつつ、解説する。続いて、後期高齢者医療制度は、決して高齢者差別ではないことを試算とともに示していく。民主党の認識自体に大きな問題があったのだ。それでは、議論も正常な方向に向かうはずもない。

さらに、本来あるべき論点を提示し、2010年12月に公表された厚生労働省の「高齢者医療制度改革会議」の最終とりまとめの概要を整理し、評価を加える。高齢者医療制度改革も、本来、年金財政の課題と通じるものがある。日本を取り巻く少子高齢化問題の1つとして、高齢者の医療制度は取り組まれなければならない課題である。

第7章では、国民健康保険（国保）に焦点を当てる。国民健康保険は、1788の市町村によって運営されている市町村国保が主体となっている。市町村国保は、日本の国民皆保険のラストリゾートの役割が期待されているものの、20％超の世帯で、保険料が正常に支払われていないなど深刻な状況に陥っている。

国保の再編・再建は極めて重要な課題でありながら、根本的な解決に向けた道筋が見えてこない。要因の1つに、市町村国保の多様性や複雑に入り組んだ構造がある。市町村といっても、人口数百万人の政令指定都市もあれば、200人に満たない離島もある。国保加入者も、年金受給者、非正規雇用を中心とした被用者、自営業者など様々だ。さらに、国保財政は、国保自身の保険料だけでは収入が大幅に不足するため、国や都道府県、市町村、他の健康保険からの所得移転などを合わせ、複雑な収入構成になっている。本章では、こうした加入者や収入構成の多様性を念頭に置き、市町村ごとのデータを用いながら、複雑な制度の実像把握に努める。その上で、課題の抽出を行う。

第8章のテーマは、子ども手当である。子ども手当は、民主党の看板政策の1つとして、2010年6月に導入された。もっとも、財源のめどがつかず、想定されていた満額2万6000円の半額1万3000円でのスタートを余儀なくされ、かつ、2010年度限りの時限立法となるなど、まさに、傷だらけの船出となった。2011年度以降の給付分も、2010年度の根拠法が6カ月間延長されるという応急処置が施されているだけである。本章では、2011年以降の個人所得課税の改正も含め、子ども手当による家計の得失を試算しつつ、今後の課題を指摘する。

第9章のテーマは、給付付き税額控除である。給付付き税額控除は、税制を用いて、社会保障の給付までをも行う仕組みであり、税と社会保障の一体改革の議論では極めて重要なテーマの１つである。給付付き税額控除は、英国のＷＴＣ、米国のＥＩＴＣ、米英両国のＣＴＣなど広く活用されており、日本で税と社会保険料の再構築を進める際にも鍵となる可能性を持っている。

本章では、まず、給付付き税額控除について、英国の事例を踏まえつつ丁寧に解説し（第３章はそのための基礎知識も含んでいる）、次いで、日本における活用方法について、２つの試案を提示する。さらに、給付付き税額控除を日本に導入する場合の課題を整理する。

第10章は、まとめである。政府・与党の政策、および、本書の提言内容は、直ちにやるべきでありかつ可能なものと、やるべきであるが時間のかかるものとが混在している。それらを整理し、政策の時間軸のなかに位置付ける。さらに、２０１１年3月に起きた東日本大震災によって、日本全体の経済・社会の景色が変わり、当然のことながら財政や社会保障制度を巡る議論も変わるであろうことを論じる。

本書が所期の目的に少しでも近づいているとすれば、幸いである。最後になったが、編集の労をおとりいただいた日本経済新聞出版社の藤原潤氏に厚くお礼を申し上げたい。

目次

第5章 年金制度——政治主導時代の年金制度改革

装丁／小林義郎　DTP／マッドハウス

第 1 章

日本の税制と社会保障

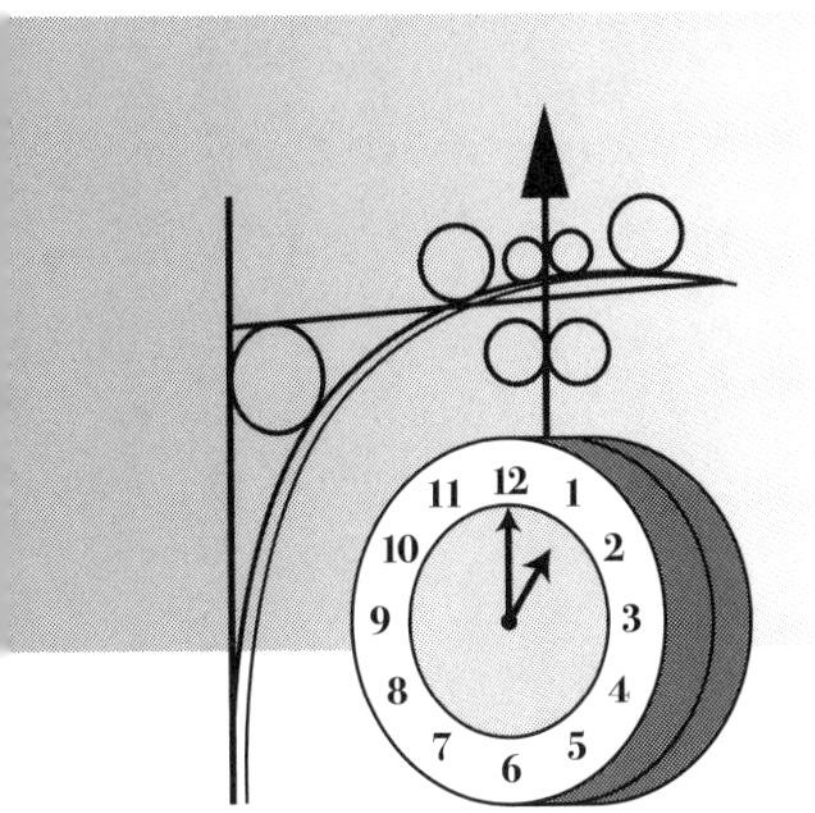

税と社会保障の一体改革とは何だろうか。一体改革と抜本改革との違いは何か。政府・与党は改革の範囲と深さをどのように想定しているのであろうか。かつての自民党政権、2009年9月に誕生した民主党政権においても、税と社会保障の一体改革はしばしば主張され、それを叫ぶ声は強くなっている。実際、2010年10月、民主党において、その名の通り、税と社会保障の抜本改革調査会が設けられている（その後、社会保障と税の抜本改革調査会に改名）。

もっとも、税と社会保障の一体改革あるいは抜本改革に関する明確な共通認識が存在するようには見受けられない。とりわけ、税と社会保障の一体改革という言葉については、単に諸外国比で低水準にある消費税率の引き上げにより、国の一般会計の穴埋めをするという狭い意味だけに用いられていることも少なくない。穴埋めはもちろん重要であり、難しい作業であろう。しかし、本来、税と社会保障の一体改革は、より広義に、かつ、高い次元で捉えられるべきである。例えば、税と社会保険料をそれぞれの本来的役割に即して再構築することは、今日の日本にとって、喫緊の課題である。

そこで、本書全体の導入である本章の前半では、税と社会保障の一体改革がなぜ求められ、それは、どのような姿なのか、その一端を考える。一体改革は、一般会計の穴埋め（狭義の一体改革と呼ぶ）にとどまらず、もっと広範、かつ、高い次元で捉えられるべきであるというのが本章の重要なメッセージの1つであり、必然的に、改革は、抜本的なものが期待される。

後半は、マクロの観点から、第2章以降の各論に先立ち、日本の税制と社会保障制度の全体像を俯瞰する。日本の税制と社会保障制度は極めて複雑であり、それが、議論を深める大きな障壁となっている。制度の複雑さはそのまま放置されていいものではなく、今後の改革のなかで、分かりやすいものに再構築されなければならない。国民が理解可能な、国民の目から見える制度となって初めて、本格的な負担増への理解が得られるであろう。制度の分かりやすさが改革の指針として重視されるべきだ。これが、本章のもう１つの重要なメッセージである。

1 なぜ税と社会保障の一体改革なのか

財源不足を解消する必要

なぜ、税制と社会保障の一体改革が必要なのであろうか。その理由として、まず、財源不足の早急な解消が挙げられる。現在、社会保障給付費は94・1兆円（２００８年度）であり、その財源は、年金保険料、健康保険料、介護保険料をはじめとする社会保険料のみならず、国および地方自治体の一般会計に大きく依存している。

もっとも、国も地方も、そうした社会保障給付への歳出である社会保障関係費の全ては税で調達し切れておらず、国でいえば特例国債（赤字国債）を毎年度発行することによって賄っている。財政法第４条では、建設国債に限って発行が認められているにもかかわらず、特例法を国会に提出し、赤字国債を発行することが常態化している。将来世代に国債という重いツケを残しながら、年金、高齢者医療、介護などの給付を行うという極めてモラルの低い財政運営に陥っている。こうした状況は早急に解消されなければならない。

２０１１年度予算で見ると、国の一般会計の一般歳出（国債費と地方交付税交付金等を除いた歳出）54・１兆円のうち、社会保障関係費が過半を占め、28・7兆円となっている（図表１－１）。うち、年金医療介護保険給付費が21・0兆円である。

それに対し、税収は40・９兆円しかない。その他の財源７・２兆円を捻出しても、なお税収を上回る44・３兆円を公債金収入に依存している。こうした税収不足分を埋めるには、合計でおよそ50兆円規模の税収増と社会保障関係費削減の組み合わせが必要となる。

こうした深刻な状況に陥った背景の１つは、経年の税収の低下と社会保障関係費の増加、およびその乖離を放置し続けたいわば不作為にある。一般会計の税収は、ピークであった１９９０年度の60・１兆円から２０１１年度は40・９兆円（予算ベース）まで落ち込む見通しだ。減少幅19・２兆円のうち３・１兆円は、２００６年の三位一体改革による国から地方への税源移譲によるものであり（第３章参照）、それを考慮しても約16兆円の税収減である。

他方、この間、社会保障関係費（社会保障給付への国からの歳出）は11・５兆円から28・７兆円へ17・２兆円増加する見通しである。社会保障関係費は、２００９年度の当初予算段階で既に24・８兆円であった上に、２００９年度中に補正予算が組まれた結果、最終的には２００８年度比プラス６・１兆円の28・７兆円に達し、２０１０年度以降もそのまま高水準が続いている。２００９年度に一気

図表1-1 一般会計における社会保障関係費（直近5年間）

（兆円、%）

	2007年度 決算	2008年度 決算	2009年度 決算	2010年度 予算	2011年度 予算
歳入					
1. 税収	51.0	44.3	38.7	37.4	40.9
2. 公債金	25.4	33.2	52.0	44.3	44.3
3. その他	8.2	11.8	16.4	10.6	7.2
合計	84.6	89.2	107.1	92.3	92.4
歳出	（一般歳出に占める割合）	（一般歳出に占める割合）	（一般歳出に占める割合）	（一般歳出に占める割合）	（一般歳出に占める割合）
1. 一般歳出	47.6 (100.0)	49.9 (100.0)	66.0 (100.0)	53.5 (100.0)	54.1 (100.0)
社会保障関係費	21.1 (44.4)	22.6 (45.3)	28.7 (43.5)	27.3 (51.0)	28.7 (53.1)
年金医療介護保険給付費	17.1 (35.9)	17.9 (35.9)	19.7 (29.9)	20.3 (38.0)	21.0 (38.9)
社会福祉費	1.5 (3.2)	1.9 (3.7)	4.2 (6.3)	3.9 (7.4)	4.4 (8.2)
生活保護費	2.0 (4.2)	2.0 (4.1)	2.3 (3.5)	2.2 (4.2)	2.6 (4.8)
保健衛生対策費	0.4 (0.9)	0.4 (0.8)	1.1 (1.7)	0.4 (0.8)	0.4 (0.7)
雇用労災対策費	0.2 (0.3)	0.3 (0.7)	1.4 (2.1)	0.3 (0.6)	0.3 (0.5)
公共事業関係費	7.3 (15.2)	6.9 (13.9)	8.4 (12.7)	5.8 (10.8)	5.0 (9.2)
文教及び科学振興費	5.5 (11.5)	5.5 (11.0)	6.2 (9.3)	5.6 (10.5)	5.5 (10.2)
その他	13.8 (28.9)	14.9 (29.9)	22.7 (34.5)	14.8 (27.7)	14.9 (27.5)
2. 国債費	19.3 −	19.2 −	18.4 −	20.6 −	21.5 −
3. 地方交付税交付金等	14.9 −	15.7 −	16.6 −	17.5 −	16.8 −
合計	81.8	84.7	101.0	92.3	92.4

（資料）財務省資料より筆者作成。

（注１）2010年度の歳出の合計と各内訳項目の合計額には7,182億円の差がある。これは2008年度決算不足補填繰戻である。

（注２）年金医療介護保険給付費は、2008年度までは社会保険費。雇用労災対策費は、2008年度までは失業対策費。

にジャンプアップしてしまったのだ。

日本の社会保障給付は、後述するように、対象が高齢者向けに偏重しており、社会保障関係費は、高齢者人口の増大と歩調を合わせて増える構造となっている。高齢者人口は、今後とも増え続け、現在の2930万7千人（2010年5月1日現在、確定値。総務省）から、例えば、2025年には3635万4千人になると推計されている（国立社会保障・人口問題研究所、2006年12月推計）。現行の社会保障制度を前提とすれば、社会保障関係費はさらに膨らんでいくことが必至である。

もう1つの背景は、税制と社会保障が「同じテーブルで同時に」ではなく「異なるテーブルで異なる時期に」議論され、しかも、議論全体が低調であることに求められる。その典型は、全国民共通の年金である基礎年金の「国庫負担」割合の引き上げであろう。「100年安心」がスローガンであった2004年の年金改正で、基礎年金の給付財源に占める国庫負担割合を従来の3分の1から、2009年度までに2分の1へ引き上げられることが決められた。所要財源は、年間約2・5兆円である。もっとも、その財源が示されることはなく、年金改正法の附則に、税制を抜本的に改革した上で賄うとのみ記され、お茶が濁された。財源の目途もなく、本来は税でしかあり得ない「国庫負担」割合の引き上げだけが決められたのである。年金保険料率も年金給付水準も、国庫負担が引き上げられるとの前提のもとに決定された。

その後、タイムリミットの2008年末を過ぎても、税制の抜本改革が行われることは遂になく、2009年度と2010年度の2年間は、いわゆる埋蔵金の取り崩しで賄われることとなった。2011年度もやはり埋蔵金である。埋蔵金は、基礎年金給付に用いられなければ、国債償還に充当しえた財源である。よって、埋蔵金とはいっても、赤字国債の発行と変わるところはない（但し、放っておくと無駄に使われた危険を回避できたかもしれない効果はある）。このように、税と社会保障が同時決定されていないことが、今日の極めてモラルの低い財政運営を招くもう1つの背景となっている。

日本の社会保険料の行き詰まり

上に指摘した財源不足の解消自体、喫緊かつ極めて重要な課題である。もっとも、税と社会保障の一体改革が求められる背景は、それにとどまらない。今日、日本の社会保険料には、明らかに行き詰まりが見られ、社会保障財源における税と社会保険料それぞれの役割の再構築が不可欠となっていることも、一体改革が求められる重要な背景である。社会保険料の名を冠して国民から費用徴収するのであれば、社会保険料本来の機能を回復し、それが困難であるならば、税への切り替えを探るといったダイナミックな議論展開が不可欠となっている。

行き詰まり（1）負担と受益の対応関係の希薄化

行き詰まりとして、第1に、負担と受益の対応関係が明確であることが社会保険料を税と差別化する大きな特徴であるにもかかわらず、それが希薄化していることが挙げられる。希薄化によって、社会保険料本来の機能が発揮されず、かつ、公平性も損なわれている。

仮に、対応関係が明確であるならば、国民の負担の受容、および、給付の効率化が期待される。すなわち、社会保険料を支払っても、国民に受益が実感されるならば、負担感は軽減される。よって、負担は受容されやすい。逆に、負担に受益が見合っていないと国民が判断すれば、それが、給付効率化に向けた原動力となる。しかし、対応関係が希薄化している今日、こうした機能が発揮されにくくなっている。社会保険料とはいっても看板倒れになっているのだ。

また、社会保険料の負担と受益の対応関係が明確であれば、言い換えれば、再分配が極力排除されているならば、狭い課税ベースも許容される。社会保険料の課税ベースは、もっぱら給与収入や事業所得に限定され、金融資産所得や不動産所得など他の所得は除かれている。しかし、負担と受益の対応関係がもはや明確ではない、すなわち、再分配の性格が強まっている現在においては、こうした狭い課税ベースは公平性の観点から許容されにくい。

負担と受益の対応関係が希薄化した主な原因は3つ指摘できる。まず、健康保険における老人保健拠出金（導入は1983年度。現・後期高齢者支援金）、前期高齢者納付金（同2008年度）、年金における基礎年金拠出金（同1986年度）、および、介護保険における介護納付金（同2000年度）などが導入され、社会保険料が社会保障制度間の所得移転に用いられるようになったことが挙げられる。

A制度に払い込まれた社会保険料が、A制度の加入者の給付のみに用いられるのではなく、拠出金や支援金などの名のもと、高齢者の加入ウエイトが高い、あるいは、高齢者のみのB制度へ流れ出ていく。これは、社会保険料を用いた本来的には税の領域である所得移転の拡大といえ、社会保険料の負担と受益の対応関係を大きく損ねている。しかも、その所得移転は、国民からみて不透明である。こうした傾向は、少子高齢化の進行とともに、一層顕著になっている。

負担と受益の対応関係が希薄化した2番目の原因は、少子高齢化に伴う、年金の収益率の低下である。年金は、およそ40年間保険料を支払い続け、老後、亡くなるまで年金給付を受け取る長期保険といえる。長期保険である年金の負担と受益の対応関係については、生涯に払い込んだ保険料（負担）

とその元本＋利息（給付）が見合っているか否かという点が重要な尺度となる。

この点に関し、厚生労働省は、厚生年金加入者の場合、若い世代でも２・３倍の給付負担倍率になると公表しているが（厚生労働省年金局数理課［２０１０］）、これは過度に装飾された数値であり、実際には、単身世帯であれば０・５倍、夫婦世帯（妻は専業主婦）であれば０・８倍かそれ以下といったところが等身大の姿である（西沢［２００８］、鈴木［２００９］など参照）。

このように給付負担倍率が１倍を割り込むのはなぜか。根本的な原因は、著しい少子高齢化が進むもと、公的年金財政が賦課方式を基本に運営されているためである。賦課方式とは、平たくいえば、当該年度に集められた保険料は、将来の給付のために積み立てられるのではなく、そのまま当該年度の高齢者の年金給付に充てられる財政方式である。このように、年金の負担と受益の対応関係は、若い世代にとって、もはや大きく崩れている。民主党の年金改革案にあるように、所得比例年金などと言ってみたところで、気持ちは分かるが、今となっては空しいというのが、残念ながら日本に突きつけられた現実である。この点、第４章と第５章で詳しく述べる。

負担と受益の対応関係が希薄化している３番目の原因は、基礎年金、全国健康保険協会（協会けんぽ）、国民健康保険（国保）、および、後期高齢者医療制度などに、政府部門間移転として（後述）、「国庫負担」や「公費負担」が投じられているためである。この仕組みによって、負担と受益の対応関係はより一層希薄化している。国であれば、一般歳出の社会保障関係費の年金医療介護保険給付費21・０兆円（図表１－１）がそれである。

例えば、中小企業に勤める被用者が加入する協会けんぽには、6・7兆円の健康保険料のほか、約1兆円の国庫負担が投じられている（2008年度）。しかし、被保険者の側に立ってみれば、医療サービスという受益にかかる費用を認識するのは、あくまで健康保険料であり、窓口負担である。自分の財布から、その目的のために支払うお金で、費用を実感するのだ。約1兆円の国庫負担によって、協会けんぽの被保険者は、医療サービスという受益の費用を実際よりも国庫負担の分だけ低廉に感じてしまう。すなわち、財政錯覚だ。これは、医療サービスに対する過剰な需要の原因ともなる。

こうした国庫負担は、厚生年金保険法、健康保険法、国民健康保険法、高齢者の医療の確保に関する法律など社会保険の各法律で規定されているものだ。例えば、厚生年金保険法第80条では、「国庫は、毎年度、厚生年金保険の管掌者たる政府が負担する基礎年金拠出金の額の2分の1に相当する額を負担する」とあり、健康保険法第153条では、「国庫は、（中略）1000分の164から1000分の200までの範囲内において政令で定める割合を乗じて得た額を補助する」とある。

行き詰まり（2）低所得層および企業にとっての負担感

行き詰まりの第2には、社会保険料がとりわけ低所得層および企業にとって重い負担となっていることが挙げられる。個人所得課税には課税最低限があり、一定の収入以下では負担は発生しない。また、その税率も低所得層には軽く、高所得には重くなるような累進性が備わっている（第3章）。しかし、日本の社会保険料は一般に、課税対象所得を少額にする所得控除もなく、単一料率である。

例えば、総務省の調べによれば、本来厚生年金の適用事業所となるべき事業所の約３割が未適用であるという事実にその一端が表れている（総務省［２００６］）。また、国民年金の納付率は、近年、一貫して低下傾向を辿り、２００９年度はついに60％を割り込んでいる。

諸外国をみれば、英国の社会保険料である国民保険料（National Insurance Contribution）やカナダの年金保険料には基礎控除が設けられており、単一料率ながら、低所得層に軽く高所得層に重い累進性が備わっている。とくに英国の国民保険料はほとんど個人所得課税に近い設計である。こうした点からも、税と社会保険料の一体改革が必要であることが分かる。

行き詰まり（3）最低保障との矛盾

行き詰まりの第3として、社会保険料の特徴と、今日とりわけ重要性の高まっている最低保障との矛盾が深刻化していることが挙げられる。社会保険料の負担と受益の対応は、前述のように希薄化してはいるものの、そもそも社会保険という「保険」である以上、費用を支払わなければ、受益の資格が得られない仕組みになっている。この問題は、国民年金保険料の納付率の低下によって、低年金・無年金世帯が増大する懸念が高まっていることや、国民健康保険の保険料滞納世帯の増加に象徴されるように国民皆保険の土台が大きく揺らいでいることに顕著に表れている。

社会保険では、相応の保険料を相応の期間支払わなければ受益がない。この仕組みは、完全雇用、労働市場における就業機会や賃金の公平、人口増加などが満たされて初めて正常に機能する。戦後、欧米における社会保障制度設計の礎となった社会保障制度改革案『ベヴァリジ報告』（1942年公表）では、社会保険が成立するための前提条件の1つに完全雇用が挙げられている。そして、この時代には、完全雇用は、有効需要政策によって政策的に可能であると考えられていた。しかし、今日のように、このような前提条件が満たされない経済社会状況下では、社会保険料における負担と受益の対応は、とりわけ低所得層にとって厳しいものとなってしまう。

社会保険料と税の比較考量

社会保険料の行き詰まり問題を明らかにすることは、今後の税と社会保障の一体改革の議論、とりわけ、消費税率の引き上げを確実に実現するために不可欠である。厚生労働省やそこに近い学者が強調するように、現行の社会保険料が素晴らしい財源調達手段であるとするならば、消費税ではなく社会保険料を引き上げればいいはずである。社会保障のために消費税を上げよ、との主張には矛盾が内在しているのだ。

本来、社会保険料、消費税、所得税などが同じテーブルに同時に乗せられ相対的に評価されて初めて、それぞれのメリットとデメリットがより明瞭に浮かび上がる。そうした相対的評価のなかで、消費税には他の税目に比べメリットがあり、だから消費税なのだ、という議論展開でなければならない。

そのためには、旧来型の議論の方法を根本的に改める必要がある。これまで、厚生労働省が主導する審議会では、財務省との縦割りや社会保険料の利点を過度に強調するスタンスゆえに、「税」は「国庫負担」や「公費負担」という言葉に置き換えられ、社会保険料と税、それぞれの特徴を比較考量し、社会保障の最適な財源構成を模索するという作業がおざなりにされてきた。国庫負担や公費負担という概念は、国と地方との間、あるいは、国と特定の企業や個人との間ではあり得ても、国と全国民との間ではあり得ない。結局は国民の負担でしかないからである。

厚生労働省が、「税」という言葉を進んで使うのは、基礎年金の財源を全額税で賄う年金改革案を「税方式」と呼ぶときである。税方式は、各方面から提唱されつつも、同省が否定し続けている改革案である。厚生労働省は、「税」という言葉の持つ受益なき負担のニュアンスを利用し、税方式に対する国民の拒絶感醸成を企図しているようにみえる。ときに国庫負担といい、ときに税という、こうした言葉の使い分けは、ご都合主義の印象を免れず、かつ、論理的な議論を妨げている。

国庫負担や公費負担は、政治家にとっても便利な言葉だ。税のように直裁的ではないからである。しかし、社会保障給付に充てるのに、社会保険料や所得税ではなく、なぜ消費税なのか――この問いに対し、消費税を口にするリーダーが明確に答えられないならば、消費税率引き上げに向けた道のりは遠いといわざるを得ない。

税制を用いた社会保障の可能性

税制を用いて社会保障の機能をも担う政策的可能性があることも、一体改革が求められる積極的背景である。典型的な例が、最近日本でも注目の集まる給付付き税額控除である。給付付き税額控除とは、第9章で詳細を述べるものの、おおまかにいえば、個人所得税制を通じて、税負担の調整のみならず、低所得層向けに現金給付まで行う仕組みである。税制を「取る」だけでなく「給付」にも用いるのであり、税制が社会保障の機能を包摂した仕組みといえる。これは、欧米で広く活用されており、例えば、米国のＥＩＴＣ（Earned Income Tax Credit）、英国のＷＴＣ（Working Tax Credit）、米英両国のＣＴＣ（Child Tax Credit）などがある。

米国経済白書（２００１年）を見ると、ＥＩＴＣと最低賃金との組み合わせで、低所得層の所得底上げを図る政策が明確に示されている（図表１－２）。最低賃金とは、法律によって賃金の下限を定めるものである。例えば、２００９年の米国の最低賃金は７・３ドルだが、ここにＥＩＴＣ２・４ドルが組み合わされることで、実質的に９・７ドルの最低賃金となっている。

賃金は、行き着くところ、労働者が雇用主に提供した労働の価値に見合って支払われる。したがって、仮に最低賃金が法律上定められても、労働の価値が上がらなければ、それが実際に労働者の賃金底上げに結びつくか不確実である。場合によっては、雇用そのものが減らされてしまうかもしれない。一方、実際に現金給付するＥＩＴＣであれば、そうした懸念が小さく、確実に所得の底上げを実現することができる。

なお、日本の民主党は、２００９年の衆院選マニフェストで、最低賃金を時間１０００円に引き上げると公約している。最低賃金は、毎回の労使間交渉で、数円単位の引き上げを巡って攻防が繰り広げられており、２０１０年度の全国加重平均は前年度比15円増の７２８円にとどまっている。よって、

図表1-2　米国、EITCと最低賃金の組み合わせ

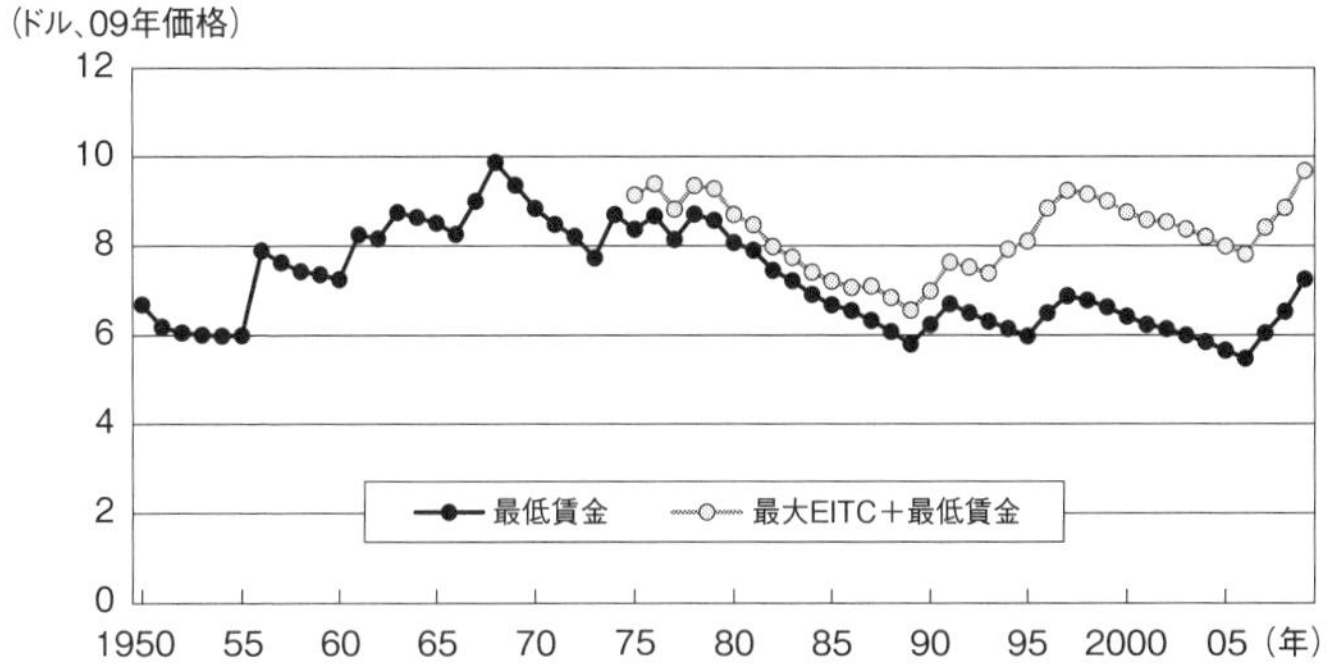

（資料）筆者作成。'Economic Report of the President 2001' の図表5-5を参考に直近までデータを延ばした。
（注）最大EITC（maximum EITC）は、2人以上の適格な子どもがいる場合の最高額（09年は年5,028ドル）。年間2,080時間労働として、時間当たりに換算した。数値は、消費者物価指数を用いて09年価格とした。

最低賃金のみで１０００円を目指すのは遠い道のりであり、米国のように給付付き税額控除との組み合わせによって１０００円を目指す政策の方がより近道と考えられる。民主党は給付付き税額控除の導入を提言していることもあり、この方法は真剣に検討されるべきであろう。

英国がＷＴＣとＣＴＣを導入した際の英・財務省の整理によれば、給付付き税額控除のメリットの１つに、家計ごとのテーラーメイドの所得支援を実施できるということがあげられている（HM Treasury[2002]）。税務当局は、個人所得税徴収のために、家計の被扶養者数、年齢、所得などを把握している。これらを使えば、スムーズに、家計ごとにテーラーメイドの所得支援を実施できるというのである。限られた予算の使い方としても効率的といえる。

そもそも、税制も社会保障制度も、政策目的を実現するためのツールに過ぎないと考えれば、ツールの選択として、一体的に議論されるのはごく自然なことである。例えば、子どものいる家計の支援という政策目的を掲げ、それを最も効率的に実現しようとする場合、子ども手当のような社会保障給付のみならず、給付付き税額控除導入による同機能の代替、あるいは、保育所など現物給付の拡充といったツールが一体的に議論されるべきである。こうした議論は、社会保障財源が不足しているからそれを消費税で穴埋めするといった次元を超えた、まさに税と社会保障の一体改革の名に値する議論といえる。

税制と社会保障制度の整合性

税制と社会保障制度の整合性を維持する上でも、一体改革は不可欠である。税制も社会保障制度も、家族や労働のあり方に関する一定の価値観に基づいて作られている。例えば、個人所得課税における配偶者控除は、被扶養配偶者が家計の担税力の低下要因であり、かつ、家事や育児といった家庭内労働が税制上補償されるべきであるという価値観が根底にある。こうした価値観は、税制固有のものではない。年金制度においても、第3号被保険者という仕組みが、そうした価値観を共有している。これは、被用者の専業主婦の妻は、直接的に保険料を支払わずとも、基礎年金の受給資格を得ることができる仕組みである（第5章）。

民主党は、2009年の衆議院選挙のマニフェストに配偶者控除の廃止を盛り込んでいた。看板政策である子ども手当の財源調達の一環として、である。その後、配偶者控除の廃止は、浮かんでは消える状態を繰り返している。仮に、配偶者控除が廃止されるとしても、単に子ども手当の財源のためのつじつま合わせでいいはずがなく、配偶者控除の根底にある価値観が、今日において見直されるべきという民主党の判断に基づいていなければならない。

その際、一方の年金制度において、第３号被保険者制度が残り続けるのであれば、一国の制度でありながら、拠って立つ価値観が異なることになりかねない。ある新しい価値観のもとに税制を再構築しようとするならば、年金をはじめとする社会保障制度もその価値観のもとに一体的に再検討されなければならない。

税も社会保険料も国民の負担

税も社会保険料も、家計の可処分所得の減少要因であることに変わりない。よって、改革により家計が受ける経済的影響はパッケージで提示されなければならない。その重要性を示す端的な例に、相対的貧困率にまつわる議論がある。２００８年、日本の相対的貧困率が14・９％とＯＥＣＤ（経済協力開発機構）加盟の30カ国中第４位の高さであることが、ＯＥＣＤの試算で示され（ＯＥＣＤ［２００８］）、注目を集めた。

相対的貧困率とは、可処分所得（正確には世帯人員１人当たり等価可処分所得）が、中央値（上から並べて真ん中の数値）の半分に満たない人の割合である。可処分所得とは、当初所得（端的にいえば収入）から税および社会保険料を差し引いた後の手取り額である。中央値が２２８万円であるとすると、その半分114万円が貧困線となる。なお、用語の詳しい定義については、第7章で改めて解説する。ここでは可処分所得によって測られているということが重要である。

よって、相対的貧困率を改善するためには、賃金アップなど低所得層の当初所得の底上げはもちろん、税と社会保険料負担によって、これらの層が貧困線以下に落ち込まないよう、税と社会保険料を綿密に設計することが不可欠である。日本の相対的貧困率が高いということは、税と社会保障が、もともとそうした明確な目標のもとに設計されてこなかった証左といえる。やはり、財源不足の解消といった次元にとどまらない、もう一歩踏み込んだ税と社会保障の一体改革が是非とも必要である。

もちろん、税と社会保障の一体改革が求められる背景やその内容は、ここまで述べてきたものが全てではない。引き続き、本書全体を通じて、一体改革が必要であることを確認し、それは、どのような姿であるのかを考えていくこととする。

2 税制と社会保障の俯瞰

中央政府、地方政府、社会保障基金政府の収支

税と社会保障の全体像を俯瞰するには、政府を中央政府、地方政府、および、社会保障基金政府の3つの部門に分けているSNA（国民経済計算）統計を用いるのが有効である。ここでは2007年

の実績値をもとに、それぞれの収支、政府部門間の資金移転を見てみよう（図表1－3）。

なお、3つの政府部門は一般政府と総称され、このうち、社会保障基金政府とは、社会保障を運営する様々な主体や国と地方の特別会計などを総称している。具体的には、国の年金特別会計、企業の健康保険組合、市町村の国民健康保険事業会計や介護保険事業会計、後期高齢者医療制度を運営する都道府県単位の広域連合、および、国家公務員や地方公務員の共済組合などが該当する（第4～8章で詳述）。

まず、中央政府は、64・1兆円の収入（公債は収入となっていない）に対し、77・6兆円の支出となっている。支出項目のうち最も規模が大きいのは、その他経常移転の42・5兆円（中央政府の支出全体の54・7％）であり、地方政府へ21・8兆円（同28・1％）、社会保障基金政府へ17・4兆円（同22・4％）がそれぞれ移転されている。一般会計における社会保障関係費が、このSNA統計上で中央政府から社会保障基金政府への移転として表れているのである（第5章以降、詳細に検討する）。

2番目に大きな支出項目は最終消費支出（集合支出）の12・4兆円である。これは、公共工事、外交、防衛など、受益が特定の個人ではなく広く国民全般に帰属する行政サービスを指している。一方、最終消費支出（個別支出）は、医療、介護、教育など、受益が特定の個人に帰属する行政サービスを指している。これは2・0兆円しかない。最も規模が小さい支出項目は、現物社会移転以外の社会給付1・7兆円である。これは、年金や子ども手当のような、現金による特定の個人への社会給付である。

図表1-3 政府部門ごとの収支、資金移転

（兆円、%）

	中央政府		地方政府		社会保障基金政府	
	金額	（割合）	金額	（割合）	金額	（割合）
収入						
1. 税	53.7	(83.9)	40.8	(52.9)	−	−
2. 社会負担	0.6	(1.0)	3.2	(4.2)	53.3	(63.6)
3. その他経常移転（受け入れ）	1.0	(1.6)	21.9	(28.4)	25.2	(30.1)
4. その他	8.7	(13.6)	11.2	(14.5)	5.2	(6.2)
収入計	64.1	(100.0)	77.1	(100.0)	83.7	(100.0)
支出						
1. 現物社会移転以外の社会給付	1.7	(2.2)	9.6	(12.4)	49.0	(57.8)
2. 最終消費支出（個別支出）	2.0	(2.6)	16.0	(20.5)	34.4	(40.5)
3. 最終消費支出（集合支出）	12.4	(15.9)	27.8	(35.6)	0.7	(0.8)
4. その他経常移転（支払い）	42.5	(54.7)	11.3	(14.4)	0.5	(0.6)
一般政府内：中央政府へ			0.1	(0.1)	0.1	(0.1)
：地方政府へ	21.8	(28.1)			0.0	(0.0)
：社会保障基金へ	17.4	(22.4)	7.2	(9.2)		
5. その他	19.1	(24.6)	13.4	(17.1)	0.3	(0.3)
支出計	77.6	(100.0)	78.0	(100.0)	84.8	(100.0)
純貸出（+）／純借入（−）	−13.5		−0.9		−1.1	

（資料）OECD.STAT 'Naitonal Accounts Main aggregates of general government' より筆者作成。
（注）2007年実績。

次に、地方政府の収支状況を見てみよう。全体的には77・1兆円の収入に対し、78・0兆円の支出である。収入は、40・8兆円の地方税のほか、21・9兆円をその他経常移転としてもっぱら中央政府から受け取っている。他方、支出は、最終消費支出（集合支出）27・8兆円、最終消費支出（個別支出）16・0兆円、現物社会移転以外の社会給付9・6兆円などとなっている。地方政府は、住民のための警察、消防、教育などの行政サービスを担っていることから、最終消費支出（集合支出と個別支出の両方）の規模が大きく、同時に、地方政府自らが生活保護などの社会給付を行っている。

最後に、社会保障基金政府を見てみよう。収入は、社会負担（社会保険料に相当）53・3兆円、中央政府や地方政府を中心と

した、その他経常移転の受け入れ25・2兆円など、合計83・7兆円である。これを原資として、現物社会移転以外の社会給付49・0兆円、最終消費支出（個別支出）34・4兆円など、計84・8兆円の支出がある。

政府部門間の資金移転

以上より、次の３つが指摘できる。第１に、中央政府の支出の半分以上（54・7％）が、地方政府と社会保障基金政府への資金移転に充てられている。他方、受益が特定の個人に帰属する支出の規模は小さい。第２に社会保障基金政府に対しては、中央政府からのみならず、地方政府からも経常移転されている。第３に、社会保障基金政府の収入の30・１％が、こうした移転、すなわち、元をたどれば税および公債収入だということである。

こうした政府部門間の資金移転の帰結として、負担と受益の対応関係が不透明になることが指摘できる。家計が、中央政府に国税を納めても、そのお金は、地方政府や社会保障基金政府にグルッと回り、社会保障基金政府や地方政府から家計向けに給付がなされる。家計から見れば、負担と受益の対応関係が途切れてしまうのである。

仮に、家計から中央政府に収められた国税が、地方政府や社会保障基金政府に移転されるのではなく、そのまま国から最終消費支出（個別支出）あるいは現物社会移転以外の社会給付などとして家計に還元されるのであれば、負担と受益はより緊密なものとなろう。なお、その際、重要なツールとし

図表1-4 政府部門ごとの収支、資金移転ースウェーデン

（10億SEK、%）

	中央政府		地方政府		社会保障基金政府	
	金額	（割合）	金額	（割合）	金額	（割合）
収入						
1. 税	572.3	(67.1)	526.4	(64.6)		
2. 社会負担	167.0	(19.6)	18.5	(2.3)	178.7	(79.3)
3. その他経常移転（受け入れ）	26.5	(3.1)	→162.3	(19.9)	→24.3	(10.8)
4. その他	87.6	(10.3)	107.2	(13.2)	22.3	(9.9)
収入計	853.3	(100.0)	814.3	(100.0)	225.3	(100.0)
支出						
1. 現物社会移転以外の社会給付	265.0	(30.1)	25.3	(3.1)	217.4	(98.6)
2. 最終消費支出（個別支出）	63.6	(7.2)	563.8	(69.1)		
3. 最終消費支出（集合支出）	161.1	(18.3)	67.5	(8.3)	2.2	(1.0)
4. その他経常移転（支払い）	247.0	(28.0)	12.2	(1.5)	0.9	(0.4)
一般政府内：中央政府へ			5.9	(0.7)	0.9	(0.4)
：地方政府へ	156.4	(17.8)				
：社会保障基金へ	24.3	(2.8)				
5. その他	144.1	(16.4)	147.7	(18.1)	−0.0	(−0.0)
支出計	880.8	(100.0)	816.5	(100.0)	220.5	(100.0)
純貸出（+）／純借入（−）	−27.5		−2.2		4.8	

（資料）OECD.STAT 'Naitonal Accounts Main aggregates of general government' より筆者作成。
（注）2009年実績。

て期待されるのが、給付付き税額控除である（第9章）。

諸外国に目を転じると、政府部門間の資金移転の態様は、様々である。そのなかで、政府部門間移転の少ないスウェーデンと日本とを比較すると、日本の政府部門間移転の規模、とくに各政府部門の収入・支出に占める移転の割合の高さがより明瞭になる。スウェーデンでは、中央政府から地方政府への移転（支払い）は、中央政府の支出全体の17・8％、社会保障基金政府への移転は2・8％しかない（社会保障基金政府は、所得比例年金を管理する年金基金のみである）。その結果、地方政府、社会保障基金政府の収入も、自らの税および社会負担が主となっている。総じて、高負担高福祉国家として知られるスウェーデンでは、政府

部門間の資金移転が少なく、負担と受益の対応関係が緊密で見えやすくなっている。スウェーデン一国から普遍的結論はもちろん得られないものの、国民が高負担を受け入れている土壌として負担と受益の対応関係がありそうであることは重要な示唆として受け止めるべきであろう。

さらに、日本では、第４章以降で詳しく述べるように、社会保障基金政府を構成する年金特別会計、健康保険組合、市町村の国民健康保険事業会計、広域連合などといった個別の主体が複雑に絡み合い、各主体間で大規模な所得移転が行われることにより、負担と受益の対応関係がより一層不透明になっている。税や社会保険料が一体どのように用いられているのか、国民から見ればブラックボックス化しており、これが、日本の税・財政と社会保障制度の深刻な問題の１つとして指摘できる。

政府部門ごとの税収内訳

政府部門ごとに税と社会保険料の内訳をより詳細に見てみよう。ここでは、２００８年度の実績値で税と社会保険料の政府間配分を示す（図表１－５）。まず、中央政府の税収45・８兆円の内訳は、個人所得課税15・０兆円、法人所得税10・０兆円、資産税２・５兆円、財・サービス税18・３兆円などとなっている。財・サービス税は、全ての財やサービスに例外なく課税されるのか、特定の財やサービスにのみ課税されるのかで、一般消費税と個別消費税とに分類される。日本の消費税は一般消費税であり、中央政府の収入は10・０兆円となっている。個別消費税は７・２兆円であり、具体的には、揮発油税、酒税、たばこ税、石油石炭税、自動車重量税、電源開発促進税などがある。

図表1-5 ● 税収と社会保険料収入の政府部門間配分

（兆円、%）

政府部門 / 項目	中央政府 金額	中央政府 （合計に占める割合）	地方政府 金額	地方政府 （合計に占める割合）	社会保障基金政府 金額	社会保障基金政府 （合計に占める割合）	合計（一般政府） 金額	合計（一般政府） （合計に占める割合）
個人所得課税	15.0	(10.8)	12.8	(9.2)			27.8	(20.0)
法人所得税	10.0	(7.2)	9.1	(6.5)			19.1	(13.7)
社会保障拠出					53.7	(38.6)	53.7	(38.6)
被用者					23.9	(17.2)	23.9	(17.2)
事業主					24.9	(17.9)	24.9	(17.9)
自営業主					5.0	(3.6)	5.0	(3.6)
資産税	2.5	(1.8)	10.6	(7.6)			13.1	(9.4)
経常的不動産税			10.1	(7.3)			10.1	(7.3)
相続・贈与税	1.5	(1.0)					1.5	(1.0)
資産取引税	1.1	(0.8)	0.4	(0.3)			1.5	(1.1)
財・サービス税	18.3	(13.1)	6.8	(4.9)			25.1	(18.0)
一般消費税	10.0	(7.2)	2.5	(1.8)			12.4	(8.9)
個別消費税	7.2	(5.2)	2.4	(1.8)			9.7	(7.0)
財の利用税	1.1	(0.8)	1.9	(1.3)			2.9	(2.1)
その他	0.0	(0.0)	0.4	(0.3)			0.4	(0.3)
合計	45.8	(32.9)	39.6	(28.4)	53.7	(38.6)	139.1	(100.0)

（資料）OECD 'Revenue Statistics' より筆者作成。
（注）2008年度の実績。

次に、地方政府の税収では、個人所得課税12・8兆円、法人所得税9・1兆円、資産税10・6兆円、財・サービス税6・8兆円となっている。法人所得税は、法人事業税と法人住民税、資産税は、市町村の固定資産税、一般消費税は地方消費税である。

社会保障基金政府の収入は、社会保障拠出（社会保険料に相当）の53・7兆円である。その内訳は、被用者負担23・9兆円、事業主負担24・9兆円、自営業主負担5・0兆円となっている。

なお、社会保障拠出は、ＯＥＣＤの'Revenue Statistics'におけるSocial Security Contributionの直訳である。日本の社会保険料は、もはや負担と受益の対応関係が大きく損なわれていることを考えると、負担と受益の対応関係の存在を強く連想させる社会保険料（Social Insurance Premium）という呼称は実態を表しておらず、それをあまり感じさせない社会保障拠出、あるいは、米国の社会保障税（Social Security Tax）のような呼称の方が本来実態に即している。但し、日本では、社会保険料という呼称が一般化しており、本書でもやむを得ずそれを踏襲している。

さて、統計から読み取れるのは、まず、中央政府と地方政府の課税ベースの重複である。個人所得課税、法人所得税、財・サービス税と、おしなべて中央政府と地方政府が同じ課税ベースに税をかけている。これは、諸外国と比較しても際立った特徴である（詳しくは西沢［２００８］）。このことが、日本の税制の複雑さに拍車をかけており、今後の制度改革の議論を展望しても、例えば、消費税率引き上げの際、中央政府と地方政府の配分をどうするのかなど、迅速な意思決定の障壁となることが強く懸念されている（第２章）。

次に、企業負担に着目すると、法人所得税が19・１兆円であるのに対し、社会保障拠出の事業主負担が24・９兆円とそれを上回っていることが目を引く。日本の法人実効税率の高さは、しばしばクローズアップされるものの、本来、法人所得税と社会保障拠出の事業主負担とが一体で議論されるべきであろう。

税収と社会保険料の合計１３９・１兆円のうち、最大の項目は、38・６％の社会保障拠出である。次いで、個人所得課税20・０％、財・サービス税18・０％、法人所得税13・７％の順となっている。ＯＥＣＤ諸国と比較すると、社会保障拠出と法人所得税の割合が高い一方で、財・サービス税の割合が低い。これが日本の特徴となっている。

主な税目の税収推移

社会保障拠出、個人所得課税、財・サービス税、法人所得税という主要な4つの項目は、近年、どのように推移してきたのであろうか。まず、個人所得課税（所得税と個人住民税の合計）は、1991年度に37・8兆円でピークを迎え、2008年度には27・8兆円まで減少している（図表1－6）。その理由として、しばしば「度重なる減税の結果」であると説明されるが、実際には、国民全体の収入減少など課税ベースの減少が大きく響いている。それは第3章で詳しく検証したい。

次に、法人所得税も、1989年度に30・0兆円でピークを迎えたが、2008年度は19・1兆円にまで減少している。他方、財・サービス税は、1997年度に24兆円を超え、以降今日まで安定的に推移している。この間、1989年に消費税が税率3％で導入され、1997年に5％へ税率が引き上げられている。

最後に、社会保障拠出であるが、グラフを見ても分かる通り一貫して増加し続けている。これは、社会保険料率の引き上げが漸次行われてきた結果である。例えば、民間被用者の加入する厚生年金保険の保険料率は、1985年には10・6％だったが（当時は月収のみに課税）、以降ほぼ5年に一度の頻度で引き上げられ、2004年以降は毎年引き上げられるようになり、現在、月収だけでなく賞与も含め16・058％（2011年8月まで）となっている。

図表1-6 主な税目の税収推移（1985～2008年度）

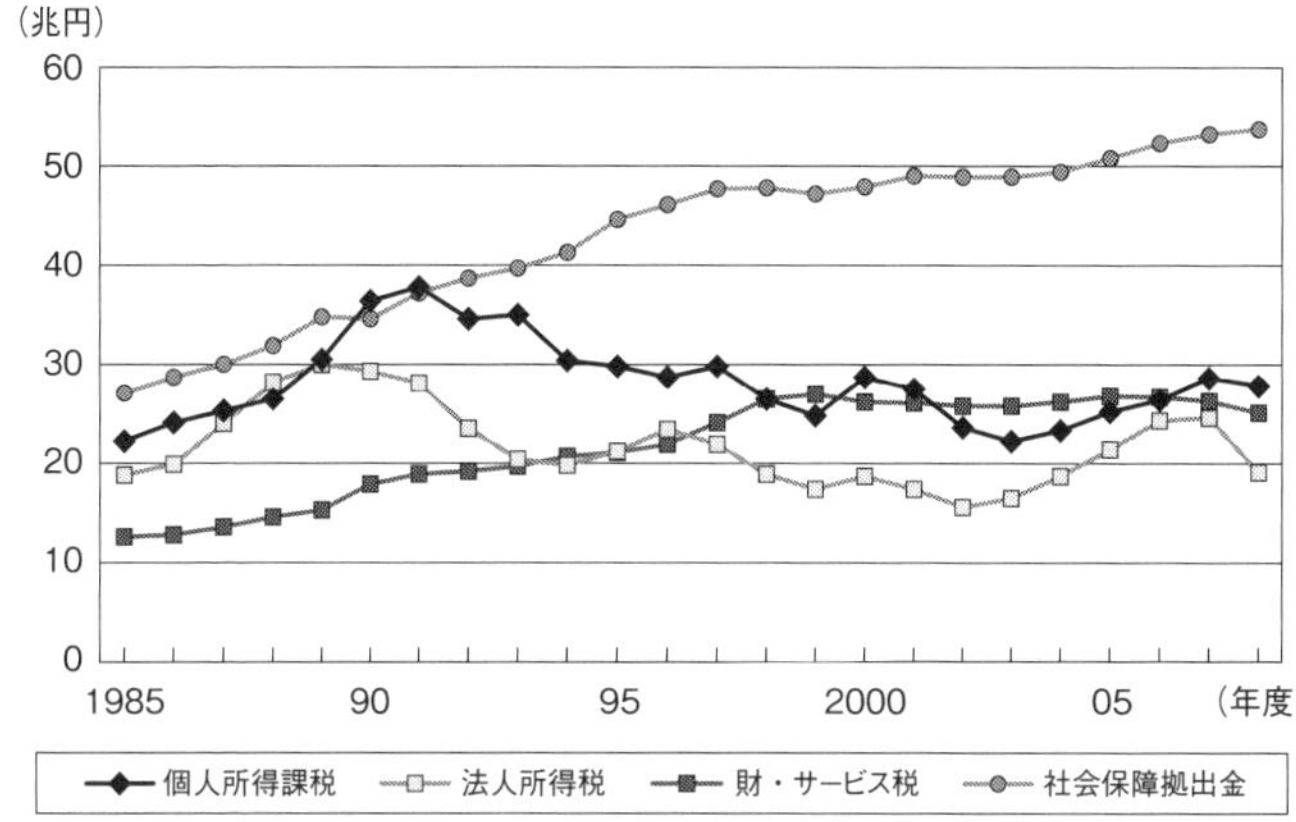

（資料）OECD ‘Revenuc Statistics’ より筆者作成。
（注）一般政府の数値。

社会保障給付費の内訳と推移

負担面から給付面に目を転じると、２００８年度の社会保障給付費は、総額94兆８４８億円であり、部門別にみた内訳は、年金が52・７％を占め49兆５４４３億円、医療が31・５％を占め29兆６１１７億円、福祉その他が15・９％の14兆９２８９億円となっている。福祉その他とは、介護６兆６６６９億円のほか、児童手当（２００８年度時点。２０１０年度からは子ども手当）、失業給付、生活保護（生活保護として扶助される医療を除く）などである。このように年金が過半を占めている。

こうした部門別の分類の場合、例えば、年金のなかには、あらゆるリスク、すなわち、高齢による所得稼得の機会や能力の低下あるいは喪失リスク、一家の大黒柱を失い遺族となるリスク、障害リスクなどの全てを含んでいる。他方、社会保障

図表1-7 社会保障給付費の対GDP比の推移（1980～2008年度）

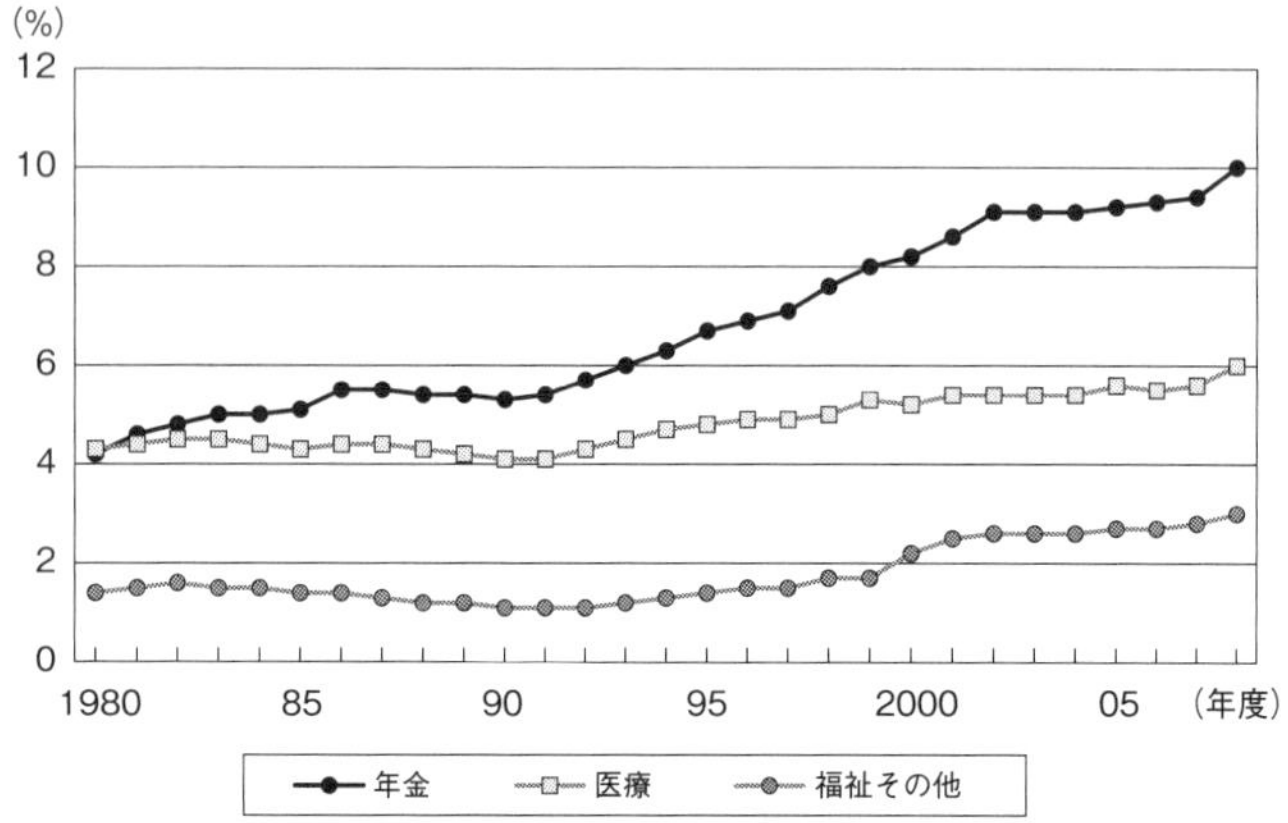

（資料）国立社会保障・人口問題研究所「2008年度社会保障給付費」、内閣府経済社会総合研究所「国民経済計算」より筆者作成。

給付費を機能別にみた内訳は、高齢47兆2649億円、保健医療29兆521億円、遺族6兆6298億円、家族3兆2043億円などとなっている。

部門別、機能別の分類とは別に、受給者の年齢に着目した給付をみると、高齢者関係給付費は、社会保障給付費全体の69・5％を占め、65兆3597億円となっている。

部門別給付費の対GDP比を時系列（1980年度から2008年度）で見ると、年金、医療、福祉その他、いずれもほぼ一貫して上昇傾向にあり、なかでも、年金の伸びが顕著である（図表1－7）。年金の対GDP比は、1980年度には、医療を下回る4・2％であったが、2008年度には10・0％に達している。

もっとも、年金給付を、高齢者人口×1人当たり年金給付に分解すると、この伸びは、高齢者人口の伸びに起因するものであることが分かる。1

人当たりの年金給付額に関しては、１９８５年の年金改正から給付抑制に大きく舵が切られているのである。

よって、１人当たりでみれば、少なくとも諸外国比、年金の給付水準は決して高い訳ではない。実際、年金の給付水準を示す代表的指標である所得代替率は、比較対象34カ国中、日本が４番目に低くなっている（ＯＥＣＤ［２０１１ａ］、平均賃金の男性の場合）。このことは、マクロのレベルで中負担（ミクロのレベルで現役世代の高負担となる）が仮に実現したとしても、ミクロの家計レベルでは低福祉にしかならないことを示唆している。それが、少子高齢化の現実である。

ところで、社会保障給付費には、病院、診療所、介護サービス利用時の自己負担が含まれていない。政府から見て、とりわけ政治的には、社会保障給付費を税と社会保険料で賄いきれない場合、自己負担割合を増やすのが手っ取り早い。ただ、所得別に医療費の自己負担割合が異なる高齢者を除き、おおむね自己負担割合は、所得にかかわらず共通である。このため、自己負担には、所得に応じた負担額となる税や社会保険料よりも、低所得層の負担が重くなるという逆進性がある。

給付内訳の諸外国との比較

日本の社会保障給付の水準、内訳は、諸外国と比較してどのような特徴があるのだろうか。社会保障の概念にほぼ相当するＯＥＣＤの社会支出（Social Expenditure）統計の２００７年実績により、ＯＥＣＤ加盟34カ国のなかで比較すると、まず、日本の社会支出の合計の対ＧＤＰ比は、19・３％と、低い方から数えて15番目である（図表1－8）。日本より低い主な国には、韓国、米国、カナダなどがある。他方、最も高い国は、28・7％のフランスであり、スウェーデン27・7％、オーストリア27・3％がそれに続く。

なお、米国が16・5％にとどまっているのは、同国の医療保険のなかで大きなウエイトを占める民間保険が統計に含まれていないことや、給付付き税額控除による税制を用いた社会保障機能の代替分が含まれていない側面などがある。実際、米国は、民間保険を含めた医療費の対GDP比は、16・0％と、OECD加盟国中第1位で、第2位のフランスの11・0％を大きく引き離している（OECD［2009］）。

次に、9つの分野ごとに見ると、日本は、高齢支出のウエイトが大きいのが特徴として挙げられる。高齢支出は、対GDP比9・2％と、高い方から数えて7番目である。もっとも、年金給付規模が大きくとも、高齢者人口が多いので、1人当たりの給付水準が決して高くないことは既に述べた通りである。

第2に、34カ国のなかで比較すると、医療に相当する保健支出の対GDP比の水準は高い方から数えて14番目と平均的である。もっとも、G7に限ってみれば、日本の保健支出の対GDP比は最も低い。

第3に、日本では、OECD諸国と比べ、家族支出や積極的労働市場政策について大きく見劣りする。家族支出とは、家族を支援するために支出される現金給付・現物給付で、日本でいえば、子ども

図表1-8 社会支出のOECD比較（対GDP比）

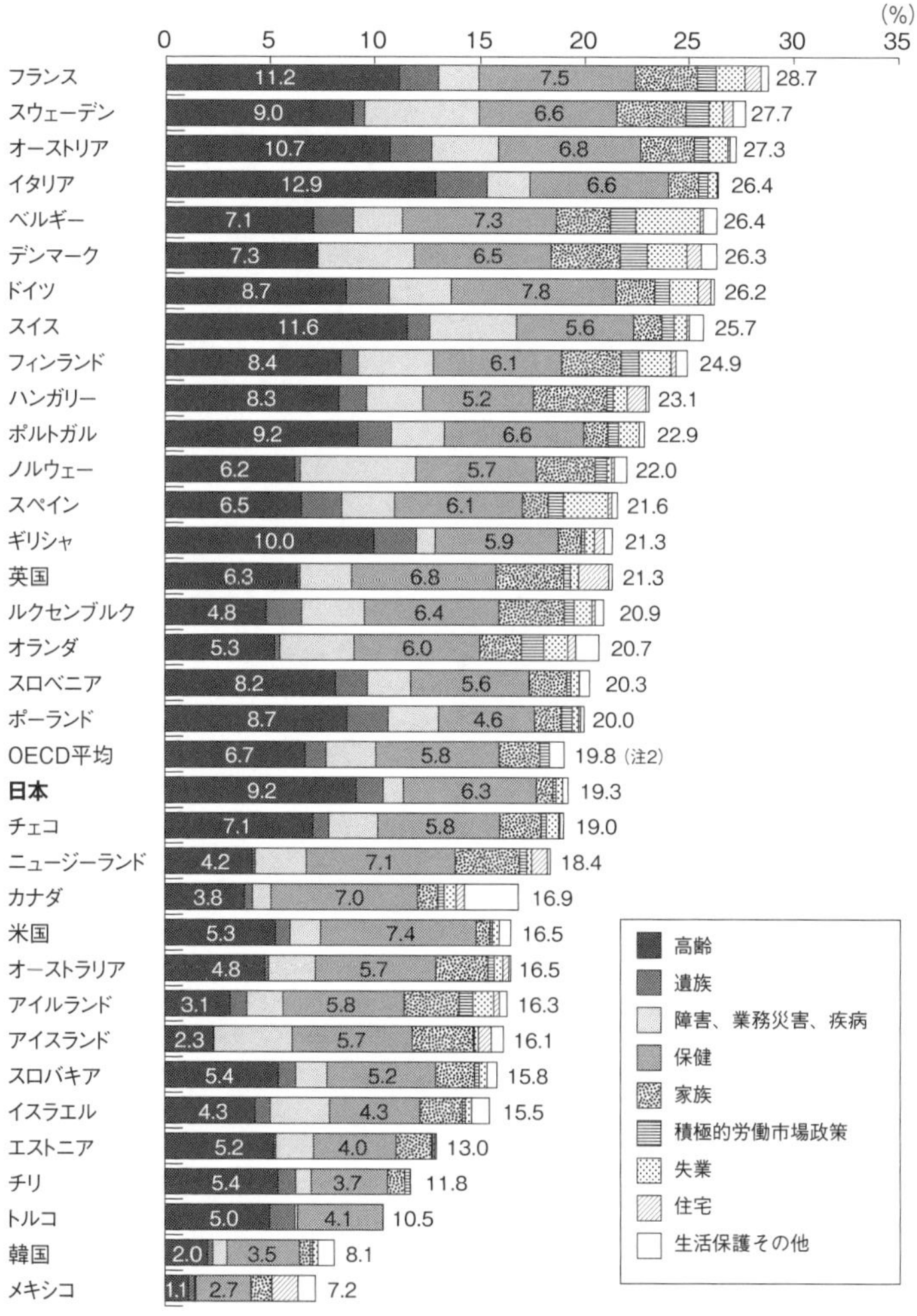

（資料）OECD 'Social Expenditure Statistics' より筆者作成。
（注１）2007年実績。公的および強制私的社会支出の対GDP比。
（注２）OECD平均では、失業と住宅の内訳が不明なので、グラフの長さは19.1程度になっている。

手当、健康保険組合から給付される出産一時金などが相当する。積極的労働市場政策とは、社会的な支出で労働者の働く機会を提供したり、能力を高めたりするためのものである。

具体的な数値でいえば、日本の家族支出の対GDP比は0・79％であり、他方、ハンガリー、スウェーデン、デンマーク、英国など7カ国は軒並み3％を超えている。日本の積極的労働市場政策は対GDP比0・16％で、他方、デンマーク、ベルギー、スウェーデン、オランダは、1％を超えている。

このように、社会支出のなかで、高齢支出の割合が高く、現役世代を受給者とした支出項目の割合が低いことが日本の特徴である。しかし負担面では、現役世代が主に負担し、それを高齢世代に移転する構造になっている。この構造のままで負担水準を引き上げると、現役世代から高齢世代への（社会保障制度を通じた）所得移転がさらに強化されてしまうこととなる。ひいては、現役世代と高齢世代との公平性を損ない、かつ、現役世代に過度な負担がかかることによって、社会保障制度の長期的な持続可能性を危うくすることになる。こうしたことから、社会保障の財政構造改革と負担水準の引き上げは、あくまでもセットでなければならないことは明らかであろう。

第 2 章

消費税の構造と課題

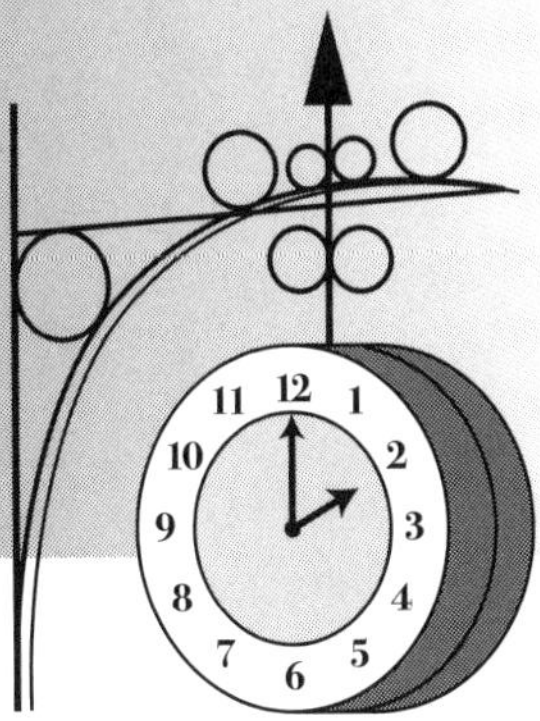

２０１０年8月の投開票に向けた参議院選挙戦の幕が開けると、民主党代表の菅直人首相は、消費税率の引き上げを前面に打ち出した。それまで民主党は、消費税率を２０１３年まで引き上げないと明言しており、実際、政府税制調査会でも消費税に関する具体的議論はなく、菅首相の引き上げ発言は大きな方向転換と受け止められた。

もっとも、その発言は、十分な議論の裏付けを伴うものではなかった。まず、税率について、民主党は、独自案を持たず、当面10%という自民党の提言に便乗することとなった。次に、菅首相は、世論を過度に推し量ったためか、低所得層に対する負担軽減策を口にし、その対象所得層も、２００万～４００万円と金額は二転三転した。結局、当初の意気込みは、急速にトーンダウンしていった。

こうした経緯は、日本にとって消費税率の引き上げをはじめとする税収増が、大規模かつ早急に必要であることが自明でありながら、政府・与党内で具体的なことが決められていない、少なくともトップに共有されていないことを改めて露にした。

今後、消費税率の確実な引き上げに向け、社会保障給付や財政健全化をはじめとした使途はもちろん、消費税という税目そのものについても、詰めるべき課題は多い。しばしば論点にあげられる消費税の逆進性対策、簡易課税制度のさらなる見直し、インボイス（荷送り状）導入などのほかに、例えば、現行4対1となっている国と地方の消費税率の配分をどうするかは、パンドラの箱のようなものであり、いったん議論の俎上にのせれば、国と地方の間で、意見集約の難航は必至である。とりわけ、法人実効税率の引き下げと、消費税の国と地方の配分問題は、本来一体であるべきであろう。法人実効税率引き下げの際、まず検討対象となるのは、地方の法人課税であり、その代替財源として、地方消費税の拡充が有力視されているためである。

また、非課税取引についても課題がある。「非課税」という言葉が一般の人々に与える印象とは異なり、非課税取引とされている医療、介護、教育などの分野でも、実質的には消費税が課税されている。こうした分野について、消費税率引き上げの際、どのような扱いとするのかは、やはり意見集約の難しい問題である。残念ながらこの問題について、政治の関心は希薄である。消費税に関する議論停滞のツケは、今日の日本に重くのしかかっている。

1 日本の消費税

消費税率の諸外国比較

日本の消費税率は現在5％（国税4％、地方税1％）と、先進諸外国比で、最も低いグループに属している。しばしば目にする諸外国比較などでは、欧州諸国の消費税率は軒並み20％近辺かそれ以上であり、アイスランドの税率は25・5％、デンマーク、ハンガリー、ノルウェー、スウェーデンは25％に達している。こうした消費税率の国際比較はよく知られている。だが、こうした統計を見る際、次の3点に留意が必要である。

図表2-1 消費税率のOECD比較

(%)

	標準税率	ゼロ税率・軽減税率			
アイスランド	25.5	0.0	7.0		
デンマーク	25.0	0.0			
ハンガリー	25.0		5.0	18.0	
ノルウェー	25.0	0.0	8.0	14.0	
スウェーデン	25.0	0.0	6.0	12.0	
フィンランド	22.0	0.0	8.0	13.0	
ポーランド	22.0	0.0	7.0		
ベルギー	21.0	0.0	6.0	12.0	
アイルランド	21.0	0.0	4.8	13.5	
オーストリア	20.0		10.0	12.0	
チェコ	20.0		10.0		
イタリア	20.0		4.0	10.0	
ポルトガル	20.0		5.0	12.0	
スロベニア	20.0		8.0	8.5	
フランス	19.6		2.1	5.5	
チリ	19.0	–			
ドイツ	19.0		7.0		
ギリシャ	19.0		4.5	9.0	
オランダ	19.0		6.0		
スロバキア	19.0		10.0		
トルコ	18.0		1.0	8.0	
英国	17.5	0.0	5.0		
イスラエル	16.0	–			
メキシコ	16.0	0.0			
スペイン	16.0		4.0	7.0	
ルクセンブルク	15.0		3.0	6.0	12.0
ニュージーランド	12.5	0.0			
オーストラリア	10.0	0.0			
韓国	10.0	0.0			
スイス	7.6	0.0	2.4	3.6	
カナダ	5.0	0.0			
日本	5.0	–			

（資料）OECD 'Consumption Tax Trends 2010' より筆者作成。
（注）2010年1月時点の数値。

第1に、比較に用いられている数値は標準税率に過ぎず、ほとんどの国では複数税率が採用されており、食料品、新聞などには標準税率よりも低い軽減税率、あるいは、ゼロ税率が適用されている（図表２－１）。例えば、スウェーデンでは、25％の標準税率のほかに、ゼロ税率、６％、12％の軽減税率が設けられている。こうした複数税率の国における実質的な消費税負担は、標準税率に表れているものより低くなる。なお、ゼロ税率と非課税は、似たような語感だが、後に述べるように、内容はかなり異なる。

第2に、財やサービスの消費に課せられる税は、大きく一般消費税と個別消費税の2つに分けられるが、諸外国との比較で語られる税率は、このうちの一般消費税に限ったものに過ぎない。一般か個別かというのは、全ての財とサービスを対象とするのか、個別の財やサービスを対象とするかの区別であり、日本の消費税、欧州諸国の付加価値税などは一般消費税に分類される。

他方、揮発油税、酒税、たばこ税などは個別消費税に分類される。税負担の規模を対ＧＤＰ比で測ると、日本では一般消費税２・５％、個別消費税２・０％とかなり拮抗している（図表２－２）。一般消費税の標準税率だけに着目すれば、確かに日本の税率はＯＥＣＤ諸国のなかで極端に低いが、個別消費税も含めて比較すると、そうした印象は幾分かは薄らぐことになる。

第3に、日本の消費税による税収は国と地方とで分けられている。これは、ＯＥＣＤ加盟国のなかでは少数派である。一般政府を構成する、中央政府あるいは連邦政府、州政府（連邦国家の場合）、地方政府、および、社会保障基金政府の各政府部門の間で、消費税がどのように配分されているのか、

図表2-2 ● 一般消費税と個別消費税の対GDP比（OECD比較）

（%）

	一般消費税	個別消費税	計
デンマーク	10.4	5.1	15.5
アイスランド	10.6	4.2	14.7
ハンガリー	10.3	4.3	14.6
ポルトガル	8.8	4.6	13.4
ポーランド	8.2	4.4	12.6
フィンランド	8.4	4.2	12.6
スウェーデン	9.3	3.1	12.4
ノルウェー	8.3	3.3	11.7
オーストリア	7.7	3.2	11.0
トルコ	5.1	5.8	10.8
オランダ	7.4	3.3	10.7
アイルランド	7.4	3.2	10.6
スロバキア	6.7	3.8	10.5
ニュージーランド	8.4	2.1	10.5
フランス	7.4	3.1	10.4
ギリシャ	7.5	2.9	10.4
チェコ	6.6	3.8	10.4
ベルギー	7.1	3.2	10.3
ドイツ	7.0	3.2	10.2
英国	6.6	3.5	10.1
イタリア	6.2	3.7	9.9
ルクセンブルク	5.7	4.0	9.7
メキシコ	3.7	5.7	9.4
スペイン	6.0	2.8	8.8
韓国	4.2	3.8	8.0
オーストラリア	4.0	3.5	7.5
カナダ	4.5	2.8	7.3
スイス	3.8	2.1	5.9
日本	2.5	2.0	4.5
米国	2.2	1.7	3.9

（資料）OECD 'Revenue Statistics' より筆者作成。
（注）2007年度の数値。

図表2-3◎消費税の政府部門間配分（OECD比較）

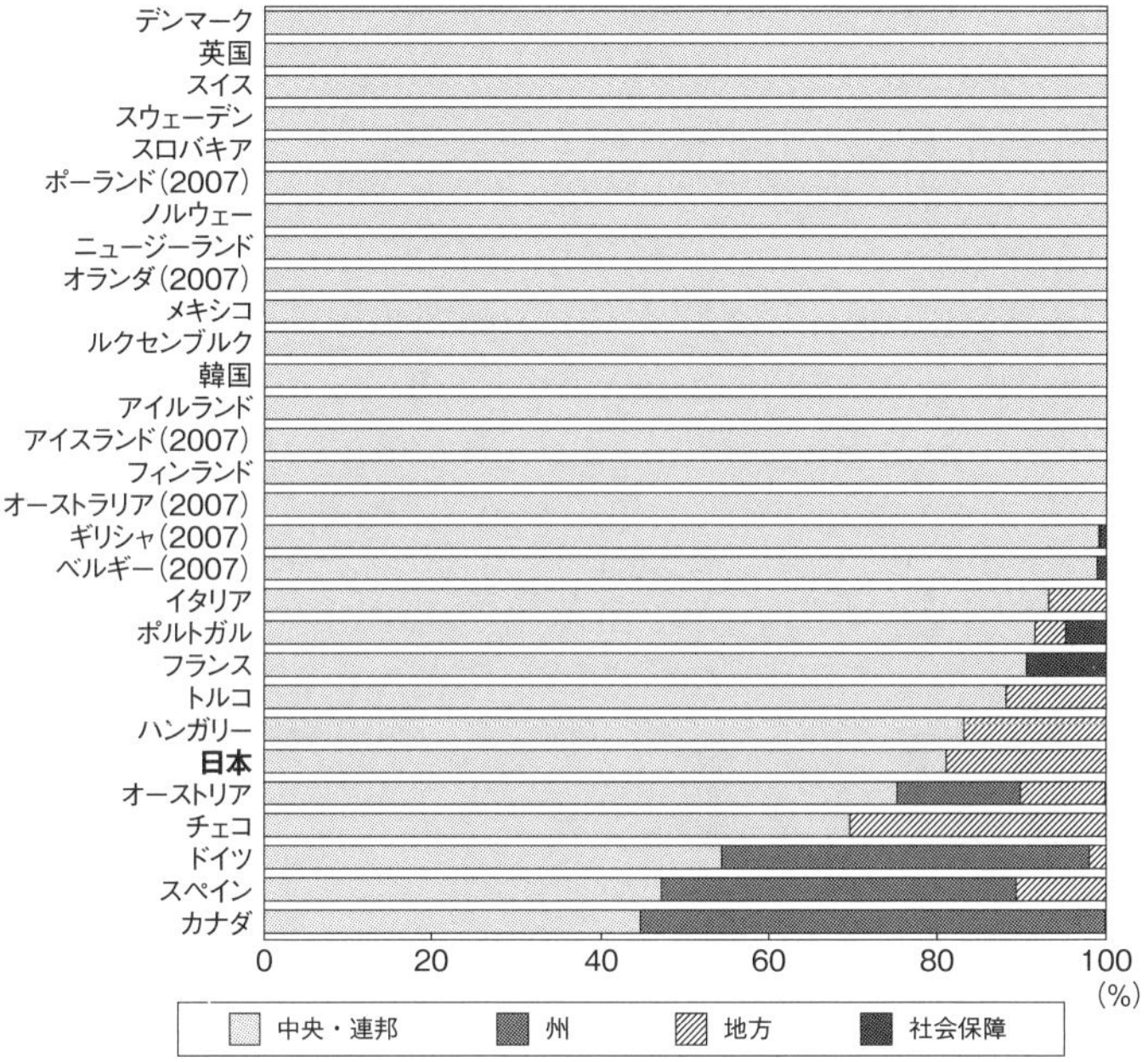

（資料）OECD ‘Revenue Statistics’ より筆者作成。
（注１）各政府部門の一般消費税収をその国の一般消費税収の合計額で割った（%）。米国を除く。
（注２）2008年度（カッコ内に2007とある国は2007年度）。

米国を除くOECD諸国について見てみると、29カ国中16カ国において、消費税は中央政府・連邦政府の税収となっている（図表２－３）。中央政府・連邦政府と、州政府や地方政府が消費税の税収を分け合っているのは、日本を含む10カ国である。なかでも、州政府を除く地方政府への配分に限定して見てみると、日本では18・9％とチェコの30・3％に次いで高い配分比率になっている。このように、多くの国で消費税がもっぱら中央政府・連邦政府に配分されている背景には、多段階課税（後述）であるなど消費税の性格が関係している。

消費税の基本的な仕組み

そもそも日本の消費税とはどのような性格の税であろうか。消費税を特徴づけるポイントは、大きく2つある。1つは付加価値税（VAT：Value Added Tax）の仕組みをとっているということ、もう1つは、間接徴収されるということである。説明を簡素化するために、ここでは原材料製造業者、完成品製造業者、小売業者、消費者の4者がいる財・サービスの生産・流通・小売経路を想定する。製品や原材料の価格はあくまで例である（図表2－4）。消費税は、この生産・流通・小売経路の各段階すなわち多段階で課税され、税務署に納税されていく。これを多段階課税という。ちなみに、小売段階のみで課税される米国の小売売上税などは、単段階課税という。

まず、原材料製造業者は完成品製造業者に原材料を販売し、2万円の代金と消費税1000円を受け取る。消費税1000円は税務署に納税する。この1000円という金額は、原材料製造業者がもたらした付加価値（Value Added）2万円に対する消費税額に相当する。

一方、完成品製造業者の立場から見ると、完成品製造業者は原材料製造業者から2万円の原材料を仕入れ、原材料製造業者に対し仕入代金とともに消費税1000円（＝2万円×5％）を支払っている。続いて完成品製造業者は、原材料に加工を施して5万円でこれを小売業者に販売する。その際、小売業者からは、5万円の代金とともに消費税2500円（＝5万円×5％）を受け取る。完成品製

図表2-4 ● 消費税の基本的な仕組み

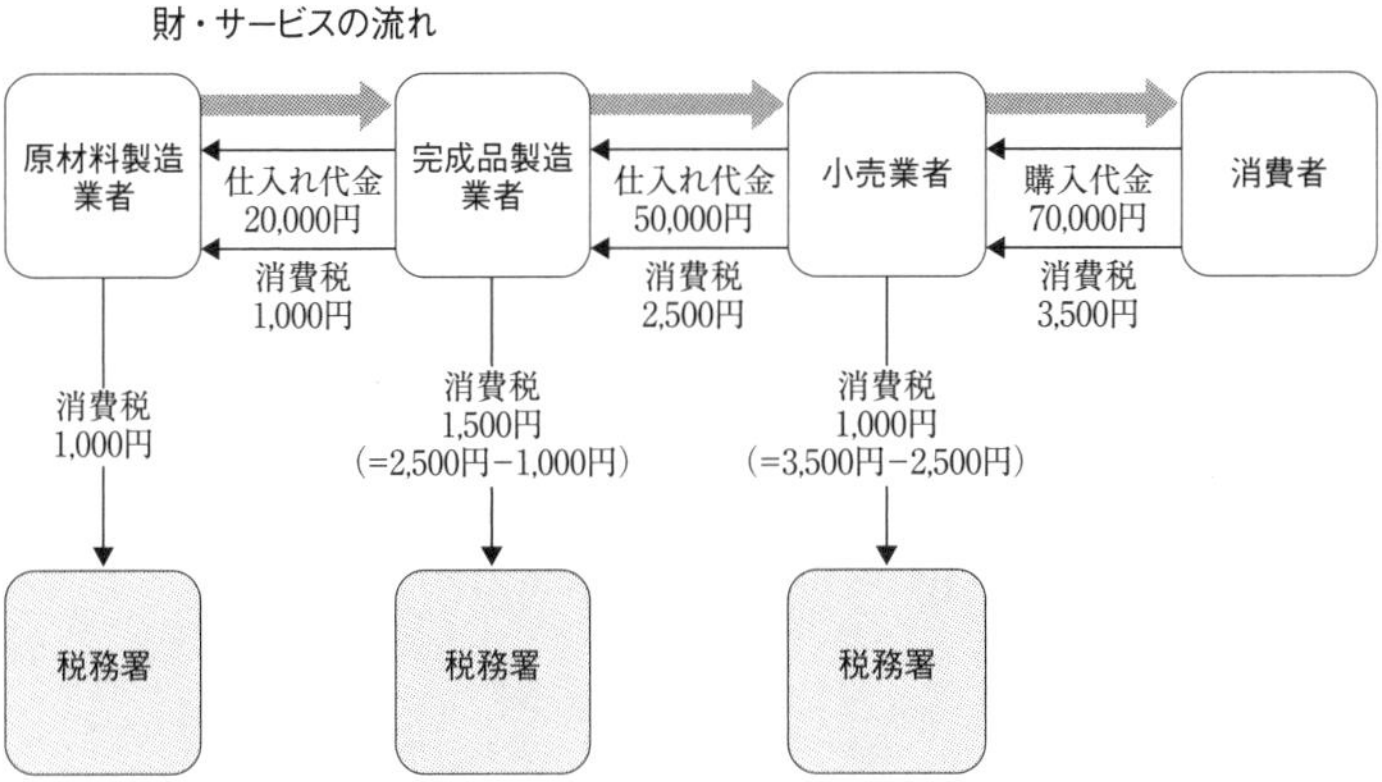

（資料）筆者作成。
（注）原材料製造業者には仕入れがないものと想定している。

造業者は、小売業者から受け取った消費税２５００円から既に原材料製造業者に支払った消費税１０００円を差し引き、差額の１５００円を税務署に納税する。この１５００円という金額は、完成品製造業者がもたらした付加価値３万円（＝５万円－２万円）に対する消費税額に相当する。

次に、小売業者は、５万円で買い入れた財・サービスに広告宣伝や消費者への商品説明など「販売」という手間（付加価値）を加えて消費者に７万円で販売し、代金とともに消費税３５００円（＝７万円×５％）を受け取る。小売業者は、この３５００円から、既に完成品製造業者に支払い済みの消費税２５００円を差し引いて、差額の１０００円を税務署に納税する。この１０００円は、小売業者の生み出した付加価値２万円（＝７万円－５万円）に対する消費税額に相当する。

こうした経路において各段階で納税された消費

税の合計額は3500円(=1000円+1500円+1000円)となり、消費者が小売業者に支払った額とピッタリ一致する。

このように、消費税を税務署に納税するのはあくまで事業者である。こうした事業者を納税義務者という。事業者が、販売先あるいは消費者から預かった消費税から仕入れの際に支払った消費税を差し引く(控除する)ことを仕入税額控除という。仕入れには、工場や機械などの設備投資も含まれている(減価償却費で期間配分されるのではなく、投資額がそのまま仕入れとなる)。売り上げに対する消費税額と仕入税額控除は、いわばセットになっている。

消費者は、消費税の経済的負担者として想定されている。消費者が経済的負担者であり、納税者が事業者であるから、間接徴収ということになる。現在、納税義務者は359万事業所ある(2008年度、国税庁統計)。経済的な負担者は、消費者すなわち約1億3000万人の国民であるが、実際に納税するのはたかだかこの359万事業者であり、これは、税務当局にとってみれば、大変好都合な徴税方法であろう。他方、第6章で述べる国民年金の保険料は、納付率が低下の一途を辿っており、かつ、徴収にかかるコストが高い。国民年金保険料の徴収は行き詰まっている。国民年金保険料との対比でいえば、納税義務者が少ないことは消費税の大きな利点であるといえる。

簡易課税制度と免税点および益税問題

付加価値税である消費税を正確に徴収するには、付加価値すなわち売り上げと仕入額の差額を税務署が正確に把握する必要がある。もっとも、それを確実に実行するには、納税義務者の正確な会計と申告が欠かせないが、小規模事業者にはかなり重い事務負担になる。そこで、こうした負担を軽減するために、小規模事業者向けに、簡易課税制度と免税点が設けられている。

まず、簡易課税制度とは、おおまかにいえば、売り上げに「みなし仕入率」という事前に定められた仕入率をかけて仕入額を簡便に求める仕組みである。みなし仕入率は、事業内容に応じ50％から90％まで5つあり、例えば、卸売業90％、小売業80％、建設業70％、飲食店業60％、サービス業50％などとなっている。この方法であれば、仕入額が把握されていなくても、売上高さえ分かれば、納付すべき消費税額がすぐに算出できる。

現在、課税売上高5000万円以下の事業者は、自らの希望によって、実際の仕入額の利用に代えて、この簡易課税制度を選択することができる。納税義務者から税務署への消費税の申告総数337万7千件のうち、43・8％の147万9千件が簡易課税制度に基づく申告である（2008年度、国税庁統計）。ただ、消費税額の規模でいえば、総税収9・7兆円うち簡易課税制度に基づくものは0・4兆円に過ぎない（同）。

こうした簡易課税制度は、小規模事業者の納税にかかる事務負担を軽減しているものの、他方、次に述べる免税点などとともに、一部事業者に経済的メリットをもたらしているとの批判がある。

例えば、ある事業者が、100万円で仕入れを行い、200万円で販売したとする。仕入比率は50％（100万円÷200万円）であり、仕入れの際に支払った消費税は5万円である。仕入税額控除が可能な額は本来5万円のはずである。ところが、この事業者が簡易課税制度を選択し、みなし仕入率が80%であると、8万円の仕入税額控除が可能になる。よって、この事業者は、「消費者から受け取った消費税10万円－みなし仕入率を用いた仕入税額控除8万円＝2万円」だけを税務署に納めれば済むことになり、本来税務署に納めるべき納税額5万円との差3万円を手元に残すことができる。これが益税の1つである。

次に、免税点の問題を考える。免税点とは、売上高1000万円以下の事業者の場合、消費税の納税義務がないというものである。これも、零細事業者にとっては事務負担軽減のメリットがある一方、益税の発生原因の1つとされている。仮に、この事業者が、消費者から消費税を受け取っていれば、「消費者から受け取った消費税－仕入れの際に支払った消費税」が手元に残ることになる。消費者には、その店の売上高が本当に1000万円以下かどうかは分からない。

もっとも、売上高×5%が丸々手元に残るのではないことにも留意が必要である。免税事業者は、仕入税額控除もできないからである。なお、益税の発生原因は、しばしば指摘されるこれらの原因だけではなく、山本守之氏は、95%ルールの方が深刻な問題であると指摘している（山本他［2010］）。それは改めて述べたい。

帳簿・請求書保存方式

そこで、益税防止のためにしばしば提唱されるのが、インボイス（荷送り状）に基づいて仕入税額控除を認めるインボイス方式である。図表２－４の例でいえば、完成品製造業者が、小売業者に対し、消費税額２５００円などを記載したインボイスを発行し、小売業者は、それをもって初めて仕入税額控除が認められるようにするのである。

他方、日本の税務の方法は帳簿・請求書保存方式とされている。帳簿および仕入れ先からの請求書（消費税額が書かれている）が保存されていることによって、仕入税額控除が認められる。これが徹底されているのであれば、インボイス方式とそれほど変わるところはない。

すなわち、仕入税額控除の根拠となる書類が、インボイスという名であろうが、請求書という名であろうが、そこに消費税額が記載され、保存され、それに基づいて仕入税額控除が適正に行われていれば、両者に大差はないといえる。すると、核心は、インボイスにせよ、請求書にせよ、事業者間でそれが適正に発行され、税務署によってそれらがしっかりチェックされているか否かということに行き着く。その際、いずれにしても、件数は膨大な数にのぼる。それを紙のままチェックするのであれば、税務当局の人員を増強する必要がある。あるいは、電子化した上でチェックするというのであれば、事業者側、税務行政側のシステム投資が必要である。

こうした観点から、消費税率引き上げに向けて、税務行政をいかに効率的に増強するのか、といった観点が不可欠になろう。よって、かねてより民主党が掲げている歳入庁構想の具体化など、税務行政の体制整備が急がれる。もっとも、２０１０年参院選マニフェストでは、歳入庁という言葉すら消えており、具体的な議論も全く聞こえてこない。

2 消費税の課税ベース[1]

非課税取引にかかる消費税

消費税は、一般消費税と位置付けられていながら、課税対象になじまない、あるいは、社会政策的な配慮が必要であるとの理由から、医療、介護、教育、社会福祉事業、住宅賃貸、金融・保険をはじめ複数の非課税取引が設けられている（このことと、個別消費税があることをもって既に複数税率が導入されているともいえる）。非課税というと、消費税とは無関係のように一見思われるが、実際には、これら非課税取引にも消費税がしっかり課税されている。というのも、これらのサービスを提供する事業者には仕入税額控除が認められていないためであり、これは、医療サービス提供者の間で「損税」と呼ばれている（例えば福田［2001］）。

具体的に、病院を例に考えてみよう。病院も、他の産業同様、患者に医療サービスを提供するにあたって、広範かつ多量の仕入れを必要としている。外来・入院患者を受け入れるための建物建設とその改修、コンピューターシステム、検査・診療機器、医薬品、自動車、光熱費などである。

病院は、これらを仕入れ、そこに、診察、手術、看護などの人手を加えて、患者へ医療サービスを

1 （謝辞）この節の執筆に際しては、望月［2008］より多くを学んだ。望月正光関東学院大学経済学部教授には、著者の質問に対し丁寧なご教示を賜った。記して感謝申し上げたい。もちろん、本書に誤りがあるとすれば、著者の責任である。

提供する。病院は、診療報酬に関する消費税を消費者である患者らから受け取ることもない代わりに、仕入れの際に支払った消費税を仕入税額控除することも認められていない。結局、仕入れ時に支払った消費税は病院の負担となる。言い方を換えれば、病院は、確かに税務署に対しては消費税を納税していないが、仕入れ先に消費税を支払うという形で経済的に負担している。

病院が支払った消費税は、診療報酬の原資は、税と社会保険料と患者の自己負担であるから、結局、被保険者や患者が病院に関する消費税を負担していることになる。あるいは、診療報酬によって賄われているかもしれない。すると、診療報酬の原資いるとしても、それは、医療サービスの質・量の低下となって最終的に患者に跳ね返っているかもしれない。病院の待ち時間の長さと消費税の非課税とが深く結びついていることだってあり得るのだ。病院が支払った消費税の被保険者と患者への転嫁と帰着の形態は不透明である。このように、医療は非課税であるという説明から受ける印象と、実態とはかなりかけ離れている。

では、医療や介護などの非課税取引には、一体どれだけの消費税が課税されているのであろうか。公式な統計はなく、推計で目安をつけるしかない。そこで、総務省の「産業連関表」をもとに、それらを推計してみよう。具体的には、金融・保険、住宅賃貸料、住宅賃貸料（帰属家賃）、教育、医療・保健、介護、社会保障、その他公共サービスの８つを対象とする。

「産業連関表」には、産業ごとに、国内生産額のみならず、そうした生産活動のための中間投入と固定資本形成が計上されている。これらが、消費税法における仕入れに相当する。よって、おおまかにいえば、（中間投入＋固定資本形成）÷1・05が課税ベースであり、そこに消費税率5％をかけたものがそれぞれの産業に実質的に課税されている消費税額とみなされる（1・05で割っているのは、「産業連関表」が消費税を含むグロス表示となっているためである）。

医療・保健を例に、推計のプロセスを辿ると、医療・保健は年間37・2兆円の国内生産額に対し、中間投入16・5兆円（うち非課税取引1・4兆円）、固定資本形成4・8兆円を要している（図表2－5）。中間投入のなかに含まれている非課税取引は課税ベースから除外する。さらに、中間投入、固定資本形成はともに消費税を含むグロス表示なので、これを1・05で除した税抜き価格が、医療・保健における課税ベースとなる。

すると、課税ベースは、18・9兆円であることになる。ここに、消費税率5％をかけると、医療・保健における消費税額0・9兆円が算出される。日本の消費税収（国と地方計、2005年）は13兆1346億円であるから、消費税収のおよそ7％が、非課税取引である医療・保健からの税収であることになる。

なお、この推計に関して留意点はもちろんある。医療・保健を全て非課税取引とし、そこにかかる仕入れを全て仕入税額控除の対象外と仮定していることだ。実際には、健康診断や差額ベッド代などは課税取引なので、これらには消費税がかかる一方で、仕入れの際の消費税は仕入税額控除の対象となる。ここでの推計結果は、この点を考慮していない。もっとも、医療・保健の国内生産額37・2兆円は、日本の国民医療費とほぼ同水準であることから判断すると、この留意点の影響は軽微であると

図表2-5 非課税取引にかかる課税ベースと消費税額の推計

（兆円）

	（参考）国内生産額	推計の根拠となる統計			課税ベース			消費税額
		中間投入 (A)	うち非課税取引 (B)	固定資本形成 (C)	中間投入（除く非課税取引） (D) (A−B)/1.05	固定資本形成 (E) C/1.05	計 (F) D+E	F×0.05
医療・保健(094)	37.2	16.5	1.4	4.8	14.3	4.5	18.9	0.9
金融・保険(074)	41.6	15.1	4.6	2.4	10.0	2.3	12.3	0.6
住宅賃貸料(076)	11.9	2.4	0.7	5.8	1.6	5.5	7.1	0.4
住宅賃貸料(帰属家賃)(077)	45.7	5.0	2.5	0.0	2.4	0.0	2.4	0.1
教育(092)	23.1	3.4	0.0	2.7	3.2	2.5	5.8	0.3
介護(096)	6.4	1.7	0.1	0.2	1.5	0.2	1.7	0.1
社会保障(095)	6.6	1.9	0.1	0.4	1.7	0.4	2.1	0.1
その他の公共サービス(097)	5.0	1.8	0.1	0.4	1.6	0.4	2.0	0.1
合計	177.6	47.8	9.6	16.6	36.4	15.8	52.2	2.6

（資料）筆者試算。統計の出所は、総務省「2005年産業連関表」の取引基本表と固定資本マトリックス。産業名の括弧内は、中分類コード。

（注1）産業連関表における「社会保障」は、消費税の非課税取引の「社会福祉事業」にほぼ相当。ここでは、社会保険事務、保育所、児童厚生施設、児童養護施設、養護老人ホーム、軽費老人ホーム、老人福祉センター、知的障害者養護施設、身体障害者授産施設、精神障害者生活訓練施設。

（注2）「産業連関表」における消費税の評価方法は、各取引額に消費税を含むいわゆる「グロス表示」となっている。そこで、(A−B)、Cを1.05で割り、消費税抜きの価格を求めた。

（注3）仕入れには、課税売上に係わる部分もあるはずであるが、ここでは全て非課税売上であると仮定している。

考えられる。

ほかの7つの非課税取引について、消費税額の推計結果を見ると、金融・保険0・6兆円、住宅賃貸料0・4兆円、住宅賃貸料（帰属家賃）0・1兆円、教育0・3兆円、介護0・1兆円、社会保障0・1兆円、その他公共サービス0・1兆円となる。合計すると、課税ベースは52・2兆円、消費税額は2・6兆円である。もちろん、医療・保健以外の推計結果についても、医療・保健と同様の留意が必要であるとしても、非課税取引において、無視できない規模の消費税が課税されていることに変わりはない。

税率引き上げ時の非課税取引の取り扱い

今後、消費税率が引き上げられる場合、非課税取引はどのように取り扱われるべきであろうか。とりわけ、公定価格である医療と介護（介護の場合、介護報酬）が最大の焦点となる。教育の場合、私立学校であれば、消費税率の引き上げに伴う仕入価格の上昇分を、自らの裁量の効きやすい入学金や授業料の引き上げで吸収する方法もあり得る。しかし、医療と介護のような公定価格の場合、そうはいかないためだ。

選択肢の1つは、診療報酬と介護報酬を、それに見合うように引き上げる方法である。仮に、消費税を追加的に5％引き上げるだけでも、診療報酬と介護報酬とを合わせて約1兆円（医療・保健0・9兆円＋介護0・1兆円）の引き上げが必要となる。医療も介護も財源は、税（国と地方）、社会保険料、および、患者・利用者の自己負担の3つで構成されており、診療報酬と介護報酬が引き上げられるということは、これらが引き上げられることになる。

ただ、このメカニズムは一般国民には大変理解しにくい。政治家は、順を追って丁寧に国民に説明しないと、「消費税が上がるばかりではなく、健康保険料まで上がるのか⁉」といった国民の反発を招きかねない。例えば、国民健康保険の保険料などは、その負担の重さから、既に滞納世帯が20％を超えているのである（第7章）。

2つ目の選択肢は、医療および介護を非課税取引としたまま、医療および介護サービス提供者に仕入税額控除を認めることである。具体的には、医療と介護にゼロ％の消費税が課税されているとみなし、医療および介護サービス提供者は、仕入れ時の支払消費税の還付申告を税務署に行う。これがゼロ税率である。このように、ゼロ税率と非課税は、一見似たようなネーミングでも、その仕組みは大きく異なっている。もっとも、この場合、その分日本全体では消費税収が損なわれることになり、それを埋め戻すため、さらに消費税率の引き上げ幅を広げるなど対策が必要となる。この埋め戻しは、低所得者をも含む全国民にのしかかってくる。

3つ目の選択肢は、医療と介護の非課税扱いそのものをやめ、課税取引とする方法である。課税取引となれば、もちろん仕入税額控除も認められるようになる。これであれば、消費税率そのものを低く抑えることもできるので、低所得層にも恩恵が及び、消費税はより一般消費税らしい仕組みになる。健康保険制度には、ひと月にかかった医療費が一定額を超えると超過分が給付される高額療養費制度がある。加えて、高齢者は一定所得以上の人を除けば、自己負担が軽減されている。さらに、別途、消費税において、低所得層向けの逆進性対策（後述）が講じられるならば、なおのこと課税取引にするのが最もすっきりした案であろう。

非課税取引を、消費税率引き上げの際にどのように取り扱うかは、税と社会保障の一体改革において極めて重要なテーマの1つである。この点に関し、民主党と自民党はそれぞれどのように考えるのか。まず、こうした問題を話し合うことは、超党派協議の良い糸口になると思われる。

消費税と社会保険料の事業主負担それぞれの性質

ここまでの議論を踏まえ、社会保険料の事業主負担について評価を加えておきたい。仮に、消費税率が引き上げられた場合、図表2－4における完成品製造業者は、販売代金5万円に新しい消費税額を記載した請求書を発行する。それを受け取る小売業者は、新しい消費税率で計算された消費税額に文句はつけないであろう。また、消費者も、店頭で7万円の本体価格に、昨日までと異なる新しい消費税率による消費税がかかることは既に承知しているはずである。消費者は、政府に不満は持っても、小売業者に文句はつけないであろう。

一方、社会保険料の事業主負担が引き上げられた場合はどうなるであろうか。社会保険料の事業主負担は、現在総額24・9兆円である（08年度）。厚生年金や協会けんぽの保険料は労使折半なので、料率が引き上げられれば、事業主負担もその分引き上げられる。完成品製造業者は、社会保険料率が上がったことによる労務費の上昇分をそのまま販売価格に上乗せして、小売業者に売るだろうか。あるいは、小売業者は、社会保険料率の引き上げ分を小売価格に上乗せして販売するだろうか。消費者は、社会保険料が上がったことにより、小売価格に上昇圧力がかかるなどというメカニズムを想像すらしないであろう。

事業主の一部は、社会保険料率の引き上げ分を商品の価格に転嫁させるかもしれない。しかし、多くの事業主は、合理化を進めて、社会保険料率の引き上げ分を吸収しようとするであろう。その合理化は、従業員の給与削減や社会保険の適用を外れる雇用形態の拡大など雇用にも当然及ぶはずだ。このように、社会保険料の事業主負担の転嫁とその帰着の経路は、消費税に比べ不透明である（これも社会保険料の行き詰まりといえる）。非課税取引にかかる消費税の転嫁と帰着が不透明なのと同様の構図である。しかも、その帰着先は、医師にじっくり診察して欲しいと思っている人や安定的な雇用を求めている人かもしれないという点で問題は大きい。

このように考えると、転嫁のルールが明確化されている消費税（課税取引に限る）、および、帰着が比較的はっきりしている個人所得課税（第3章）は、社会保険料の事業主負担に比べ、すぐれた性質を持っているものと評価できる。

政府の負担するみせかけの税収

国や地方自治体など政府（以下、政府）も、非課税取引とほぼ同様の理由により、消費税を負担している。もっとも、政府の負担する消費税には、財政健全化の観点から、留意が必要である。非課税取引の場合であれば、仕入税額控除が認められないというういびつな状況ながらも、政府に実際に消費税収が入っているのに対し、政府の負担する消費税の場合、いわばみせかけの税収でしかないためである。

例えば、地方自治体が、国からの補助金と住民税を原資に、道路整備を行うとする。その際、工事を請け負ったゼネコンには地方自治体から代金とともに消費税が支払われる。地方自治体は、住民から道路の使用料を受け取るわけではない。よって、地方自治体に、税務署への消費税の申告義務もなく、工事代金とともに支払った消費税の仕入税額控除ももとよりない。

これは、政府の一般会計については、そもそも消費税の確定申告の義務がないとの特例が消費税法にあるためだ。特別会計および消費税法で定める公益法人等についても、税や補助金で賄われる行政サービスの提供にかかわる仕入れは、仕入税額控除が認められない。すなわち、いずれも、税や補助金を財源としている行政サービスの場合、政府自らが消費税を負担していることになる。

もっとも、ゼネコンを通じて税務署に納められた消費税の原資は、国からの補助金すなわち国税および住民税であるから、家計や企業から政府に新たに現金が移転した訳ではない。

では、こうした政府負担の消費税は、一体どの程度発生しているのであろうか。発生ルート自体は3つに分けて考えられる（図表2－6）。1つは、「産業連関表」上、産業の1つとして位置付けられている「公務」の仕入れ、すなわち、中間投入と固定資本形成にかかる消費税である。「公務」には、具体的には、衆議院、参議院、裁判所、警察庁、税務署、都道府県労働局、労働基準監督署、自衛隊、都道府県庁、警察署、市（区）役所・町村役場、消防署などが挙げられる。この仕入れにかかる消費税は、仕入税額控除が認められないことを通じて、政府の負担となっている。なお、公立病院、公立学校、公立老人福祉施設などは、それぞれ、「産業連関表」上の医療・保健、教育、社会保障などに既に分類済みである。

「公務」に関し、非課税取引と同様の要領で消費税の課税ベースと消費税額を推計してみると、公務の国内生産額38・5兆円に対し、中間投入10・1兆円（うち非課税取引0・1兆円）、固定資本形成

図表2-6 政府の負担する消費税の課税ベースと税額の推計

(1)公務　(兆円)

	(参考)国内生産額	推計の根拠となる統計			課税ベース			消費税額
		中間投入 (A)	うち非課税取引 (B)	固定資本形成 (C)	中間投入(除く非課税取引) (D) (A−B)/1.05	固定資本形成 (E) C/1.05	計 (F) D+E	F×0.05
公務(091)	38.5	10.1	0.1	4.5	9.5	4.3	13.8	0.7

(2)いずれの産業にも分類されない固定資本形成(公的)(兆円)

	推計の根拠となる統計 (A)	課税ベース (B) A/1.05	消費税額 B×0.05
道路(35-0001)	6.3	6.0	0.3
環境衛生(35-0003)	2.8	2.7	0.1
国土保全(35-0004)	3.1	2.9	0.1
土地造成(35-0005)	0.4	0.3	0.0
合計	12.6	12.0	0.6

(3)一般政府消費支出(除く非課税取引・公務)(兆円)

	推計の根拠となる統計 (A)	課税ベース (B) A/1.05	消費税額 B×0.05
一般政府消費支出(除く非課税取引・公務)	2.1	2.0	0.1

(1)＋(2)＋(3)合計
課税ベース27.8兆円
消費税額　1.4兆円

(資料) 筆者試算。統計の出所は、総務省「2005年産業連関表」の取引基本表と固定資本マトリックス。産業名の括弧内は、中分類コード、資本形成部門コード。

4・5兆円であり、これらから、課税ベースは13・8兆円、消費税額0・7兆円と推計される。

2つ目は、「産業連関表」上、いずれの産業の固定資本形成にも属さない、固定資本形成である。例えば、公立学校による学校建設であるならば、教育産業の固定資本形成に分類される。他方、道路、環境衛生、国土保全などの固定資本形成は、「産業連関表」の取引基本表の108の産業分類のいずれにも分類されない固定資本形成として固定資本マトリックスに計上されている。これは金額にして計12・6兆円あり、ここから、課税ベースは12・0兆円、消費税額は0・6兆円と推計される。

3つ目は、政府最終消費支出の一部である。すなわち、医療・保健、介護、社会保障などの非課税品目および公務を除く政府最終消費支出である。金額としては、課税ベース2・0兆円、消費税額0・1兆円と試算される。

これらを合わせると、政府の負担する消費税の課税ベースは27・8兆円、消費税額は1・4兆円となる。すなわち、政府の負担している消費税額は、日本の消費税収のおおむね1割を占めていることになる。この分、税収となっているようで、実際には税収にはなっておらず、消費税収の1割ぐらいは、ないものとして考えなければならないということになる。これらを明確にすることは、財政の健全性の観点から重要である。

住宅にかかる消費税

消費税は、土地購入分を除く住宅投資にも課税されている。住宅投資の規模は、「産業連関表」を見ると約14・6兆円（2005年、グロス値）である。住宅投資の課税ベースは13・9兆円、消費税額は0・7兆円程度と推計できる。こうした状態のもと、消費税率が引き上げられると、引き上げ前と引き下げ後とでは、消費税込みの住宅取得価格に無視し得ぬ差が生じる。住宅取得が、生涯に何度もあることではないことを考えると、これは合理的といえない。

加えて、八田達夫氏は、『消費税はやはりいらない』［1994］という著書のなかで、中古住宅の価格上昇に伴う、住宅購入者の負担増の問題を指摘している。消費税率の引き上げによって、新築住宅の税込み価格が上昇すると、周辺の不動産相場の上昇を通じて中古住宅の価格も上昇する。まだ家を持っていない若い世代が、こうした住宅を購入すると、それを売却する年齢層の高い世代への所得移転が起きる、というのである。

理論的には、住宅投資には消費税を課税せず、住宅取得後、そこに住むという便益（帰属家賃）に対して消費税が課税されるのが合理的である。もっとも、自宅に対して家賃を払っているとみなし、そこに消費税を課税するのは、一般の国民からすれば、大変理解しにくい。帰属家賃の合理的な決定も困難を伴うことになる。

現実的には、住宅の土地には課税せず、建物だけに課税する、現行の課税方法を続けるしかないのかもしれない。しかし、将来の消費税率の引き上げが、家計にとって住宅取得時期、あるいは、自動車のような大型耐久財の購入時期決定の不確定要素とならないよう、明確な引き上げスケジュールが国民に明示されることは、少なくとも不可欠である。

課税取引の課税ベース

では、本丸である課税取引の課税ベースは、一体どの程度の規模なのであろうか。国民経済計算（SNA：System of National Accounts）における家計の最終消費支出自体は273・3兆円ある（2009年度）。もっとも、これまでの議論から明らかなように、この273・3兆円がそのまま消

図表2-7 SNAの家計最終消費支出

（兆円）

支出の目的	2005年度	2006年度	2007年度	2008年度	2009年度
1. 食料・非アルコール飲料	40.8	41.1	41.9	41.7	40.7
2. アルコール飲料・たばこ	9.0	8.8	8.7	8.4	8.3
3. 被服・履物	10.0	10.4	10.3	9.8	9.3
4. 住居・電気・ガス・水道	68.6	69.1	70.0	69.9	69.4
（再掲）持ち家の帰属家賃	(45.7)	(46.1)	(46.4)	(46.7)	(46.7)
5. 家具・家庭用機器・家事サービス	10.4	10.4	10.3	10.1	9.6
6. 保健・医療	11.8	11.7	11.8	12.0	12.5
7. 交通	30.8	31.3	31.8	30.4	28.3
8. 通信	8.5	8.8	9.1	9.3	9.6
9. 娯楽・レジャー・文化	30.2	30.2	30.2	29.1	28.2
10. 教育	6.2	6.2	6.2	6.1	6.1
11. 外食・宿泊	21.2	21.7	22.4	22.2	21.5
12. その他	31.1	32.1	33.1	30.5	29.7
合計	278.6	281.8	285.8	279.5	273.3

（資料）内閣府経済社会総合研究所「国民経済計算」家計の目的別最終消費支出より筆者作成。

費税の課税ベースとなる訳ではなく、ここから非課税取引を差し引かなければならない。

ところが、ＳＮＡには目的別支出の掲載があるものの、非課税取引を差し引くには、十分な詳細さを備えていない（図表２－７）。例えば、69・４兆円と最大の支出項目である住居・電気・ガス・水道から、帰属家賃こそ抜き出されているものの（46・７兆円となっている）、やはり非課税取引である住宅賃貸料の数値は記載されていない。あるいは、その他29・７兆円に含まれている金融・保険の金額も記載されていない。

そこで、課税取引の課税ベースを把握するには、時期は若干古くなるが、「産業連関表」を用いるのが有効である。「産業連関表」では、２００５年度の最終需要における民間消費支出は、合計２８０・９兆円である（ちなみに、同年度のＳＮＡの家計最終消費支出は２７８・６兆円）。２８０・９兆円のうち、医療・保健、住宅賃貸料など８つの非課税取引は、計93・７

兆円である。すると課税取引の課税ベースは、178・3兆円（＝〈280・9−93・7〉÷1・05）となる。

既にみた非課税取引、政府、住宅投資の課税ベース推計値（2005年度）は、それぞれ52・2兆円、27・8兆円、13・9兆円であったから、課税ベースとして見れば、課税取引の規模は、日本経済全体のなかで意外と大きくないことが分かる。課税取引のなかで最も大きいのは40・7兆円の食料・非アルコール飲料であり、仮にここに軽減税率やゼロ税率を導入すると、一層、課税取引の課税ベースは小さくなることになる。

VRRにみる日本の消費税

こうした日本の消費税の課税ベースの把握を踏まえ、VRR（VAT Revenue Ratio：その国の最終消費支出に標準税率を課して得られる消費〈付加価値〉税収額を1・0とした場合の、実際の消費〈付加価値〉税収の比率。1・0に近いほど理想的）という指標について検討を加えてみよう。旧政府税調でも、2007年の会合でIMF（国際通貨基金）の専門家がVRRの前身であるC効率性（C-efficiency）を紹介しつつ、日本の消費税の効率性を次のように評価している。なお、CはConsumption（消費）のCである。

「通常私どもがIMFやOECDで使っている基準として、VATのもたらす効果をはかる上で、C効率性というものを使っています。すべての消費に対して単一税率で課税した場合は100％なのですが、日本は他国と比べて非常に高い数字となっています。一番高いのがニュージーランドで95％となっています。（中略）日本はニュージーランドよりも低くなっておりますが、でも明らかに日本はよくデザインされた付加価値税制を持っている国の1つとなっています」（税制調査会企画会合〈第10回〉・調査分析部会〈第5回〉合同会議、2007年5月17日）

VRRから何が読み取れ、どのような留意点があるのであろうか。まず、VRRの定義は、次の通りである。日本の消費税の評価は、IMFの専門家が言う通りなのであろうか。

VRR＝消費税収÷｛（最終消費支出－消費税収）×標準税率｝

分子と分母に含まれる消費税収は、実績である。他方、分母は、理論上の消費税収を示している。分母の最終消費支出は、SNAの最終消費支出であり、そこから実際の消費税収を差し引いているのは、SNAが消費税込みのグロス表示となっていたためである（ちなみに、C効率性の定義では、分母から消費税収を差し引いていない）。VRRは、「税収実績／理論上の税収」であるから、1・0に近いほど効率が良いとされる。

VRRは、次のような場合低くなる、すなわち、消費税の効率が悪い。1つは、軽減税率、ゼロ税率、非課税を採用している場合である。VRRにおける理論上の税収は、標準税率のみを用いて計算されているため、軽減税率などを採用しているとVRRが低下する。2つ目は、免税点や簡易課税制度などを採用している場合である。免税点が高かったり、簡易課税制度におけるみなし仕入率が、実際の仕入率に比べ過大であったりするとVRRは低下する。3つ目は、滞納や租税回避である。消費

図表2-8 VRRのOECD比較

	VRR	標準税率（%）
1　ニュージーランド	0.98	12.5
2　ルクセンブルク	0.93	15.0
3　スイス	0.77	7.6
4　チリ	0.75	19.0
5　カナダ	0.74	5.0
6　スロベニア	0.68	20.0
7　イスラエル	0.68	15.5
8　**日本**	0.67	5.0
9　韓国	0.65	10.0
10 デンマーク	0.62	25.0
11 オーストリア	0.61	20.0
12 オランダ	0.60	19.0
13 チェコ	0.59	19.0
14 スウェーデン	0.58	25.0
15 フィンランド	0.58	22.0
16 ハンガリー	0.57	20.0
17 ノルウェー	0.57	25.0
18 アイルランド	0.55	21.0
19 ドイツ	0.55	19.0
20 スロバキア	0.54	19.0
21 アイスランド	0.54	24.5
22 ポルトガル	0.51	21.0
23 ポーランド	0.49	22.0
24 オーストラリア	0.49	10.0
25 フランス	0.49	19.6
26 ベルギー	0.49	21.0
27 スペイン	0.46	16.0
28 英国	0.46	17.5
29 ギリシャ	0.46	19.0
30 イタリア	0.41	20.0
31 メキシコ	0.35	15.0
32 トルコ	0.35	18.0

（資料）OECD ʻConsumption Tax Trends 2010ʼ より筆者作成。
（注）2008年の数値。

税は、事業所が納税する税であり、いかに消費者からの預り金であるといっても、日々の運転資金に流用されてしまうこともあり得る。会計の不備などもあろう。

さて、実績はどうであろうか（図表2－8）。OECD［2011b］による加盟国のVRRをみると、日本は、0・67と比較対象32カ国中第8位である。IMFの専門家が評価したように、日本は、効率の良いグループに含まれている。このように、VRRからは、単に標準税率の各国比較をするだけでは得られない情報を得ることができる。例えば、おおまかにではあるが、標準税率が高くなると効率が悪くなる傾向があることをみると、税率を引き上げていった場合の限界的な税収は減少せざるを得ないであろうことがうかがえる。

もっとも、VRRは、そこから確定的な結論を導くとするならば、やや大胆な指標である。これまでの課税ベースの把握から明らかなように、VRRの定義は、実際の消費税の課税ベースと必ずしも合致していない。例えば、VRRの定義では、公的固定資本形成や住宅にかかる消費税などが考慮されていない。他方、VRRの定義における最終消費支出には、日本では46・7兆円にも及ぶ持ち家の帰属家賃がそのまま含まれている。

今後、政策決定にVRRを参照するとしても、こうした点に十分な留意が必要である。VRRのみをもって、日本の消費税におけるインボイス不在、現行の簡易課税制度や免税点の水準などを肯定することは難しいといえる。

益税に関する諸推計の評価

消費税に対する信頼を損ねているとされているのが、既に述べた益税である。もっとも、その発生原因および規模に関し、明確なコンセンサスが存在する訳ではない。益税の推計としては、橋本［２００２］、および、呉［２００９］などがある。これらは、発生原因に関し、小規模事業者の簡易課税制度と免税点の２つをあげている。

これに対し、例えば、山本守之氏は、井藤［２０１０］を引用しつつ、山本他［２０１０］のなかで、次のように益税は大企業の問題であると主張している。「よく『益税』を、近所の八百屋さんや魚屋さんが税金を預かりながらそれを納めないのが益税だとされていますが、とんでもない。そんなのものは全然問題にならなくて、益税は大企業の問題です」

その原因は95％ルールであるとされる。95％ルールとは、課税売上げが95％以上の場合、非課税売上げのための仕入れも含め、全額仕入税額控除できるというルールである。これは、企業の大小にかかわらず適用されるので、大企業もこのルールの恩恵を受けることになる。よって、金額の規模からみれば大企業の問題であるという主張につながる。なお、井藤［２０１０］は、売上高上位、かつ、課税売上割合95％以上の企業14社について、有価証券報告書を用いて95％ルールによる益税額を推計している。結果は、１１９億７６００万円（２００８年度）となっている。

ただ、益税規模の推計も決定的なものを見いだすことは難しい。橋本［２００２］は、１９９９年度の益税額は、最大限で１・95兆円であるとしている。その推計方法を踏襲している呉［２００９］

は、近年、益税額は減少し、例えば2005年度の益税額は0・5兆円であるとしている。他方、（財）地方自治情報センター［2010］は、「産業連関表」を用いて、課税ベースを推計している。それによると、2005年度の課税ベースは、298・8兆円である。仮に、この課税ベースから完璧に消費税が徴収されているのであれば（グロス表示なので、298・8兆円÷1・05とした後に税率5％をかけると）、14・2兆円の税収となり、この年の実績13・1兆円との差は1・1兆円となる。

益税の推計のみならず、個人所得の捕捉率の格差であるクロヨンの推計（第3章）についても共通するが、政府外にいる民間の研究者が、「産業連関表」やSNAなどマクロの加工統計から理論上の税収額を推計し、それと実績額との差額を益税あるいは捕捉洩れとみなす、こうした分析方法は、問題の所在や規模を知るための目安としては有効であっても、限界があることは否めない。

日本では、政府自らは、寝た子を起こすようなことはしない傾向が強いように見受けられる。5000万件の宙に浮いた年金記録問題に関して、問題を小さく捉えようとした当時の政府の初動などがそうである。そうではなく、むしろ政府自らが問題点を積極的につまびらかにし、議論を喚起することこそが、問題解決と正しい変革への近道ではないだろうか。

3 消費税をどう設計するか

消費税への逆進性批判

消費税は逆進的であるとの批判がしばしばなされる。逆進的とは、収入が高い人ほど、税負担の収入対比の比率が低くなることをいう（税負担の絶対額を問題としている訳ではない）。それに対して、収入が高い人ほど、税負担の収入対比が高くなることを累進的であるという。税に累進性が備わっていると、垂直的公平であるとされる。ただ、ここでいう「公平」は、努力をして高い収入を得ている人には不満が残りかねず、万人の納得する公平基準とは異なるかもしれない。

消費税の逆進性は、次のように一般に示される。図表２−９は、総務省の「家計調査（２００９年）」を用いて、収入階級別に家計の消費税支払額を推計し、その収入対比を示したものである。家計は、２人以上の勤労世帯とし、収入は、低い方から高い方へ第Ⅰ分位から第Ⅹ分位まで並べてある。消費税の特徴を明確にするために、直接税（所得税と住民税）、社会保険料（年金保険料や健康保険料など）についても、同様に支払額の収入対比を示している。

第Ⅰ分位の家計の場合、「家計調査」によれば、実収入は年間で３１１・８万円、消費税の支払額は年間で９・４万円、消費税支払額の収入対比は３・０％である。以降、家計の消費税支払額の収入対比は、収入が上がるにつれ低下し、第Ⅹ分位では収入２・０％と推計される。これは、一般に、低

図表2-9 ● 消費税、直接税、社会保険料の収入階級別による実収入対比

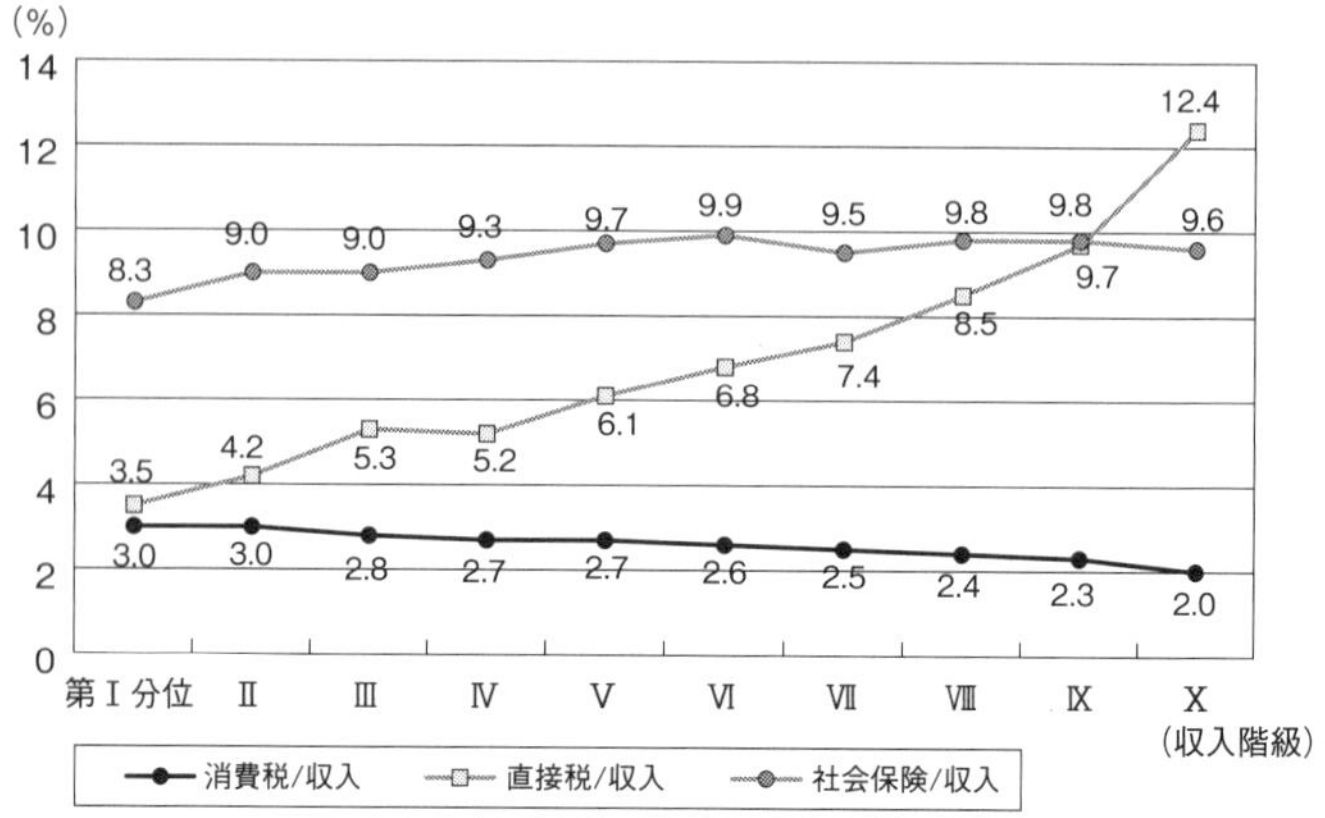

（資料）総務省「家計調査（2009年）」より筆者作成。対象は、2人以上の世帯のうち勤労世帯。年間ベース。

（注）消費税は、（消費支出（除く非課税品目）/1.05）×0.05として筆者計算。非課税品目は、「家計調査」の用途のうち家賃・地代、保健医療用品・器具、保健医療サービス、授業料等、教科書・学習参考教材とした。仕送りも除いた。直接税、社会保険料は「家計調査」掲載の数値。

収入層ほど1年間の収入のうち消費に充てる金額のウエイトが高いことから生じている（消費性向が高い）。言い換えれば、低収入層ほど貯蓄に回す余裕がないともいえる。こうした消費税の逆進的な形状は、直接税と比較すると際立つ。直接税の収入対比は、第Ⅰ分位で3・5％であり、以降、収入が上がるにつれて段階的に上昇し、第Ⅹ分位では12・4％となる。これは、直接税には、所得控除があり、かつ、累進税率であることによる（第3章で詳述）。

なお、社会保険料支払額の収入対比が、収入の高低にかかわらず、ほぼ同水準であり、かつ、低収入層でも水準が高いことは注目すべき点である。第Ⅰ分位の社会保険料支払額の収入対比は8・3％、

第Ｘ分位は同９・６％である。これは、日本の社会保険料が、もっぱら単一料率で、所得控除がないことに起因している。

逆進性批判への対応

このような消費税の逆進性の提示に対しては、次のような反論がある。第１の反論は、計算上での消費税の逆進性は、あくまで１年間という区切られた期間における収入と消費税負担について示されたものに過ぎず、生涯の収入と消費税の支払額でみれば、消費税は（逆進的ではなく）比例的であるという主張である。

ある１年間でみたときに、低収入層と高収入層とでは、所得を消費と貯蓄に配分するウエイトが異なる（低収入層と高収入層とでは、消費する金額は当然異なるが、所得に占める消費の比率も異なる）。このウエイトの違いから消費税の逆進性が生じる。高収入層の人も低収入層の人も、全ての人が人生のいずれかの時点で貯蓄を使い切り、全額消費してしまうとし、かつ消費税率が永久に変わらないとすれば、消費するときには等しく消費税負担が発生することになり、生涯でみれば、消費税は逆進的ではないことになる。

もっとも、こうした反論は、貯蓄が全て消費に回されるという前提のもとに成り立つのであり、消費されずに贈与・相続に回り、しかもそれが消費税に比べて軽課されているとすれば、やはり生涯でみても逆進的であることになる。

そこで、宮島［2000］は、相続税と贈与税を消費税の補完税として明確に位置付け、相続と贈与に消費税と同等の課税が厳格に適用されるのであれば、（消費税、相続税、贈与税を合わせた）いわば広義の消費課税において初めて逆進的ではなくなると指摘している。

第2に、消費税の設計によって逆進性は是正可能であるという反論がある。軽減税率、ゼロ税率、非課税扱いのほか、カナダのGST（Goods and Services Tax）クレジットのように、店頭では全ての消費者がいったん消費税を支払いつつ、低所得層に対しては、その後、その一部あるいは全部が税務当局から払い戻される方法がある。

GSTとは、カナダ連邦政府における多段階課税の付加価値税である（カナダにはこのほかに、付加価値税を課している州がある）。税率は現在5％である。GSTクレジットの給付を受けるためには、毎年、仮に所得がなくとも確定申告書を税務当局に提出し、そのなかで、クレジットを受給する旨を申請する必要がある。

クレジットの金額は、配偶者の有無、子どもの人数、前年の世帯可処分所得などによって決定される（図表2－10）。例えば、夫婦と子2人の4人家族の場合、世帯可処分所得がしきい値の3万2506カナダドルまでであれば、GSTクレジットは762ドルである。以降、世帯可処分所得が増えるにつれ、GSTクレジット額は減少し、世帯可処分所得が4万7750カナダドルに達するとGSTクレジット額はゼロとなる。こうして決定されたGSTクレジットは、翌年の7月から3カ月に1回、計4回に分けて給付される。消費者が店頭で負担した消費税は、このようにして、世帯所得に応

図表2-10 カナダのGSTクレジット

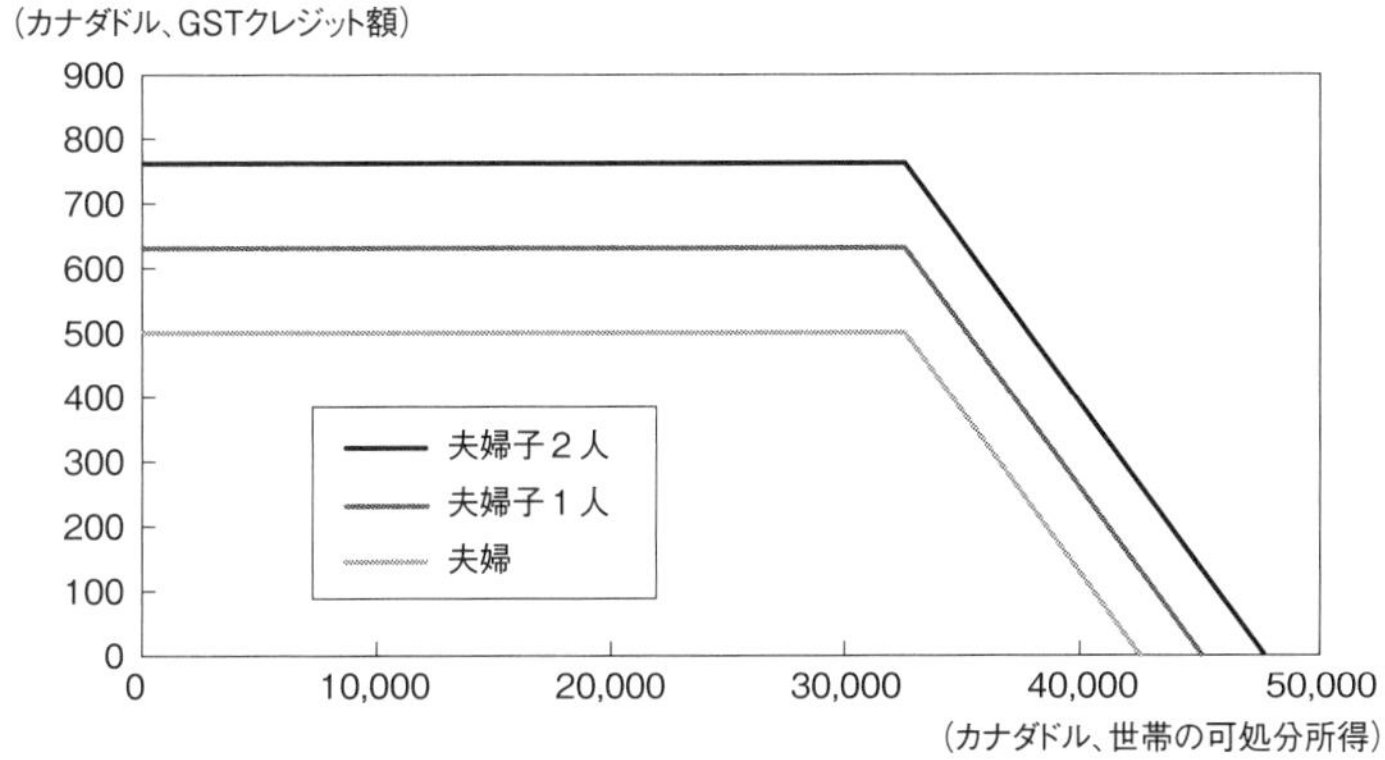

（資料）カナダ歳入庁 'GST/HST Credit Including related provincial credits and benefits' より筆者作成。
（注）2009年の所得に基づくクレジット額。

じて全部あるいは一部が相殺されることとなる。

軽減税率と比較した場合のＧＳＴクレジット方式の利点として、主に３つの点が指摘できる。１つは、軽減税率のように税率を軽減すべき財・サービスを特定せずに済むということである。何が必需品で何が贅沢品かは、個人の価値観に依存し、価値観は時間とともに変わる。しかも業界の利害が入り込むため、線引きが難しい。２つ目の利点は、低所得層の負担が確実に軽減されることである。軽減税率はよく見てみると、対象となる財・サービスを高所得層も購入することで、恩恵が高所得層にも及ぶことになる。加えて、軽減税率を設けることで税収が損なわれ、標準税率自体を引き上げることになれば、そのデメリットは低所得層にも及んでしまう。３つ目の利点は、資源配分の歪みを招かないことである。軽減税率の場合、対象となった財・サービスの税込み価格が抑えられることで、過度な需要が生じかねない。

日本の民主党も、軽減税率よりこの方式を評価している。もっとも、GSTクレジット方式を仮に日本に導入するとなると、低所得層の正確な所得捕捉をはじめ税務行政の抜本的な改革が必要である。やはり、歳入庁構想の具体化が急がれることとなる。

消費税の逆進性に対する第3の反論は、社会保障改革が消費税の逆進性対策となるという考え方である。消費税率の引き上げと併せて、図表2－9からうかがえる低収入層にとって負担感の高い社会保険料を抑制する、あるいは、消費税の税収増加分を社会保障給付に充てることで、間接的ながら有力な消費税の逆進性対策になるという考え方である（藤田［2000］）。そのためには、消費税と社会保障の一体改革が必要となる。

第4の反論は、消費税と個人所得課税を合わせれば、逆進的ではないという主張である。図表2－9にあるように、確かに、消費税の実収入対比だけを見れば、第I分位から第X分位まで逆進性が見られる。しかし、消費税＋直接税の実収入対比を見てみれば、依然として累進性が確保されている。こうした観点から、消費税率の引き上げは、税制全体の抜本改革のなかで実施しなくてはならないことが分かる。

地方税としての消費税

今後、消費税率を引き上げる際、国と地方の配分、地方税としての消費税の再設計などは、直ちに

図表2-11 ● 地方消費税の理論的清算スキーム

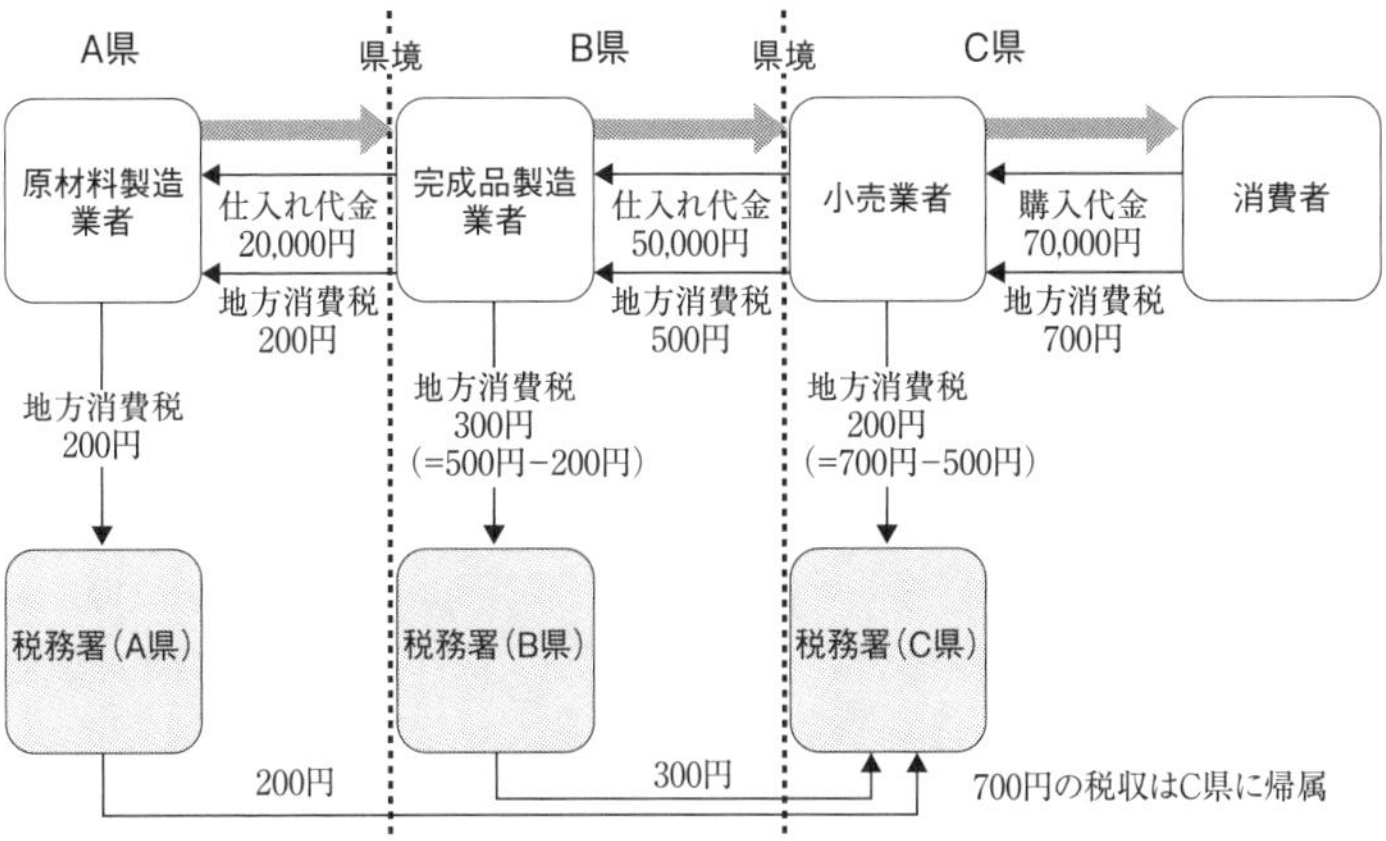

（資料）筆者作成。
（注）原材料製造業者には仕入れがないものと想定している。

明快な答えの得られる問題ではない。消費税は、他の税目に比べ、税収が安定し（第1章）、地域間の偏在が少ないといった点において、地方税として適性があるとされる。地方自治体は、福祉、教育、警察、消防などといった景気にかかわらず発生する行政サービスを提供しているためである。

他方、地方自治体ごとに異なる税率を設定する容易さという観点からすると、多段階課税である消費税には、実際面から疑問が投げかけられている。例えば、図表2－4の各納税義務者の所在地が、原材料製造業者A県、完成品製造業者B県、小売業者C県であるとする（図表2－11）。地方消費税は、A県、B県、C県に所在する税務署にいったん納税される。ところが、A県、B県に納税された地方消費税は、最終消費地であるC県に帰属すべきものであるから、A県とB県からC県に付け替えられなければならない。

これを、仮に、財・サービスの取引1つずつで行うとすれば、全体は膨大な事務量となる。そこで、実際には、いったん各都道府県に所在する税務署に納税された地方消費税は、簡便なルールで各都道府県に按分されている。それは、政府統計による各都道府県の小売販売額とサービス業の個人向け収入額、人口、従業者数を消費額、あるいは消費額の決定要因とみなし、それに応じて地方消費税を按分する方法である。それぞれ8分の6、8分の1、8分の1のウエイトが付けられている。

例えば、按分前と按分後とで増加率の最も大きい奈良県は、按分前の税収は77億円であるが、按分後は210億円である。他方、減少率の最も大きい千葉県は按分前2001億円、按分後1031億円である（地方消費税は地域間の偏在が少ないとはいっても、それは人為的にそうしている面がある）。

もっとも、このルールは、当然のことながら近似を目指したものにすぎない。県民人口が同じ県どうしでも、所得水準が異なれば消費額も異なる。かつ、前に述べたように、消費税は、非課税取引の仕入れ、政府の仕入れや公的固定資本形成、および、住宅投資などに課せられていることを考えると、按分ルールと実際の課税ベースとの間には少なからぬ乖離がある。

仮に地方消費税の税率を都道府県ごとに変更しようとすると、多段階課税である消費税の税収を正確に最終消費地に帰属させるためには、実務的にクリアすべき課題が極めて多い。現在の簡便ルールを見直す必要も出てくるであろう。これは容易に想像されることである。他方、地方消費税が、真に地方税であろうとするならば、地方自治体ごとの行政サービス水準に応じて、税率が設定されるべきである。

なお、財団法人地方自治情報センターの勉強会報告書［2006］では、カナダの例などを参照しつつ、都道府県が税率を独自設定することは、理論的には可能であると結論づけている。カナダでは、GSTのほかに、多段階課税の付加価値税を課している州と課していない州があり、課している州でも税率には7％から10％まで開きがある。すなわち、州ごとに税率が異なっている。カナダでは、産業連関表をもとに、税収を州に帰属させているという。

国際競争力と消費税

消費税には、輸出免税という仕組みがある。図表2－4における消費者が、海外であった場合、小売業者は、海外の購入者から消費税3500円を受け取らず、他方、仕入税額2500円の還付を受けることができる。これが輸出免税である（ちなみに、この商品は、仕向け地でその国の消費税が課税される）。すなわち、ゼロ税率である。したがって、日本の消費税率の水準が、輸出品の国際的な価格競争力に影響を与えることはない。これは、消費税のすぐれた特徴である。

これが、例えば、社会保険料の事業主負担であったらどうであろうか。企業は、既に述べたように、その費用を従業員の賃金を抑えるか、非正規雇用のウエイトを高めるか、価格に上乗せするかなどして吸収しなければならない。すなわち、社会保険料の事業主負担の水準が、輸出品の国際的な価格競争力および雇用に影響を与えていることになる。こうした面からも、消費税は積極的に評価されるべきであろう。

消費税の社会保障目的税化

消費税の社会保障目的税化は、常に議論の俎上にのぼるものの、その具体的内容について、共通のコンセンサスがある訳ではない。政治的な思惑、すなわち、消費税率の引き上げだけでは国民も到底納得しそうにないから、社会保障目的といってそれを和らげようといった軽い意味で用いられることも多いように見受けられる。

消費税の社会保障目的税化には、大きく分けて2つの論点がある。1つは、消費税という税目が、社会保険料あるいは他の税目と比較して、社会保障に適しているか否かである。社会保障の財源としては、課税最低限があり累進税率の個人所得課税の方が好ましい、あるいは、負担と受益の対応関係が明確な社会保険料の方が好ましいといった主張は少なくない（もっとも、これらは理想的な個人所得課税と社会保険料が念頭に置かれている場合が多く、議論としてフェアではない）。そうしたなか、なぜ消費税なのかが説得的に説明される必要がある。もう1つは、目的税化する場合の具体的制度設計である。

1つ目の論点を論じるためには、本章でその性格の一端を明らかにした消費税という税目と、第3章以降で扱う社会保険料や所得税など他の税目との比較検討が不可欠である。単に、日本の消費税率が、諸外国比なお低水準にあるから消費税率を引き上げる、その名目が社会保障ならば国民の不満もなかろうといった程度の理由では、国民の納得は得にくい。

例えば、国民年金保険料の納付率は、近年低下の一途を辿り2009年度は60%を割り込むに至っている。その背景として、主に2つ指摘できる。1つは、2000万人の被保険者1人ひとりから月々定額1万5100円（2010年度）の保険料を徴収するという、いわば小口債権の直接徴収という徴収方法の行き詰まりである。もう1つは、所得にかかわらず定額の保険料であることによる（特に低所得層の）経済的負担である。それに対し、仮に消費税であれば、国民1人ひとりを経済的な負担者としつつも、実際には359万の納税義務者から徴収を行うという間接徴収の利点が生きてくる。また、消費税であれば、所得にかかわらず定額の保険料に比べれば、税率は一定であっても負担能力に応じた負担額となる。

こうしたことは、1994年の細川護熙内閣の国民福祉税の挫折で実証済みである。細川内閣は、当時税率3%の消費税の名を国民福祉税に改め、税率を7%に引き上げるとの案を突如提案したが、7%に充分な根拠がなかったことなどから、この案は1日で撤回されることとなった。

目的税化の具体的制度設計

もう1つの論点は、具体的制度設計である。現在も、毎年度の分厚い予算書の冒頭（予算総則）に、消費税は、基礎年金、高齢者医療、介護にのみ充当されると規定され、それをもって「消費税の福祉目的化」であるとされている。もっとも、国の消費税収はもともと9・6兆円（2010年度予算ベース）に過ぎず、しかもそのうち3割近く（29・5％）が地方交付税に充てられており、残りの6・8兆円では、基礎年金、高齢者医療、介護に必要な合計16・6兆円に対して9・8兆円も不足している。不足分は、他の税目、あるいは、特例国債（赤字国債）で賄われている。財務省では、この不足分を、「スキマ」と呼んでいる。

そこで、毎年度の一般会計の社会保障関係費の規模に合わせ、消費税の税率をその都度引き上げていくようにすれば、そうした事態も防げる。例えば、来年度に向けた予算編成において、社会保障関係費が今年度比1・5兆円増の30兆円と見積もられるとすると、それが賄えるように来年度の消費税率を引き上げるのである。この方法であれば、社会保障関係費の増減（もっとも当面減ることはないだろう）と消費税率の増減が国家財政レベルで対応することとなる。このように、税であっても、設計によって、負担と受益を対応させることは可能である。国民から徴収されるお金に、社会保険料か、税か、いずれの名前が付けられているかは本質的ではなく、実態として負担と受益が対応しているか否かが重視されるべきであろう。

この場合、毎年度の税率引き上げが煩雑であるとすれば、来年度のみならず中長期的な社会保障関係費を推計し、その期間で収支が均衡するよう消費税率を算定し固定するという方法がある。これは、年金財政や健康保険財政で実際にとられている方法であり、世代間の公平にも寄与する。年金財政では、おおむね100年間の収支均衡を念頭に、2017年度まで保険料率が引き上げられた後、以降固定されることが事前に定められている（第4章）。

このとき、収支均衡期間の前半で積立金が積み上がり（収支プラス）、後半で取り崩される（収支マイナス）ことになる。そのため、既存の年金特別会計を活用するか、別途、社会保障特別会計を設け、そこで収支および積立金を管理する方が、一般会計で管理するよりも明瞭会計となる。

国債残高の一部を特別会計に付け替え

さらに、こうした特別会計に、一般会計における既存の国債残高を一部付け替えるオプションの検討が不可欠である。特例国債残高のうち、これまでの社会保障関係費によって生じたものは、年金特別会計あるいは新設の社会保障特別会計に付け替え、社会保障目的消費税で利払いと償還を行う。消費税の目的は、毎年度の社会保障関係費、および、これまでの社会保障関係費をその都度適切に税で賄って来なかった分の清算であると位置付ける。

付け替える額の算出方法として、１つには、特例公債残高４２１兆円（２０１１年度末、政府見込み）を、特例公債発行時点から現在までの一般歳出における社会保障関係比のウエイトで按分するといった方法が考えられる。もう1つは、スキマの累計を付け替え額とする方法である。消費税の福祉目的化がはじまった１９９９年度から直近までのスキマの累計は（一切の利子を考えず単純合計で）56・6兆円である（２０１０年度まで。予算ベース）。これを特別会計に付け替えるのである。社会保障目的税といえば、とかく、給付増と結び付けて議論されがちである。しかし、清算されるべきこうした過去の負債があることを忘れてはならない。この点は強調しておきたい。

本章を通じてみると、消費税率の引き上げに際し、消費税という税目そのものについて議論し詰めていくべき事柄は多い。そうした地道な作業を捨象、あるいは後回しにし、税率引き上げ時の使途ばかりを議論するというとらぬ狸の皮算用であってはならない。進め方を一歩間違えれば、税率引き上げに失敗する危険も多いように思われる。以上のほか、消費税の性格については、個人所得課税や社会保険料との比較のなかで、さらに明らかにしていきたい。

第3章 個人所得課税への期待と限界

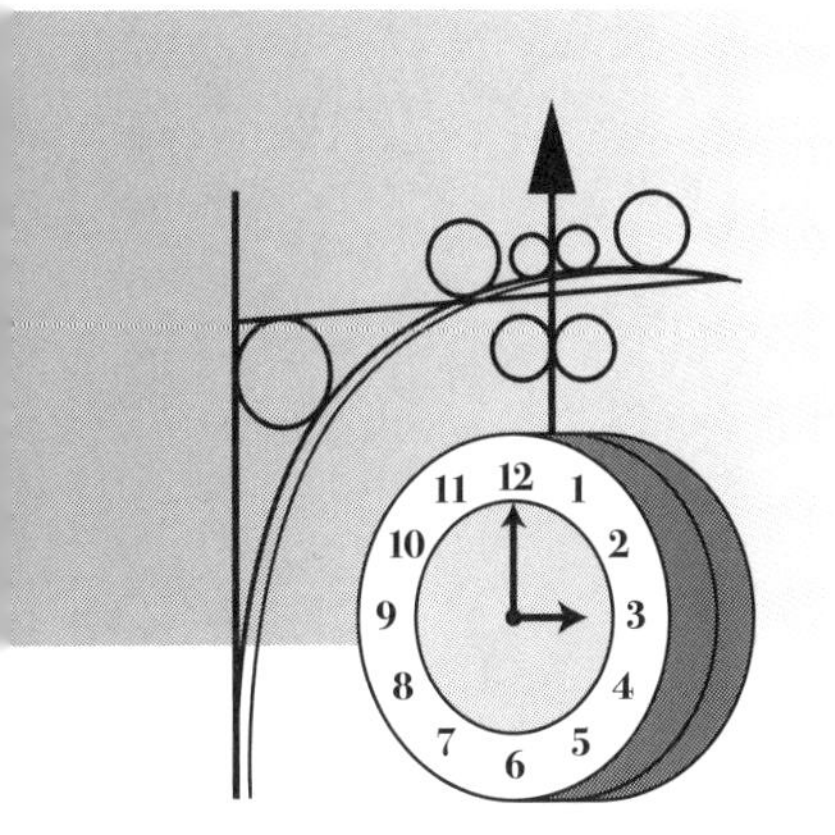

政治家にとって、消費税に言及することが、財政健全化に積極的か否かのリトマス試験紙となっているかのようだ。確かに、消費税が今後の税制改正の柱となることは間違いなく、かつ、その税率アップは財政健全化にとっても好ましい。しかし、消費税だけが税ではない。とりわけ、国税である所得税と地方税である個人住民税を総称する個人所得課税は、以下3つの理由から、税制改正の重要な柱となるべきである。

第1に、個人所得課税自体に見直しが強く求められているためである。これは、現代化とも言い換えられる。個人所得課税は、一般消費税などと比べ、価値観に大きく依存し構築されている（個別消費税もそうだ）。ただ、こうした価値観は、時間の経過とともに変わる。

例えば配偶者控除がその典型である。専業主婦の妻が必ずしも一般的ではなくなった今日、専業主婦に着目して税負担を軽減する配偶者控除に対し廃止を求める声は少なくない。また、給与所得控除に比べて手厚い公的年金等控除も、少子高齢化が進行する現状では、世代間の公平の観点からさらなる見直しが不可欠であろう。

第2に、消費税率を確実に引き上げるためにも、個人所得課税を議論の俎上にのせることが必要である。これには、2つの理由がある。1つは、消費税と個人所得課税にはそれぞれ固有のメリットとデメリットがあり、相互に補完し合う必要があるためだ。例えば、課税最低限があり、累進性のある個人所得課税の改正によって税収増が図られ、それをもって、消費税率の引き上げ幅が抑制されるならば、それが消費税の逆進性批判への有効な対策となる。

もう1つは、消費税率の引き上げ幅を具体的に決めていく上で、個人所得課税の改正による税収増の規模を見極める必要があるためだ。個人所得課税に対するフワッとした期待が存在したままでは、消費税率の引き上げ幅も定まりにくい。本章で検証するように、「所得税を１９９１年の税率に戻すだけで10兆円を超える税収増が期待出来る」[1]ということは残念ながらあり得ない。所得税から10兆円の税収増を図るのは並大抵な作業ではないはずだ。

第3に、社会保障との一体改革の観点からも、個人所得課税は重要な税である。例えば、公的年金等控除は、手取りの年金額を大きく左右し、年金制度と密接不可分である。あるいは、第1章で触れた給付付き税額控除は、税制が社会保障の機能を包摂するものである。

なお、本章は、２０１０年時点の税制に基づいている。例えば、扶養控除と特定扶養控除は、２０１０年の法改正により、子ども手当の給付の財源に充当する目的で、２０１１年以降の廃止や見直しが決まっているが、本章はそれを反映していない。そうした法改正の内容は、第8章以降で述べる。

1　神野直彦政府税制調査会専門家委員会委員長　ＡＥＲＡ２０１０年８月２日号。

1 日本の個人所得課税

所得の種類と規模

個人所得課税における所得の種類は、給与所得、公的年金および企業年金（公的年金等）、事業所得、家賃や地代などの不動産所得、土地や建物を売却した際の譲渡所得、退職所得、山林所得（山林の伐採または譲渡による所得）、利子所得・配当所得・株式譲渡所得（金融資産所得と総称）などに分けられる。

その規模は、細かな点を無視して大まかに集計すれば、362・9兆円（2008年度）となる（図表3－1）。内訳は、給与所得257・1兆円、公的年金等41・9兆円、退職所得10・7兆円などとなっており、給与所得が圧倒的に大きなウエイトを占める。給与所得と公的年金等の2つで所得全体の8割超となる。ちなみに、図表では出所元の資料にならい、給与所得と表記しているものの、後に述べるように、正確には給与収入とすべきであろう。退職所得なども同様である。

個人所得課税について、政府内で掘り下げた議論がなされ、報告書が公表されたのは、2005年の政府税制調査会（以下旧政府税調）「個人所得課税に関する論点整理」が最後である。このときの報告書は、増税色が強く滲み出た内容になっており、石弘光会長（当時）が記者会見で「サラリーマンに頑張ってもらう」と発言したことが曲解されたこともあり、サラリーマン層の反発を招く結果と

図表3-1 所得の種類と規模

種類	金額（兆円）	ウエイト（%）
給与所得	257.1	70.8
公的年金等	41.9	11.5
配当所得	13.9	3.8
退職所得	10.7	3.0
報酬	8.2	2.2
不動産所得	7.0	1.9
事業所得	6.4	1.8
利子所得	5.1	1.4
譲渡所得	3.2	0.9
株式等譲渡所得	1.1	0.3
山林所得	0.0	0.0
その他	8.3	2.3
合計	362.9	100.0

（資料）「国税庁統計年報 2008年度版」より筆者作成。
（注１）源泉所得税の所得種類別支払額（課税対象分、支払額という名称だが収入あるいは所得の意味）と申告所得税の所得種類別所得金額を単純に合計した。但し、申告所得税のうち給与所得と雑所得は源泉所得税との重複を考慮し除外した。
（注２）給与所得、退職所得は原資料のまま所得と表記したが、正確には収入。
（注３）利子、配当所得には、統計の性質上、法人の受け取り分も含まれている。
（注４）譲渡所得は、短期・長期分離所得。
（注５）事業所得などは、税務署に申告された所得であって、日本全体で発生している事業所得のいわば内数である。

なった。しかし、給与所得の圧倒的ウエイトをみれば、給与所得が改正の柱となることは、正しい方向性であったといえる。

さて、個人所得課税の税額は、こうしたあらゆる所得を合計し、そこに税率をかけて求めるのが原則である（退職所得と山林所得を除く）。これを総合課税という。もっとも、こうした原則は、必ずしも徹底されていない。1つは、金融資産所得が、分離課税、すなわち、課税対象の所得として合計しなくても良いと認められているためである。もう1つは、土地や建物など不動産の譲渡所得も、租税特別措置によって、やはり分離課税となっているためである。

税額算出のプロセス

個人所得課税の税額算出のプロセスは、

大きく3つのステップに分けられる（図表3－2）。これを押さえておくことは、給付付き税額控除を理解するためにも不可欠である。

所得税を例にその流れを追っていくと、第1ステップは、収入からの経費控除である。これを説明する際、最も分かりやすいのは事業所得であろう。事業所得は、収入から仕入代金や人件費などその収入を得るためにかかった必要経費を控除することで算出される。こうした経費控除は、税法上、給与所得者や年金受給者にも認められており、例えば、給与所得は、給与収入から通常は給与所得控除を差し引く（控除する）ことによって算出される。給与所得控除は、いわば経費の概算である。こうして、税法上の所得が求められる。

なお、社会保険料に目を転じると、厚生年金保険料や健康保険料などは、給与収入そのものが課税所得となっている。今後、年金制度の一元化が議論される際、こうした事業所得と給与収入の差をどのように克服していくのかが、極めて重要な論点となる（第5章）。

第2ステップでは、そうして求められた税法上の所得から、納税者の税負担能力に応じて、一定の所得控除が差し引かれる。所得控除には、全ての人に認められる基礎控除、配偶者や子どもの扶養によって、より多くの費用がかかることに配慮した配偶者控除・扶養控除、社会保険料を支払うことによって可処分所得が減少することに配慮した社会保険料控除などがある。

なお、扶養控除は、被扶養者の年齢層によって控除額が異なり、16歳未満は38万円、16歳以上23歳未満は63万円となっている（特定扶養控除）。こうした所得から差し引く控除形式は、前出の第1ス

図表3-2 所得税の算出プロセス

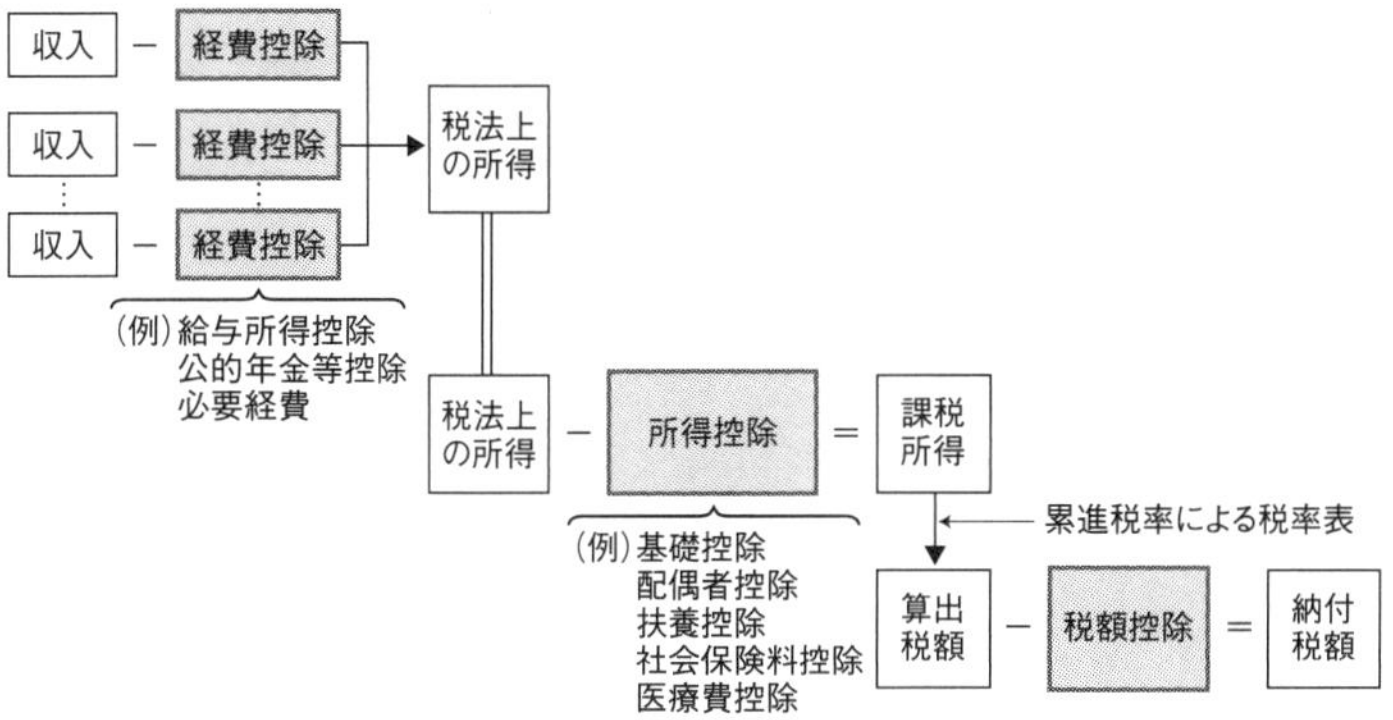

（資料）藤田［1992］P64図表4－1を筆者改変。

テップにおける給与所得控除なども含め、「所得控除形式」と呼ばれ、いったん算出された税額から差し引く控除形式は「税額控除形式」と呼ばれる。

第3ステップは、こうして得られた課税所得に、税率をかけて税額を算出する作業である。所得税の場合、超過累進税率がとられている。超過累進税率とは、一定額を超えた部分に対して、より高い税率をかけていく税率体系である。説明のため、所得100万円まで10％、100万円を超え200万円まで20％、200万円を超えた部分は30％の税率であるとする（金額や税率はあくまで例示）。この場合、所得300万円の人の税額は、100万円×10％＋（200万－100万円）×20％＋（300万－200万円）×30％＝60万円となる。このような課税所得の区切りはブラケット（税率適用所得区分）と呼ばれる。実際の税率体系は、これより複雑であり、現在6つのブラケットに分けられている（図表3－3）。

こうした累進税率が有効に機能するためには、あらゆ

図表3-3 ● 個人所得課税の税率

〔所得税〕

1989年～		1995年～		1999年～		2007年～	
課税所得（万円）超　以下	税率（%）	課税所得（万円）超　以下	税率（%）	課税所得（万円）超　以下	税率（%）	課税所得（万円）超　以下	税率（%）
～ 300	10	～ 330	10	～ 330	10	～ 195	5
300 ～ 600	20	330 ～ 900	20	330 ～ 900	20	195 ～ 330	10
600 ～ 1,000	30	900 ～ 1,800	30	900 ～ 1,800	30	330 ～ 695	20
1,000 ～ 2,000	40	1,800 ～ 3,000	40	1,800 ～	37	695 ～ 900	23
2,000 ～	50	3,000 ～	50			900 ～ 1,800	33
						1,800 ～	40

〔住民税〕

1991年～		1995年～		1999年～		2007年～
課税所得（万円）	税率（%）	課税所得（万円）	税率（%）	課税所得（万円）	税率（%）	一律10%
～ 160	5	～ 200	5	～ 200	5	
160 ～ 550	10	200 ～ 700	10	200 ～ 700	10	
550 ～	15	700 ～	15	700 ～	13	

（資料）筆者作成。

る所得が正確に合計されることが大前提となる。

例えば、給与所得１００万円、不動産所得２００万円の人がいるとする。これらの所得がきちんと合計されていれば、前述の例の通り、算出税額は60万円となる。ところが、仮に、これらが何らかの理由で合算されず、それぞれの所得に課税されたとすれば、40万円の税額にとどまってしまう（＝１００万円×10％＋｛１００万円×10％＋（２００万－１００万円）×20％｝）。

こうした行為は、税務当局の目を盗んで故意に行われることもあろう（脱税となる）。一方、金融資産所得の分離課税のように制度化されていることもある。分離課税となると、もはや累進税率ではなく、単一税率を適用せざるを得ない。現在、金融資産所得には、原則一律20％の税率がかけられ（ただし上場株式の配当や譲渡益は10％に軽減されている。「２０１１年度税制改正大綱」によれば軽減措置は２０１３年末まで）、それをもって課税関係が完結している。

さらに、税額控除があれば、ここに第４ステップが加わる。いったん算出された税額から、一定額が差し引かれることとなる。これは、第９章で詳しく述べたい。

地方税の場合と負担分任

住民税に目を転じれば、税額算出のプロセスは、第２と第３ステップにおいて所得税の場合とやや異なる。第２ステップにおいて、住民税における所得控除は、種類こそ所得税と同一であるものの、控除の種類によっては、額が所得税より若干低くなっている。例えば、所得税の配偶者控除は38万円であるのに対し、住民税は５万円低い33万円である。第３ステップにおいて、住民税の標準税率は、10％（都道府県４％、市町村６％）の単一税率となっている。

このように、住民税において、所得税に比べ所得控除の額が若干低く（すなわち課税最低限が所得税に比べその分低くなる）、かつ、単一税率であることによって、課税対象者が所得税に比べて広範囲に及び、かつ、累進性が低く設定されている背景には、次のような負担分任の考え方があると説明されている。すなわち、地方自治体の提供する福祉や教育など住民に密着した行政サービスの受益者である住民は、広く（国税の所得税に比べてより多くの人が）その対価として住民税を負担すべきであるという考え方である。

もっとも、所得控除額が所得税と住民税とで微妙に異なることが、他方で、個人所得課税全体を複雑にしている面は否めない。加えて、地方消費税が導入されている今日、住民税に負担分任の機能を担わせる必要があるのかという点も本来重要な論点である。なぜなら、課税最低限を下回る収入層でも、地方消費税を負担しており、それをもって負担分任の義務を果たしていると捉えることができるからである。

給与所得控除の仕組みと課題

個人所得課税における所得のうち圧倒的規模を占めるのが給与所得であり、そこから差し引かれる所得控除のうち、最も大きいのが、給与所得控除である（図表3－4）。マクロで見ると、日本の給与収入257・1兆円（2008年度）のうち課税最低限を上回る人の給与収入総額217・3兆円に限っても給与所得控除の総額は63・1兆円となっており、その分、課税所得が侵食されている。ちなみに、その次にウエイトの大きい社会保険料控除でも22・8兆円にとどまり、基礎控除、配偶者控除、扶養控除はそれぞれ14・9兆円、3・6兆円、6・6兆円にすぎない。

給与所得控除は、65万円を最低保障額とし、給与収入が高くなるほど増える構造になっている。例えば、給与収入250万円で給与所得控除額は93万円、同様に500万円で154万円、1000万円で220万円、1500万円で245万円となる。以降も、収入が高くなるにつれ、給与所得控除額は青天井に増え続ける仕組みである（「2011年度税制改正案」では、年収1500万円以降頭打ちとすることを骨格とした改正案が出されている。2012年分以後の所得税および2013年度

図表3-4 給与収入に対する各種控除の規模

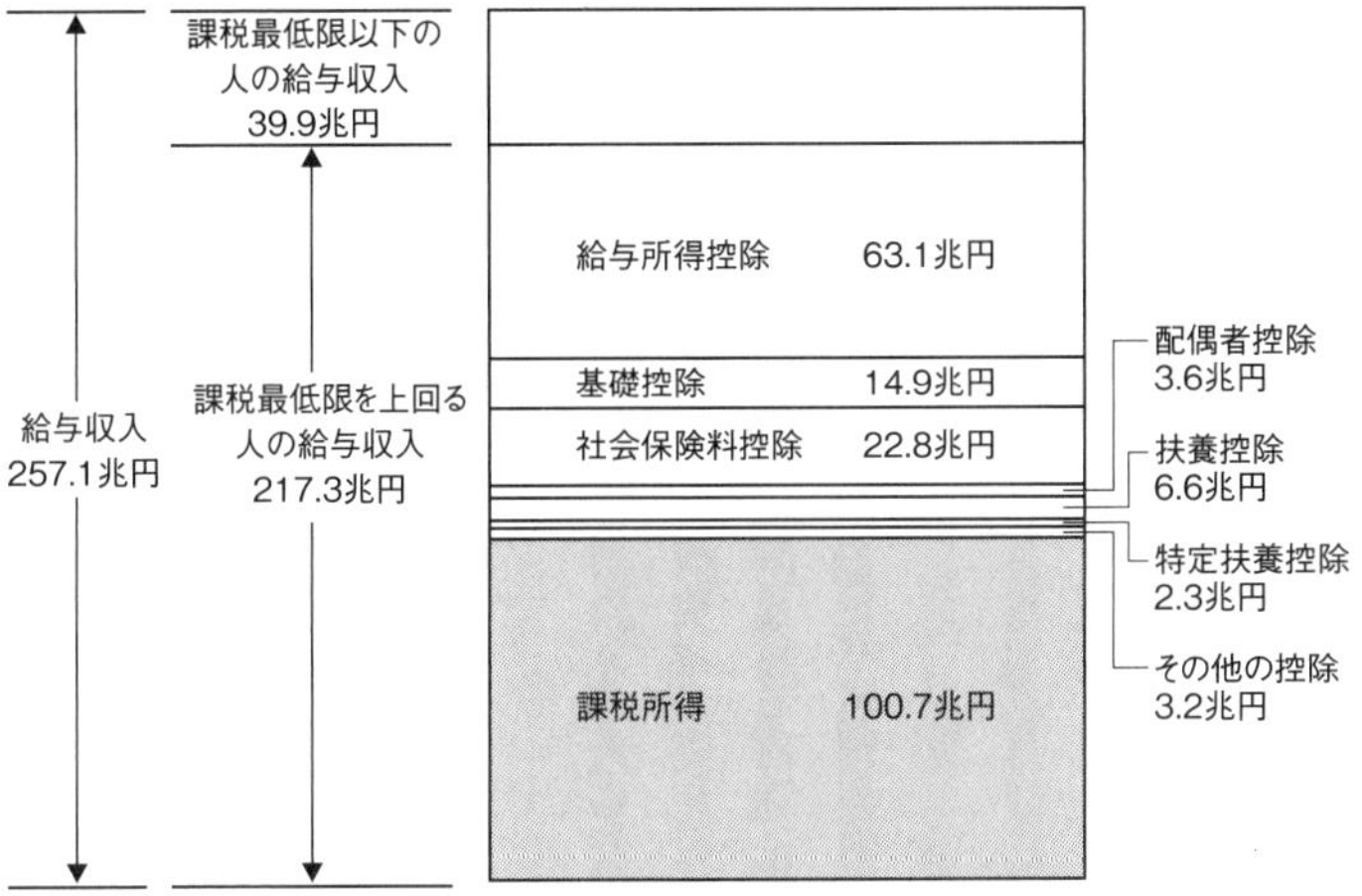

（資料）国税庁「税務統計－源泉所得税関係－」、総務省自治税務局「平成21年度市町村税課税状況等の調」より筆者作成。
（注1）四捨五入等の関係で、給与収入から各種控除を差引いた額と課税所得は一致しない。同様に、課税最低限以下の給与収入と課税最低限を上回る人の給与収入の合計と給与収入は一致しない。
（注2）給与所得控除および社会保険料控除を除く各種控除額は住民税におけるものであり、国税のものよりも額は小さい。

分以後の住民税に適用される）。

こうした給与所得控除は、元来、主に次の2つの理由から設けられているとされる。1つは、給与所得者の経費の概算控除である。給与所得者の経費は、通常会社が負担しているものの、給与所得者自ら支払っている経費もない訳ではない。例えば、スーツ、靴、鞄、自己啓発のための書籍代などがそうである。給与所得控除は、こうした自腹の経費を概算で認めるものである。

もう1つは、クロヨン問題の補償としての意味合いである。クロヨン問題とは、給与所得の税務当局による所得捕捉率が9割であるのに対し、営業所得、農林漁業所得はそれぞれ

6割、4割にとどまるといわれ、公平さを欠くとされる問題である。トーゴーサン（10割、5割、3割）ともいわれる。

給与所得控除は、個人所得課税からの税収増を図る際、真っ先に見直しの対象となる。その場合、上記の2つの点、すなわち、経費の概算控除として現行の給与所得控除が過大か否か、クロヨン問題がすでに解消しているか、あるいは、無視し得るほどの規模となっていると確認できるか否かがポイントとなる。1つ目について、給与所得控除は経費の概算控除としては明らかに過大であろう。

一方、もう1つのクロヨン問題に関しては、所得捕捉率の格差が解消あるいは無視しうるほど小さくなっているという客観的証拠は見当たらない。米国などと異なり、日本では、政府自らによる捕捉率の調査は行われていない。研究者の実証研究でも、所得捕捉率の格差の存在を裏付けるものはあっても、その解消を裏付ける信頼に足る研究はない。したがって、クロヨン問題に触れることなく、給与所得控除を見直すことにはやはり無理がある。クロヨン問題そのものについては、改めて触れる。

課税最低限とその機能

では、実際に、家計の所得税と住民税の試算を通じ、課税最低限や実効税率などについて考えたい。給与収入500万円、夫婦子2人、妻は専業主婦、子どもは1人が小学生、もう1人が高校生の給与所得世帯を想定する。

まず、所得税である。第1ステップとして、収入から給与所得控除154万円が差し引かれる。給与所得控除が差し引かれた後の346万円が、税法上の給与所得である。第2ステップとして、ここから、基礎控除38万円、配偶者控除38万円、社会保険料控除50万円（財務省の試算方法にならい収入の10％と仮定した）、扶養控除38万円、特定扶養控除63万円が差し引かれ、課税所得119万円が求められる。第3ステップとして、この課税所得に、税率がかけられ、税額6万円が算出される。次に、住民税は、ほぼ同様の手順によって、課税所得152万円、税額は15・2万円となる。合計21・2万円の税負担である。

同様に、世帯形態ごとに、収入の高い方から低い方へと税額を計算していくと、所得税、住民税が課税されなくなる収入の境界点が求められる。所得税でいえば、単身世帯114・4万円、夫婦世帯156・6万円、夫婦と子ども1人の3人世帯220万円、夫婦と子ども2人の4人世帯（子どものうち1人は特定扶養控除の対象の場合）325万円である。これらが所得税の課税最低限である（住民税はそれぞれもう少し低くなる）。この収入以下では、もはや所得税はかからない。

課税最低限には、次のような2つの機能が認められる。1つは、その収入以下の人には個人所得課税がかからないという所得保障的側面である。それに対し、消費税と社会保険料は、課税最低限以下の収入層に対してもかかってくる。

もう1つは、税務行政の効率化という側面である。少額の所得税を税務署が人手をかけて徴収しても、費用対効果でみれば実際のところ割に合わない。課税最低限以下の層にも広く税負担を求めるのであれば、間接徴収であるがゆえに、359万事業所に集約された納税義務者を通じて徴収できる消費税の方が効率的であることになる。

実効税率とは

実際の税額÷収入（％）が「実効税率」である。例えば、年収２０００万円の人（夫婦と子２人）の実効税率は23・４％となる。所得控除や扶養控除などにより課税所得は１４２０万円程度になり、所得税の限界税率（課税所得が到達するもっとも高いブラケットの税率）は33％であるが、実効税率は23・４％になる。

一方、金融資産所得の分離課税の税率は20％（上場株式の配当や譲渡益などは10％に軽減）と、このケースの実効税率よりも低い。金融資産所得が分離課税となっていることは、多額の金融資産を持っている高所得者にとって有利になっているとの批判もなされる。仮に、金融資産所得も総合課税されていれば、この例の場合、23・４％を超える実効税率がかかるはずだ。

そこで、金融資産所得を分離課税とするのではなく、総合課税とする、すなわち、他の所得と合算し、累進税率体系を適用すべきとの提案もある。実際、民主党は、こうした税制を長期的に目指している[2]。金融資産所得を含めた総合課税の考え方自体にもメリットとデメリットがあるが、それ以前

２「民主党政策集ＩＮＤＥＸ２００９」には、次のようにある。「本来すべての所得を合算して課税する総合課税が望ましいものの、金融資産の流動性等にかんがみ、当分の間は金融所得については、分離課税とした上で、損益通算の範囲を拡大することとします」

図表3-5　公的年金収入ごとの公的年金等控除額

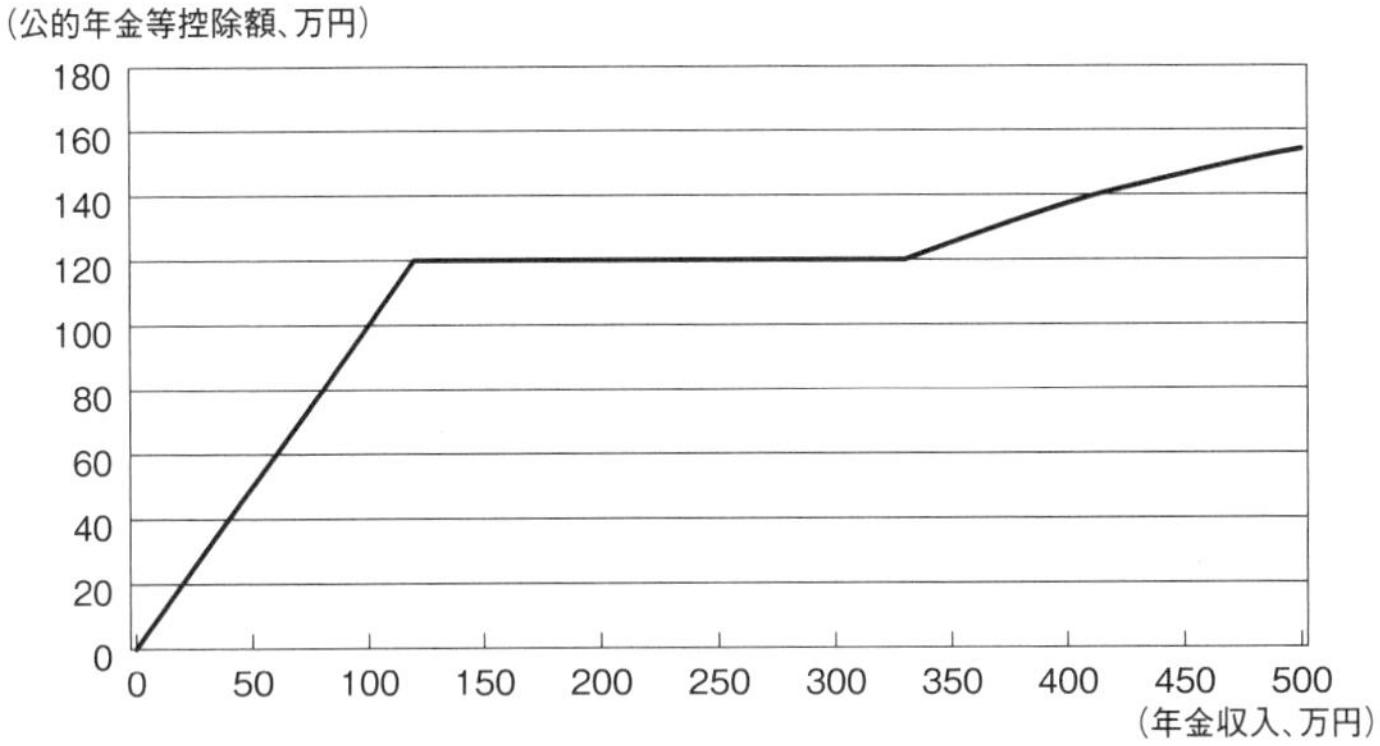

(資料) 筆者作成。
(注) 65歳以上の場合。

に、実現のためには、金融資産所得が税務当局によって完全に捕捉されていることが不可欠である。

例えば、複数の金融機関を通じて頻繁に金融商品を売買している人を含め、1つひとつの金融資産の取得価格と売却価格を正確かつ効率的に捕捉するためには、納税者番号をはじめとしたかなり抜本的な税務行政のインフラ整備が必要となろう。

自民・民主で対照的な公的年金等控除の扱い

公的年金等控除とは、年金給付から差し引くことのできる所得控除である。1987年度税制改正によって、それまで年金に適用されていた給与所得控除と老年者控除に代えて新設された。控除の対象となる年金は、公的年金等と「等」が付けられているように、公的年金のみならず、厚生年金基金をはじめとする企業年金、任意加入の国民年金基金、中小企業退職金共済、小規模企業共済など広範である。ちなみに老年者控除

図表3-6 公的年金等の規模

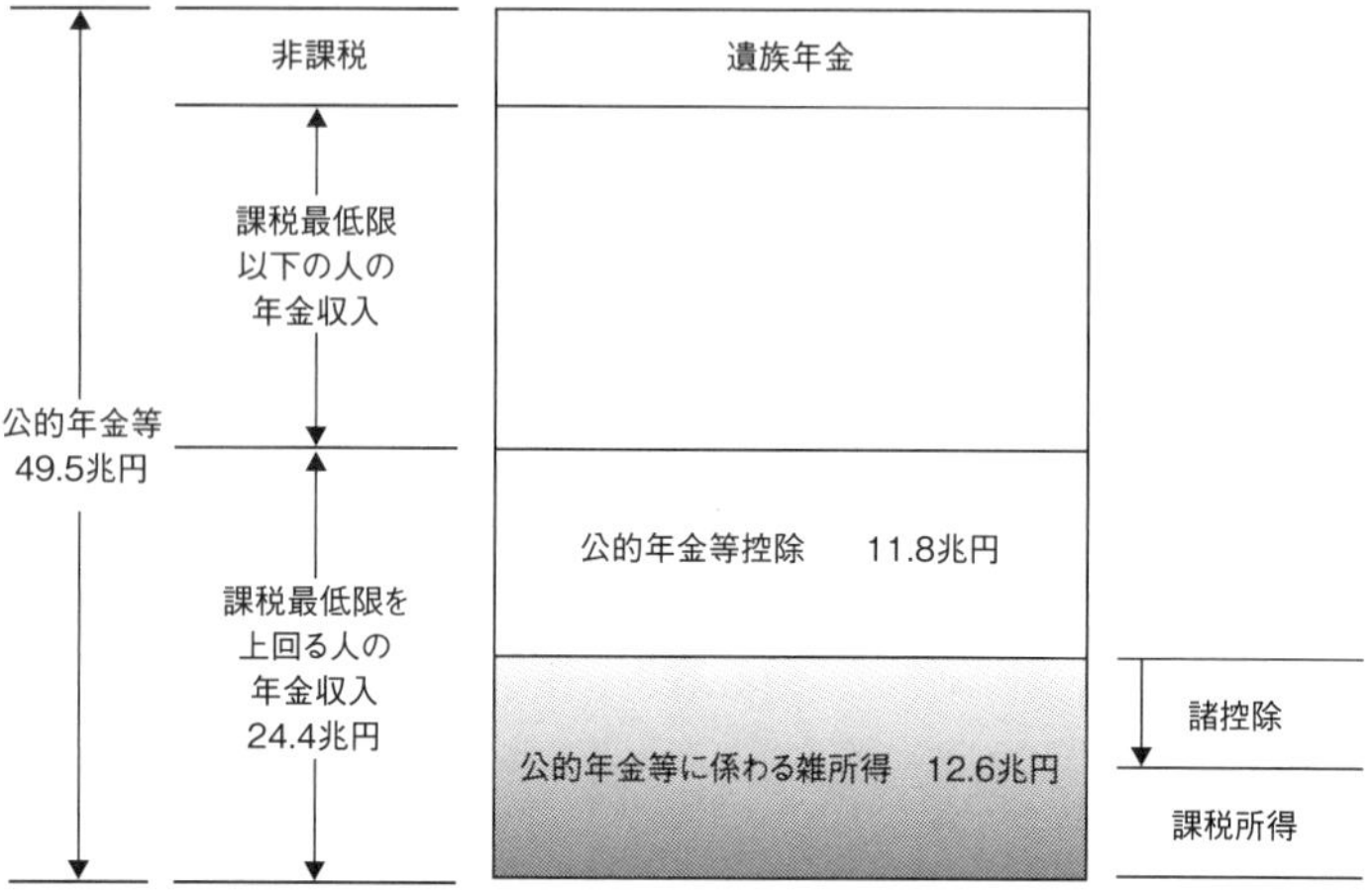

（資料）総務省自治税務局「平成21年度市町村税課税状況等の調」、国立社会保障・人口問題研究所「平成20年度社会保障給付費」より筆者作成。

（注）課税最低限以下の人に関して、統計での詳細な把握困難。課税最低限を上回る人についてはじめて統計での把握がある程度可能になる。

とは、高齢者を対象とした1人当たり50万円の所得控除である（住民税での控除額は48万円）。

公的年金等控除は、65歳以上の場合、120万円を最低保障額とし、年金収入が増えるにつれて控除額も増える仕組みとなっている（図表3－5）。この最低保障額は、給与所得控除の最低保障額65万円のほぼ2倍である。こうした公的年金等控除があることなどから、マクロで見ると、日本では年金給付が49・5兆円ありながら（国立社会保障・人口問題研究所「2008年度社会保障給付費」）、課税所得は大幅に狭められている（図表3－6）。

ミクロの家計ベースで見ると、公的年金等控除によって、年金受給者の課税最

図表3-7 ◎ 老年者控除の廃止と公的年金等控除の改正内容

控除の種類		2004年度改正前	現在（2004年度改正後）
公的年金等控除			
定額控除	65歳未満	50万円	50万円
	65歳以上	100万円	
定率控除	定額控除後の年金収入		
	360万円までの部分	25%	
	720万円までの部分	15%	
	720万円を超える部分	5%	
最低保障額	65歳未満	70万円	70万円
	65歳以上	140万円	120万円
老年者控除	65歳以上、合計所得金額1,000万円以下	50万円（個人住民税は48万円）	廃止

（資料）税制調査会「第27回基礎問題小委員会資料（個人所得税関係）」、平成16年度税制改正の要綱より筆者作成。

低限は、給与所得者に比べてずいぶん高くなっている。先の例では、給与所得者の夫婦世帯の課税最低限は１５６・６万円であったが、年金受給者は２０５・３万円となる（財務省の数値。社会保険料控除を９・４万円と仮定した場合）。また、第７章で述べるように、国民健康保険料の算出にも公的年金等控除差し引き後の所得が用いられるため、現役世代に比べ、年金受給者の国民健康保険料は顕著に低くなっている。

　このように、公的年金等控除は、世代間の公平性の観点から問題があるだけでなく、拠って立つ根拠も曖昧である。給与所得控除には、規模はさておき、経費の概算としての意義がある。他方、年金の受け取りに経費がかかっている訳ではなく、これだけ寛容な所得控除の根拠は見いだしにくい。また、公的年金等控除の対象となっている広範な年金は、任意加入の年金も含めて、負担時に社会保険料控除が適用され、給付時にも公的年金等控除が適用されることで、高所得層の節税手段となっている可能性も指摘できる。本来、公的年金等控除は、その存在が根本的に見直され、基礎控除などへと振り替えられていくべきものである。

こうした公的年金等控除の取り扱いに関し、自民党・公明党連立政権が行ってきたことと、民主党の2009年マニフェストは対照的である。自公政権は、2004年度税制改正で、公的年金等控除の最低保障額を140万円から120万円に引き下げ、それまであった老年者控除を廃止した（図表3－7）。

そこで得られた財源2400億円は（財務省の増減収見込み額。平年度ベース）、基礎年金の国庫負担割合の3分の1から3分の1プラス1000分の11への引き上げに充てられた[3]。国庫負担割合引き上げは、現役世代が負担している年金保険料の抑制に寄与する。すなわち、高齢世代の負担を増やし、その財源をもって、現役世代の負担抑制が図られたこととなる。少子高齢化が進むもと、充分とはいえなくとも、妥当な方向性であった。

他方、民主党マニフェストには、公的年金等控除の最低保障額を140万円に戻し、老年者控除を復活させると明記されている。自公政権とは全く逆の方向である。もっとも、民主党政権発足後の2009年の「税制改正大綱」を見ると、公的年金等控除や老年者控除に関する記述が見当たらない。さすがに自らの政策が時代に逆行しているとの判断が働いたためであろうが、とすれば、軌道修正を

3　数値は、第1回社会保障審議会年金部会資料3。

明記するのが誠実な対応である。

基礎年金の国庫負担割合を2分の1に維持するための財源は、2011年度も埋蔵金頼みとなる模様である。2012年度以降、もはやそれを繰り返すべきではなく、最近の民主党政権の消費税への言及は、そうした焦りと責任感とが背景になっていると推測される。

もっとも、税は、消費税だけではない。公的年金等控除の見直しによって少しでも財源を捻出し、それをもって消費税率の引き上げ幅を抑えるといったバランスのとれた議論が展開されるべきである。

2 税収増はどこまで図れるのか

1991年のピーク比10兆円の税収減

第1章で見たように、この約20年間、個人所得課税（所得税＋住民税）の税収は、大きく落ち込んでいる。ピークの1991年には約37・8兆円あったが、2008年はマイナス10兆円の27・8兆円になった（図表1－6参照）。減少しているのは、所得税である（図表3－8）。所得税の税収は、ピークの1991年には26・7兆円あったが、以降減少傾向をたどり、2008年には、15・0兆円となっている。他方、住民税の税収は1991年の11・0兆円から12・8兆円に増えている。

確かに、この間、税制改正が繰り返されてきており、10兆円超増やせるという冒頭の神野直彦氏の

図表3-8 ◉ 所得税と住民税の税収推移（1985年～2008年）

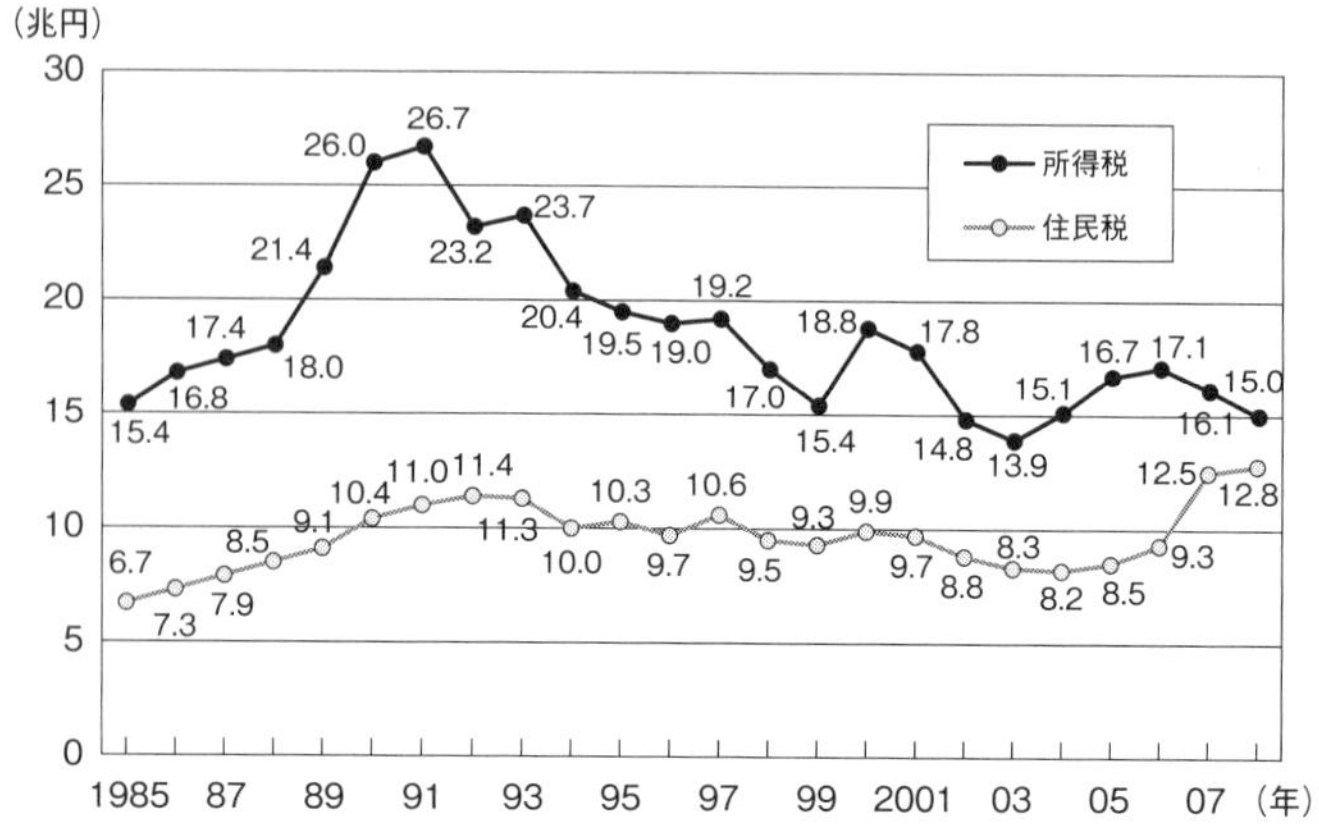

（資料）OECD 'Revenue Statistics' より筆者作成。

コメントも、一見もっともなように聞こえる。しかし、仮に、税率と所得控除を1991年当時に戻しても、以下、検証するように、所得税において得られる税収の増加分はせいぜい2兆円程度と推測される。個人所得課税から、10兆円規模の税収増を図るのであれば、1991年から今日に至るまでに行われてきた税制改正を全て白紙に戻すだけでは足りず、抜本的かつ増税方向での税制改革が必要となる。それは、必要ではあっても並大抵な作業ではないはずだ。

税収減の主因は課税ベース減少

税収は、おおまかには、（収入－所得控除）×税率として求められる。よって、税収は、収入そのものの変動、および、所得控除や税率の改正によって増減することとなる。まず、収入の変動により税収が受ける影響を見るため、所得税の税収

図表3-9 ● 所得税収の内訳の推移（1985年～2008年）

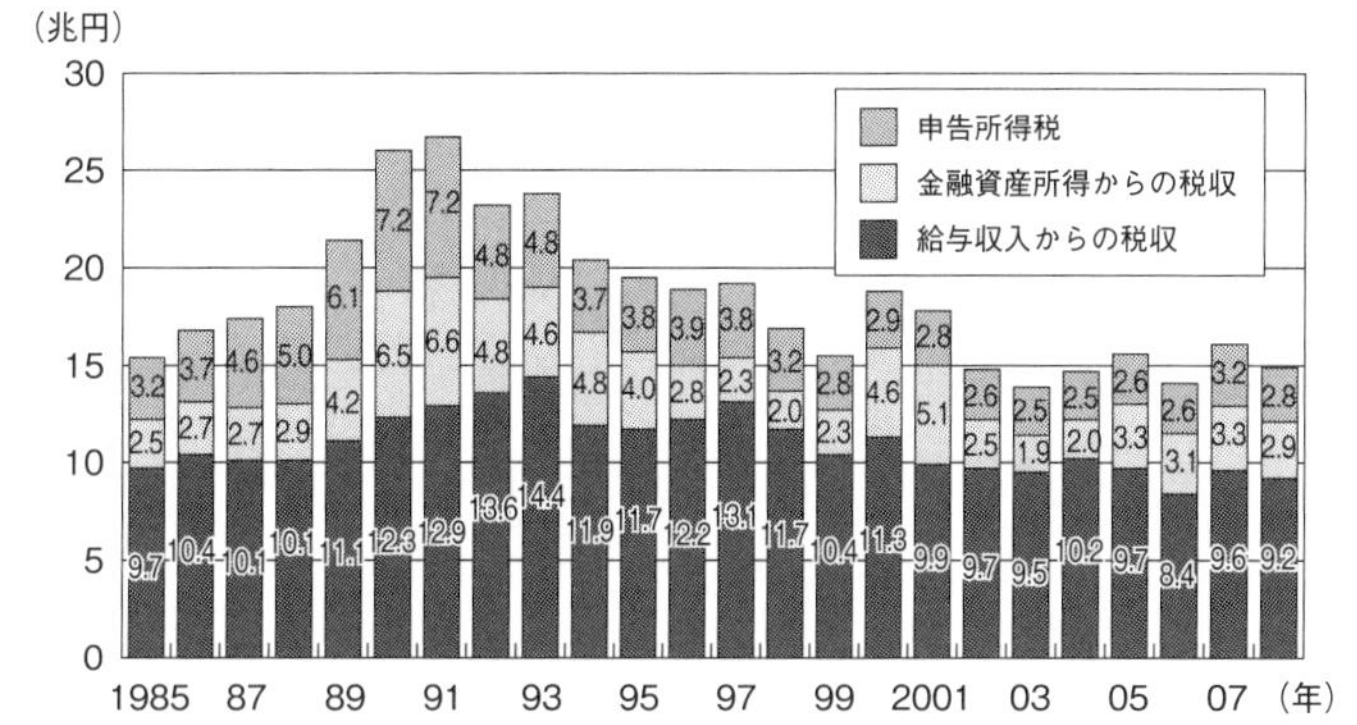

（資料）国税庁「国税庁統計年報」各年度版より筆者作成。
（注1）各税収の合計額は、OECD‘Revenue Statistics’と若干数値が異なる。
（注2）「金融資産所得からの税収」、「給与収入からの税収」は、それぞれ正確には、「金融資産所得からの源泉所得税」、「給与収入からの源泉所得税」。

を、申告所得税、金融資産所得からの税収、および、給与収入からの税収の3つに分解した（図表3－9）。

すると、個人所得税収のピークであった1991年の内訳では、現在と比較して、申告所得税と金融資産所得からの税収のウエイトが高いことが分かる。具体的な金額を見ると、1991年の申告所得税は7・2兆円、金融資産所得からの税収は6・6兆円であるのに対し、2008年には、それぞれ2・8兆円、2・9兆円と大幅に減少している。

続いて、課税対象の収入の推移を見てみよう（図表3－10）。1991年は、2008年と比べて利子所得と譲渡所得がはるかに大きい。これらの収入項目を税収との関係で見ると、利子所得は金融資産所得からの税収を押し上げ、譲渡所得は申告所得税の税収を押し上げる。利子所得の金額

図表3-10 ● 譲渡所得、利子所得の推移（1985年～2008年）

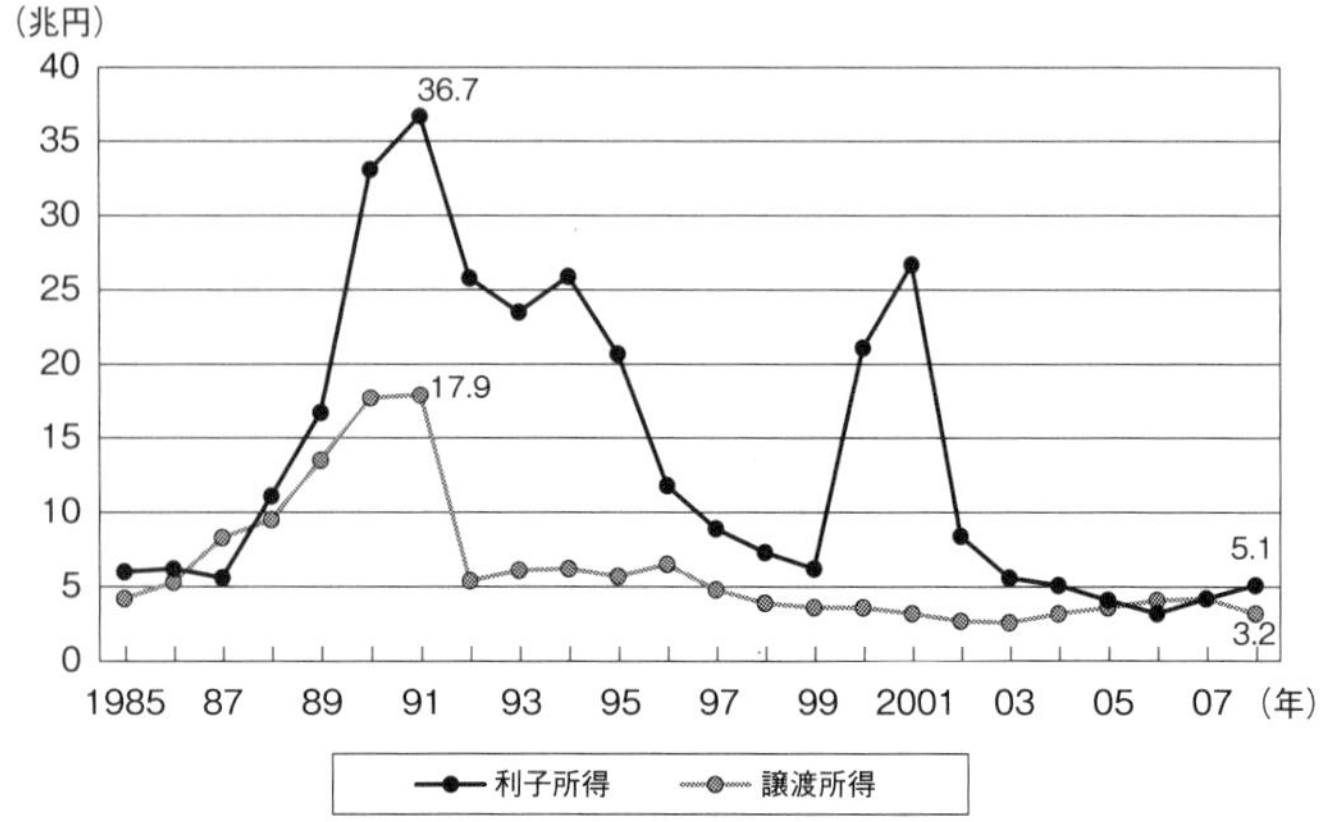

（資料）国税庁HP、統計情報の長期時系列データより筆者作成。
（注）利子所得は、源泉所得税の利子等の支払金額の課税分。譲渡所得は、長期、短期計。

は、１９９１年には高金利を背景に36・７兆円もあったが、２００８年には５・１兆円まで大幅に減少している。ちなみに、２０００年と２００１年に利子所得が一時的に膨らんでいるのは、定額貯金の大量満期の影響である。一方、譲渡所得は１９９１年には17・９兆円あったが、２００８年には３・２兆円に大きく落ち込んでいる。背景には不動産価格の高騰とその後の下落がある。

今度は給与収入を見てみよう（図表３－11）。２００８年の給与収入は、総額では２５７・１兆円と、１９９１年の２３０・４兆円を上回っている。ただ、２００８年の数値は、税収という点では割り引いて考えなければならない。１人当たりの給与の平均額に着目すると、ここでは民間部門だけの平均額を算出しているが、２００８年は１９９１年よりもむしろ低下している。１９９１年には４４７万円、１９９０年代半ばから後半にか

図表3-11 ◎ 日本全体の給与収入と1人当たり給与平均値の推移（1985年〜2008年）

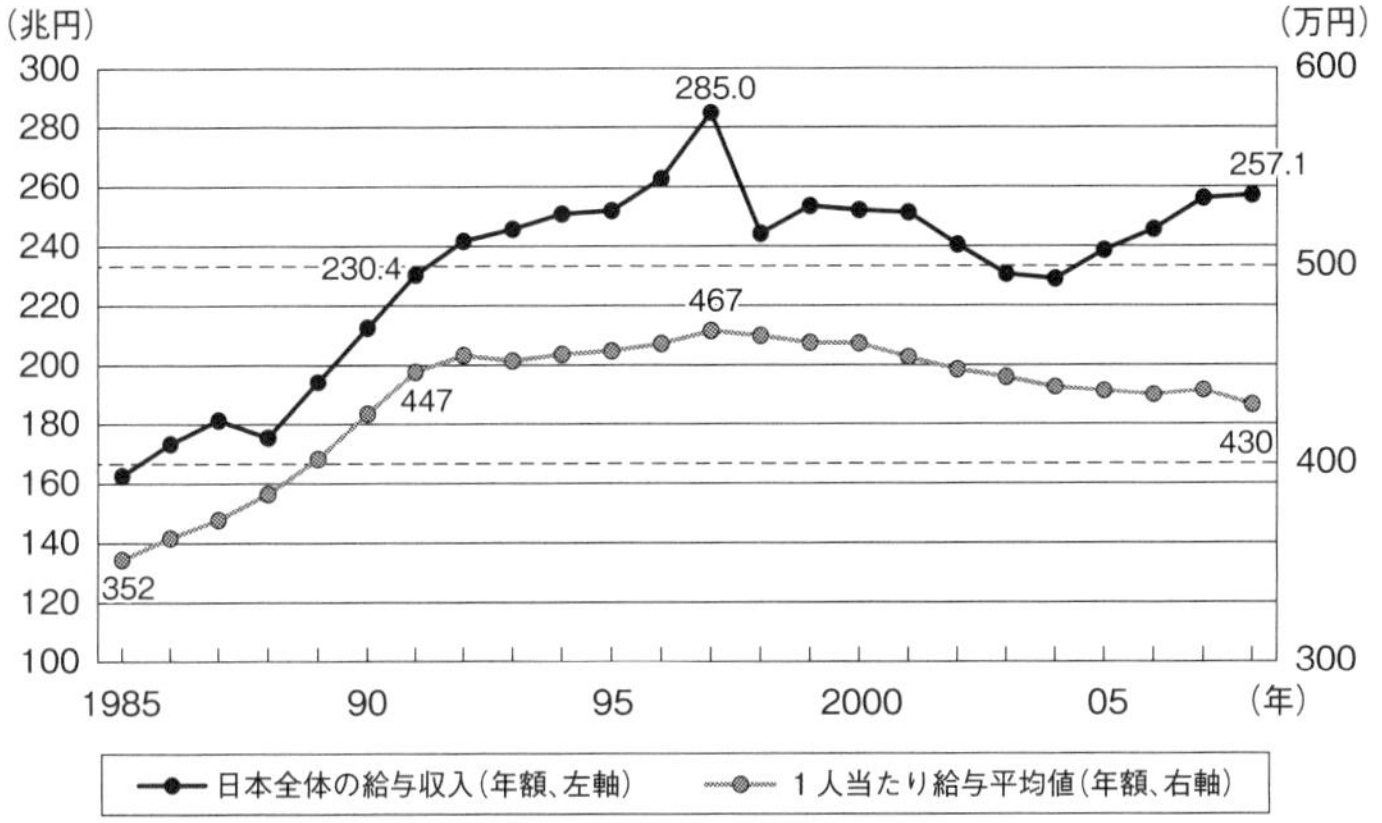

（資料）国税庁HP、統計情報の長期時系列データより筆者作成。
（注1）1人当たり給与平均値は民間部門だけで計算した。直近データには、公務員の給与所得者の人数がないため。源泉所得税の給与収入と納税義務者数に関し、官庁とその他に分けられたデータのうち、その他について筆者計算。
（注2）民間給与所得者とは、「民間給与実態調査」における1年勤続の給与所得者。

けていったん上昇するものの、以降は低下傾向をたどり、２００８年には４３０万円になっている。

給与収入の総額が増えても、１人当たりの給与が減少しているということは、税収にとってはマイナス要因となる。なぜなら、課税最低限以下の収入層の人がいくら増えても、税収は全く増えない。また、累進税率体系のもとでは、平均的に収入が低下すれば、それだけ高い税率の適用を受ける人が減り、税収が減少する。このように、１９９１年と現在とでは、課税ベースの規模と構造が大きく異なっている。このことは税制改革を考える上で確認されなければならない。

分析に関する補論

なお、ここで示した申告所得税の税収、金融資産所得からの税収、給与収入からの税収は、いわば便宜上の名称で、厳密には実際の数値の近似である。これが近似であること、また、このように3つに分解されている理由について簡単に補足しておく。

まず、国税庁の統計は、日本の納税手続きを反映したものとなっている。納税手続きは、税の負担者自らが1年間の所得とその所得に基づく納税額を税務当局に申告し、納税する「申告納税」が原則とされている。事業所得がその典型である。ところが、給与、年金、利子、配当、株式譲渡所得などに関しては、その支払者である雇用主や金融機関が、税額を天引きし、税務当局に納税する「源泉徴収」の仕組みがとられている。国税庁の統計は、こうした仕組みを反映しているため、申告所得税、源泉所得税の2つに大分類されている。

次に、日本の所得税制は、総合課税を原則としつつも、金融資産所得に分離課税が認められている。総合課税とは、あらゆる所得を合計し、そこに税率をかけるということであるから、そもそも、所得の種類ごとに税収を厳格にひも付きで導くことはできない。ただし、金融資産所得は、源泉徴収された上で、分離課税が認められているため、国税庁の統計では、源泉所得税のなかから金融資産所得にかかる税収額が抜き出されている。これを、ここでは金融資産からの税収と呼んでいる。

こうした理由から、所得税の税収は、申告所得税、金融資産所得からの源泉所得税、および、金融資産所得以外からの源泉所得税の3つに分解されている。さらに、ここでは、源泉課税対象の「金融資産所得以外」の大半は「給与」であるとみなし、便宜上、給与収入からの税収と呼んでいる。

税制改正による税収減はわずか

税収を決めるもう一方の要因である税制改正に目を転じよう（図表3－12）。税制改正は、その効果がずっと続くことが予定されるか、その年限りであるかによって、制度増減税と特別増減税とに分けられる。ここで問題としたいのは、今日に至る税収減の要因であるから、考察の対象は、制度増減税の方である。

まず、95年（94年11月に法律成立）の総額2・4兆円の減税が挙げられる。これは、97年の消費税率引き上げ（3％から5％へ）の先行減税であり、91年以降では最大規模の減税である。柱は3つあり、税率の累進構造の緩和で1・63兆円、給与所得控除の引き上げで0・33兆円、人的控除引き上げで0・47兆円となっている。最大の柱である税率の累進構造の緩和に関しては、10％、20％、30％、40％、50％の税率はそのままに、ブラケット幅（税率適用所得区分の幅）を拡大し、それぞれ改正前の300万円以下を改正後は330万円以下に、300万円超600万円以下を330万円超900万円以下に、600万円超1000万円以下を900万円超1800万円以下に、1000万円超2000万円以下を1800万円超3000万円以下に、2000万円超を3000万円超に改正した（図表3－3参照）。よって、全ての所得階層に恩恵が及んでいる。

次に、99年の総額0・5兆円の制度減税が挙げられる。柱は、最高税率の引き下げと扶養控除の加

図表3-12 所得税の改正による増減税額

（兆円）

年	制度増減税		特別増減税	
	増減収の規模	内容	増減収の規模	内容
1991				
1992				
1993				
1994			▲3.8	94年分の所得税額の20%（上限200万円）の特別減税
1995	▲2.4	税率の累進構造緩和（▲1.63兆円）、給与所得控除引き上げ（▲0.33兆円）、人的控除引き上げ（▲0.47兆円）	▲1.4	95年分の所得税額の15%（上限5万円）の特別減税
1996			▲1.4	96年分所得税額の15%（上限5万円）の特別減税
1997				
1998	▲0.1		▲1.4	98年分所得税の税額控除による特別減税
1999	▲0.5	最高税率引き下げ（▲0.26兆円）、扶養控除の加算（▲0.29兆円）	▲2.6	所得税額の20%（上限20万円）の定率減税
2000	0.2	扶養控除の加算の一部廃止		
2001			▲0.0	
2002				
2003	0.5	配偶者特別控除（上乗せ部分）の廃止		
2004	0.2	公的年金等控除の縮小（0.12兆円）、老年者控除廃止（0.12兆円）		
2005	▲0.0		1.3	定率減税（99年導入）の半減（06年から適用）
2006	（▲3.1）	所得税から住民税への税源移譲	1.3	定率減税廃止（07年から適用）
2007	▲0.0		▲0.0	
2008				
計	▲2.1		−	

（資料）各年の「税制改正大綱」より筆者作成。
（注）増減収の規模の合計に、2006年の所得税から住民税への税源移譲は含まれていない。

算であり、それぞれ0・26兆円、0・29兆円の減税規模と推計されている。

他方、近年は増税に転じている。2000年の扶養控除の加算の一部廃止によって、0・2兆円の増税となり、03年の配偶者特別控除（上乗せ部分）の廃止によって0・5兆円の増税となっている。さらに、前に述べた04年の公的年金等控除の縮小と老年者控除の廃止により0・2兆円の増税となっている。

これら増減税規模は推計値であること、各年で課税ベースとなる所得が異なることは無視し、増減税額を単純に足し上げると、マイナス2・1兆円となる。しかも、それは、全ての所得階層に恩恵の及ぶ95年の税制改正が中心であり、一部の高所得層にしか恩恵が及ばない99年税制改正の最高税率引き下げの影響は、たかだか0・26兆円に過ぎない。

このように分析してみると、所得税の今日に至る税収減の要因は、幾度かの制度改正によるものというよりも、もっぱら日本の課税ベース自体が落ち込んでいるためであることが分かる。したがって、仮に、1991年以降の税制改正を全て白紙に戻したとしても、1991年の所得税収額26・7兆円のような税収規模は残念ながら期待できない。

なお、2006年には、三位一体改革の一環として、所得税から住民税への3・1兆円の税源移譲が行われている。具体的には、所得税の税率を総じて引き下げ、住民税の税率を引き上げることで所得税を3・1兆円減税し、住民税を同額増税する手法がとられた。よって、所得税のみの時系列データをみる際には、このような点にも留意が必要である。

試算1――給与所得控除の見直し

1991年以降の税制改正を仮に全て元に戻しても、当時と同じ税収規模は期待できないことは分かった。すると、さらに税収を得ようとする場合、どのような税制改正が考えられるだろうか。林［2002］の方法に則って推計してみた。用いた統計は、総務省自治税務局「市町村税課税状況等の調」である。

まず、給与所得控除の見直しがあるだろう。既に見たように、給与収入は、個人所得課税の対象となっている所得のなかで圧倒的なウエイトを占めている。その課税所得を大きく侵食しているのが、給与所得控除である。給与所得控除の見直しは、旧政府税調も提言し続け、民主党政権も「2011年度税制改正案」で上限設定を決めている。なお、以下の試算では、この2011年度税制改正案は折り込んでいない[4]。

ここでは、3パターンを想定した（図表3－13）。1つは、収入1000万円までの給与所得控除額の上がり幅を抑えるとともに、収入1000万円以上の給与所得控除額は192・6万円で頭打ちにするケースである。これを「改革1」とする。

2つ目は、改革1より厳しいパターンであり、給与収入1000万円までの給与所得控除額をさらにきつく抑制するとともに、給与収入1000万円以上の給与所得控除の頭打ち額を156・7万円とするケースである。これを「改革2」とする。

3つ目は、もっとも厳しいパターンであり、給与収入にかかわらず、給与所得控除額を一律65万円（現行の最低保障額）とするケースである。この「改革3」は、ドラスティックで、一見非現実的にも見えるが、給与所得者が実際に65万円もの経費を要しているかといえば、必ずしもそうとはいえず、概算控除である給与所得控除と実額控除である特定支出控除の選択性を維持し、かつ、特定支出控除

4　2011年度税制改正案における給与所得控除の見直しによる増収額は、財務省によれば1195億円（平年度ベース。所得税のみ）と見込まれている。

図表3-13　給与所得控除見直しのパターン

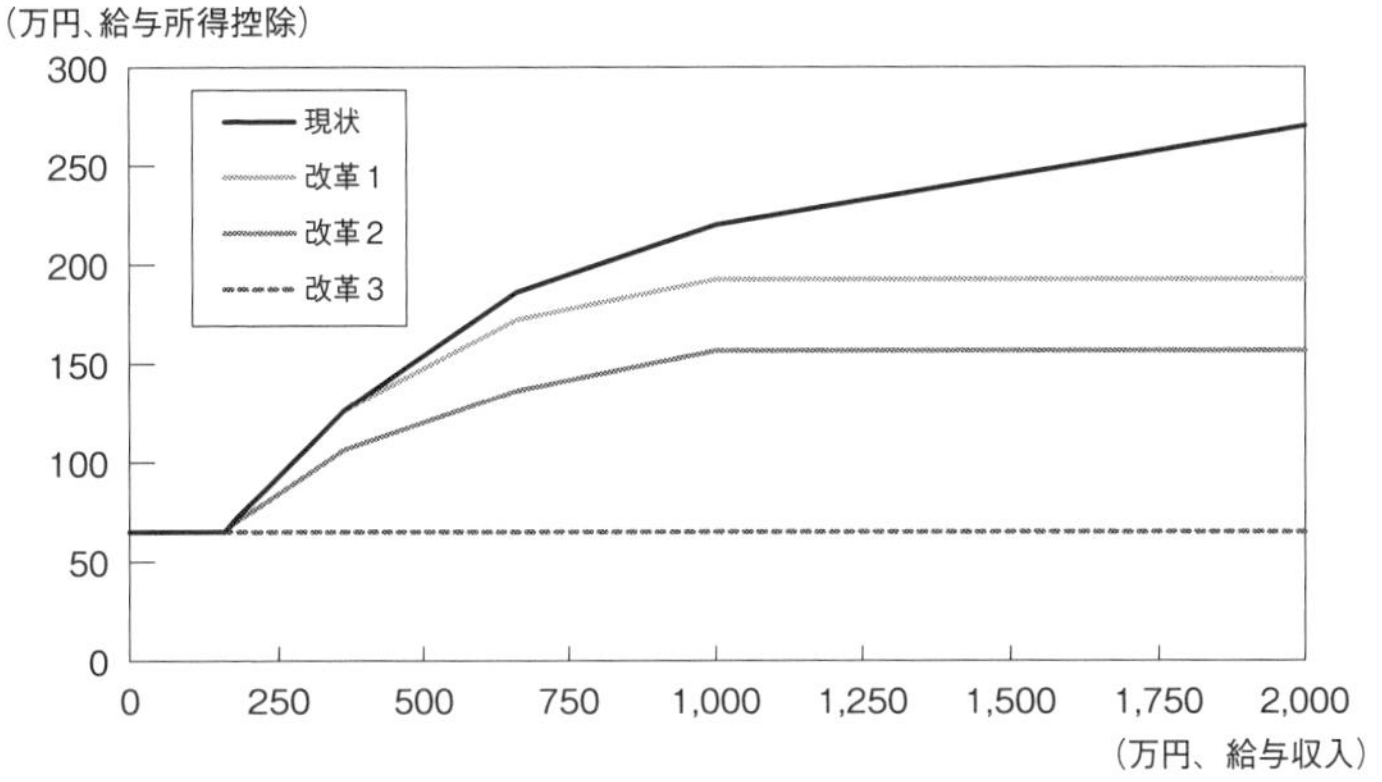

(資料) 筆者作成。

の対象範囲を拡大すれば、全く無謀な案である訳ではない。現在、特定支出控除は、毎日の通勤費、転勤に伴う転居費、研修受講費、資格取得費、単身赴任時の自宅への帰宅旅費などの5項目に限られている(「2011年度税制改正案」によれば、資格取得費の弁護士などへの対象資格の範囲拡大、職務と関連のある図書購入費の追加などが盛り込まれている)。これらは、実際には企業から支給されるものがほとんどである上に、これらの合計金額だけで現行の給与所得控除額を上回ることは、ほぼないと考えられる。

結果は、改革1による税収増は、所得税0・70兆円(小数第3位を四捨五入)、住民税0・31兆円、合計1・00兆円。改革2による税収増は、所得税1・89兆円、住民税1・23兆円、合計3・12兆円。改革3による税収増は、3つのうちで最も大きく、所得税4・57兆円、住民税3・22兆円、合計7・80兆円となる。このように、給与所得控除を大幅に見直せば、消費税率に換算して1〜3%程度の税収増を見込むことは可能である。

もっとも、その際、留意すべき点がある。1つ目は公平性の問題である。既に述べたように、クロヨン問題に全く触れることなく、給与所得控除を大幅に抑制して給与所得者だけに負担増を求めることは、水平的公平の観点から問題があり、給与所得者の合意を得にくい。

2つ目は、これらの改革は、いずれも既存の制度の修正にとどまっているということである。選択肢としては、もう一歩踏み込んで、給与所得控除の全てあるいは一部を、英国のWTC（Working Tax Credit）のような給付付き税額控除へと抜本的に改める案がある。こうした抜本的な改革は日本でも積極的に検討されるべきである。その試案は、第9章において示す。

3つ目は、給与所得控除の大幅抑制と同時に、公的年金等控除の見直しが行われるべきであるという点だ。仮に高齢者の公的年金等控除を現行のままで温存し、現役世代の給与所得控除のみを抑制するならば、世代間の不公平をますます広げてしまう。

4つ目は、税務行政の体制整備の問題である。実額控除の利用を拡大すると、確定申告書を提出する給与所得者が増える。現行の税務行政の人員では、処理できなくなる懸念がある。かといって、単純に人員を増やすと税収増の効果を打ち消すコスト増にもなりかねない。よって、それに対応した効率的な税務行政の体制整備が求められる。

試算2――人的控除の見直し

給与所得控除のほかに、人的控除の見直しが考えられる。主に子どもを対象とした扶養控除と特定扶養控除については、既に2011年以降見直しが行われる。ここでは、基礎控除と配偶者控除をそれぞれ廃止した場合の税収を試算してみよう。方法は、試算1と同様である。結果を見ると、基礎控除の廃止によって、所得税1・91兆円、住民税1・84兆円、合計3・75兆円の税収増があると推計される。配偶者控除の廃止では、所得税0・63兆円、住民税0・51兆円の税収増があると推計される。基礎控除、配偶者控除ともに所得税では38万円、住民税では33万円と同額であるにもかかわらず、基礎控除廃止による税収増の効果が大きいのは、対象者が広いためである。

このうち、基礎控除の廃止は、現実的には考えにくく、また、望ましくない。他方、配偶者控除の廃止は、2009年の衆議院選挙のマニフェストで民主党が実際に打ち出している。扶養控除の廃止とともに、子ども手当の財源の一部とするためである。その後、配偶者控除の廃止は、浮かんでは消える状態を繰り返しているが、引き続き、検討対象となり続けるであろう。

配偶者控除廃止の際の留意点

配偶者控除を廃止する際、留意すべき点がある。第1に、配偶者控除の根底にある価値観の見直しに基づく廃止でなければならないということだ。仮に民主党政権が、男性も女性も全ての成人が労働市場に出て働く社会を目指す、と考えているのであれば、配偶者控除の廃止を唱えても理解できる。

しかし単に、子ども手当の財源調達のためであるとすれば、配偶者控除の廃止は受け入れにくい。子ども手当の財源に充てるとしても、それは結果的にそうなるということでしかないはずだ。

第2に、そもそも日本は、男性も女性も同じように働ける社会かということである。現在でも、結婚、出産を機に、会社を辞めて家庭に入る女性は少なくない。本人の意思であるケースも多々あろうが、本人に就労意思があるにもかかわらず、労働市場が依然としてそうした雇用慣行を引きずっているためであることも十分に考えられる。あるいは、保育所が未整備であるために、働きに出られない母親も多くいる。配偶者控除の廃止は、こうした女性就労の障壁除去と一体的に進められなければならない。

第3に、第1の価値観の見直しと関連するが、新しい価値観に基づいて制度改正する際には、関連諸制度にも再検討を加えなければならないということである。配偶者控除廃止と価値観を共有しているのは、年金制度における第3号被保険者である。第1と第3の留意点を同時に考えることは、まさに税と社会保障の一体改革といえる。

第4に、課税最低限との兼ね合いである。わが国の課税最低限は、先進諸外国と比較しても既に低い（第9章参照）。課税最低限は、配偶者控除を含む所得控除の積み上げで構成されており、配偶者控除を廃止すれば、その分、課税最低限はさらに低下する。必要に応じて、基礎控除の引き上げなどの代替措置が講じられるべきであろう。

3 指標としての所得の公平性

クロヨン問題

消費税の税率が5％に引き上げられた1997年に公表された旧政府税調の報告書「これからの税制を考える――経済社会の構造変化に臨んで」では、消費税の個人所得課税に対するメリットの1つとして、次のように書かれている。

「個人所得課税には、所得捕捉の困難性という問題があり、そのために所得を基準にした『水平的公平』の確保にはおのずから限界があると考えられる。他方、消費課税は消費に対して比例的な税負担を求めるものであり、水平的公平を確保する上で有益な税制である」。すなわち、1997年の消費税率引き上げ根拠の1つには、水平的公平の確保があったということが分かる。所得捕捉の困難性の1つとして念頭に置かれているのは、クロヨン問題である。

この報告書が公表される16年前の1981年に、それまでは単なる通念に過ぎなかったクロヨンの定量的な検証を試みたのが、石［1981］である（図表3－14）。石［1981］は、1970年代を対象に、SNA統計を用いて理論上の給与所得、営業所得、農林漁業所得を求め、それと実際の国税統計とを比較する手法により、クロヨンがおおむね存在すると結論づけた。具体的には、営業所得は6割よりやや高い水準にあり、農林漁業所得は4割よりやや低い水準にあるとしている。

その後に続く、小西［１９９７］、奥野他［１９９０］、林［１９９５］、および、荒井［２００７ａ］などの諸研究でも、ほぼ同様の結論が導かれている。荒井［２００７ａ］は、営業所得の捕捉率は、１９９７年に69・９％とほぼ７割に過ぎず、給与所得の捕捉率との間に依然として無視できない格差が存在することが示唆されると指摘している。

もっとも、加工統計であるＳＮＡをもとに理論上の所得を求め、実際に税務当局が捕捉している所得と比較するという手法には限界がある。例えば、石［１９８１］の推計手法は、営業所得の捕捉率を過大推計している可能性が指摘されている（西沢［２００５］、荒井［２００７ａ］）。石［１９８１］は、実際に捕捉されている営業所得に不動産所得を含め、広義の営業所得を定義した後、それとＳＮＡとを比較している。しかし、不動産所得を得ている人は、事業所得者に限られる訳ではなく、むしろ、給与所得者や年金受給者の方が多い。したがって、営業所得を広義に再定義してしまうと捕捉率が過大に出てしまう。荒井［２００７ａ］は、その点を修正している。

確かに、就業者に占める事業所得者のウエイトそのものは近年低下している。事業所得者（含む家族従業者）の就業者に占めるウエイトは、１９７０年、１９９０年、２００９年に、それぞれ35・０％、22・３％、12・７％である。よって、人数という面では、クロヨンは以前より問題の程度が縮小している。しかし、捕捉率に関しては、その格差が解消あるいは無視できるほど縮小しているという確たる証拠はない。むしろ旧政府税調の１９９７年の認識が今なお生き続けていると考える方が自然である。こうした観点から、所得捕捉の困難性のある個人所得課税に比べ、消費税による課税は、

図表3-14　所得捕捉率の主な推計

推計者	所得捕捉率の推計結果			
石弘光(1981)	給与所得	98.2%	98.6%	91.3%
	営業所得	65.3%	54.2%	71.0%
	農業所得	28.3%	25.9%	20.9%
		(71年)	(74年)	(77年)
小西砂千夫(1997)	給与所得	101.7%		
	営業所得	46.8%		
	農業所得	24.0%		
		(84年)		
奥野・小西・竹内・照山・吉川(1990)	給与所得	−		
	営業所得	64.4〜77.0%		
	農業所得	46.9〜57.2%		
	(85年、3ケースに分けて試算された結果の上下限)			
林宏昭(1995)	給与所得	101.3%	99.4%	101.4%
	営業所得	52.5%	58.6%	61.7%
	農業所得	13.3%	14.3%	20.7%
		(79年)	(82年)	(87年)
荒井晴仁(2007a)	営業所得	64.3%	65.1%	69.9%
		(87年)	(92年)	(97年)

（資料）石（1981）、小西（1997）、奥野他（1990）、林（1995）、荒井（2007a）より筆者作成。
（注）括弧内は推計対象年。

水平的公平という面では今なお有益である。

なお、このことは、翻って、給与所得控除に経費の概算控除以上の存在理由があることを意味する。給与所得控除には、クロヨン問題の補償の意味合いがあるためだ。それは、現在の政府の公式見解ではないとしても、サラリーマン層の心情には存在しているであろう。

では、給与所得者が納得できる形で給与所得控除の抑制を実現するにはどうすればいいのだろうか。解決策は正攻法しかない。クロヨン問題を感覚的なものに留まらせておくのではなく、手間暇惜しまず、政府自らが実態を調べ、是正策、および、その限界を示すことが必要である。民主党政権が示した「２０１１年度税制改正案」は、そうした作業もなく、年収１５００万円以上に限っているとはいえ給与所得控除の頭打ちが提示されており、安易な印象を免れない。

金融資産所得の捕捉の重要性

所得捕捉に関しては、利子、配当、株式など金融資産の残高および金融資産による所得の問題も極めて重要である。給与所得は低い、あるいはほとんどなくても、金融資産を多額に保有する人は多数いる。典型的な例が資産家の高齢者である。金融資産所得は、個人所得課税において、分離課税が認められ（そして源泉徴収されている）、給与所得をはじめとする他の所得と包括的に把握されていない現状では、こうした人々は、給与所得の低さから低所得者と認識されてしまう。

その所得認識をもとに、社会保障手当などが給付されるのは、もちろん公平ではなく、効率的でもない。政府・与党の掲げる各政策、すなわち、給付付き税額控除の導入、GSTクレジットタイプの消費税の逆進性批判対策などを公平かつ効率的に運営してくためには、個人所得課税の制度上では、金融資産所得を源泉分離課税のままとするとしても、その正確な把握は不可欠である。

今後導入が目指されている、給付付き税額控除、GSTクレジットなどを受け取るためには、本人が、確定申告書を税務当局に提出し、自らの所得が、それらを受け取る基準に合致していることを示す必要がある。そこには、給与所得のみならず、金融資産所得が記載されることになろう。税務当局は、その金融資産所得が過少申告されていないか否かをチェックしなければならない。

そのためには、税務当局が、金融機関から、源泉徴収税の納付とともに、1人ひとりの支払利子、配当、株式譲渡益などの報告を定期的に受け取る、少なくとも、税務当局が必要とする場合には閲覧できる環境が必要である。その際、1人が複数の金融機関で取引するのが一般的であることを考えると、国民および外国人就労者全員に納税者番号を付けて、金融機関から税務当局宛に納税者番号が付けられた報告書が届くようになるのが効率的であろう。

すなわち、国民1人ひとりに番号を割り当てるだけではなく、金融機関での口座開設時には、その番号の告知が義務付けられ、金融機関から税務当局宛に、納税者番号とともに各人の資産情報が電子データで送られるといったシステム整備が求められる。

2011年1月に公表された、政府・与党社会保障改革検討本部の「社会保障・税に関わる番号制度についての基本方針」を見ると、「金融機関・雇用主等への電子的提出の義務付け」といった文言があり、こうした環境整備を目指している模様である。もっとも、それはこれからの作業として残されている。

単年度課税と消費税

個人所得課税は、1年ごとの所得に課税される、単年度課税であることにも留意が必要である。次のような例を考えよう。

生涯所得が全く同額の1億8300万円というA、B、C、3人の人間がいる。ただ、A、B、Cは生涯における所得の稼得パターンがそれぞれ異なる（図表3－15）。ここでは遺産や贈与、年金については想定しない。Aには20歳から80歳まで毎年300万円の収入がある。Bは20歳から59歳まで毎年457万5000円稼ぎ、60歳からは無収入になる。Cは20歳に1億円稼ぎ、21歳から60歳までは毎年207万5000円稼ぐ。Aは就労年数が長い自営業者、Bは定年があるサラリーマン、Cは

図表3-15●生涯において所得稼得パターンの異なる数値例

（万円）

	ケースA 20歳～80歳まで毎年年収300万円を稼得		ケースB 20歳～59歳まで毎年年収457万5000円を稼得		ケースC 20歳で1億円を稼得し以降は60歳まで毎年207万5000円を稼得	
年齢	年収（所得）	所得税・住民税	年収（所得）	所得税・住民税	年収（所得）	所得税・住民税
20	300	0	457.5	24	10,000	4,570
21	300	0	457.5	24	207.5	0
⋮	⋮	⋮	⋮	⋮	⋮	⋮
57	300	0	457.5	24	207.5	0
58	300	0	457.5	24	207.5	0
59	300	0	457.5	24	207.5	0
60	300	0			207.5	0
⋮	⋮	⋮				
79	300	0				
80	300	0				
合計	18,300	0	18,300	960	18,300	4,570

（資料）筆者計算。
（注1）生涯所得は、いずれのケースも1億8,300万円になる。課税最低限度額を300万円と仮定した。
（注2）2010年時点の税制をもとに、課税額は万単位で近似（四捨五入）した。

瞬間風速的に高額所得を得るプロスポーツ選手に相当する。

課税最低限を仮に300万円とすると、A、B、Cの生涯における所得税負担はそれぞれゼロ、960万円、4570万円となり、Cが一番多くの所得税・住民税を払うことになる。このように生涯所得が同じなのに、所得稼得パターンによって大きく税負担が異なってくるのは、累進税率のためである。課税最低限と担が異なってくるのは、あまり公平とはいえない。

もし、所得税ではなく消費税であれば、こうした生涯ベースの不公平は生じない。3人の税収合計5530万円を政府が得るには、3人が所得を全て消費すると仮定して、約10％の消費税率にすれば良い。すると、3人とも生涯で1830万円の消費税負担となる。すなわち、消費税を通じて、生涯所得全体に対して課税していることとなる。これは、消費税のすぐれた特徴である。

第4章

年金財政――世代の視点と年金財政改革

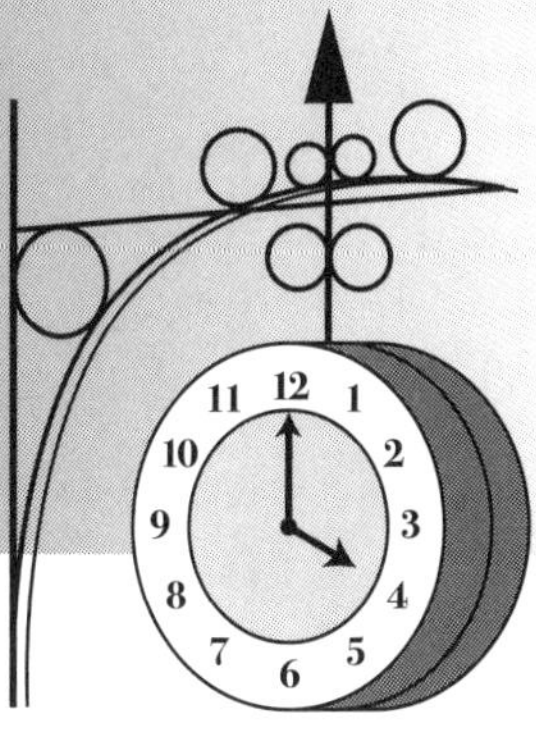

そもそも年金改革において取り組まれるべき課題は、年金財政と年金制度の大きく2つに分けられる。

まず、年金財政の課題とは、少子高齢化が進むなか、年金財政の持続可能性をいかに確保していくかといった問題である。具体的には、今後75年間、100年間、あるいは、無限の期間といった中長期的な時間軸のなかで収入と支出をバランスさせることである。

この点において、単年度の歳入と歳出に注目の集まる税および国家財政の議論と、年金財政の議論とは、同じ財政という言葉を使ってはいるが、やや趣が異なっている。小村［2002］によれば、そもそも収入・支出という言葉には期間の概念がなく、「歳」という文字が付け加えられることで、「歳入」「歳出」などのように収支に期間の概念が付与されることになるという。しかし、これから日本の税や国家財政を考える場合には、収入・支出という言葉にも時間軸、少なくとも中長期的な時間軸があると解釈し直した方が良いだろう。とりわけ社会保障制度や少子高齢化問題を議論する場合には、中長期的な視点を持たなければならない。この点から年金財政については、税・国家財政とは異なる尺度を持ちつつも、これらと一体的に議論することが必要である。

一方、年金制度の課題は、現行の制度体系を大きく変化している経済・社会状況にいかに適合させていくか、複雑になりすぎた制度をいかに国民の目から見て分かりやすいものへ改めていくかといった、制度のデザインの問題である。民主党政権は、こちらについては、制度の一元化や最低保障年金の創設など抜本改革の意向を強く示してきた（もっとも、夢のような議論が夢のままであるような状況ではある)。こうしたデザインの問題のなかでは、税と社会保険料の役割の再構築は、極めて重要な論点である。

年金改革の議論が混沌としているのは、そもそも現状認識が共有されていないことに大きな原因がある。２００４年の年金改正時の与党であった自民党と公明党は、２００４年改正をもって「１００年安心」できる年金制度が構築されたと国民にアピールし、その見解を今日まで崩していない。これに対し、民主党は、現行年金制度は既に崩壊しているという認識のもとに、抜本改革を訴え続けてきた[1]。

政党ごとに思い描く制度像が異なることは当然あるとしても、現行制度に対する認識とりわけ年金財政に対する認識が「１００年安心」と「破綻」といったように、対立するのは異常な状態であり、それが放置されたままでは生産的な議論など望むべくもない。年金改革の議論は遅々として進んでいないが、今後の議論に備えて、現状認識を収斂させるにはどうしたらいいかという点に力点を置きつつ、年金財政については本章で、年金制度については次章でそれぞれ取り扱うことにしたい。

1　もっとも、社会保障改革に関する集中検討会議をみると、「100年安心」を追認している模様である。第2回社会保障改革に関する集中検討会議（2011年2月19日）において中村内閣官房社会保障改革担当室長は次のように発言している。「年金については、2004年の改正により、年金を支える被保険者数の減少や給付増につながる平均余命の伸びを年金額の改定の際に反映させる『マクロ経済スライド』が導入されている。これにより、年金給付額の伸びは国民所得の伸びとほぼ同程度の1・4倍となっている」。これは自公政権時の公式見解が繰り返されているだけである。

1 「100年安心」は本当か

年金財政に関する政府見解と根拠

自民・公明連立政権下であった2009年5月、政府は公的年金財政の先行きに関し、次のように述べている。「今後、概ね100年間の年金給付費は、全て保険料収入等により財源が確保されており、厚生年金および国民年金（基礎年金）に不足はない」（第15回社会保障審議会年金部会資料3－1）。2004年の年金改正時における与党の国民向けアピールであった「100年安心」は、引き続き成立していることが示されたことになる。

その根拠は、厚生労働省の「財源と給付の内訳」に要約されている。「財源と給付の内訳」とは、ある一時点における今後約100年間の毎年度の年金財政の収入と支出のキャッシュ・フローの現在価値（APV：Actuarial Present Value）の和に年金積立金残高を加味したものである。これは、5年に1度の財政検証時に、キャッシュ・フロー、所得代替率、および、世代ごとの負担と給付の見通しなどとともに公表され、財務省の「国の財務書類」にも、注記欄における追加情報として、そのまま掲載される。財政検証とは、将来の人口推計と、足もとの動向を踏まえて更新される賃金や金利などの経済前提に基づいて実施される年金財政の将来推計・検証作業である。直近の財政検証は、2009年2月に実施されている。

なお、厚生労働省は、「財源と給付の内訳」を「バランスシート」とも呼んでいるが、以下ではバランスシートとは表記せず、「財源と給付の内訳」と呼び、両者を明確に区別したい。理由は、第1に、バランスシートは邦訳すると貸借対照表を意味し、国の財務書類における貸借対照表と紛らわしいためである。第2に、もしバランスシートと呼ぶのであれば、会計基準を備えている必要があると考えられるためである。「財源と給付の内訳」は、単に推計されたキャッシュ・フローの現在価値の和などが示されたものにすぎない。まさに、この点を明確に区別しないことが、日本における公的年金制度に関する議論の混乱の一因になっている。

では、実際に、「財源と給付の内訳」（２００９年度末時点）について、民間被用者が加入し最大の公的年金制度である厚生年金を例に見てみよう（図表４－１）。このなかで示されている保険料や給付は、２０１０年度から２１０５年度という96年間の間の保険料や給付が1つずつ現在価値に換算され合計されたものである。つまり、おおむね１００年間で、収入と支出のバランスがとれているか否かを計算していることになる。

財源１６６０兆円の内訳は、保険料１１９０兆円、基礎年金拠出金に対する国庫負担３３０兆円、積立金の取り崩しと運用収入（＝２００９年度末残高[2]）１４０兆円と推計されている。ここで基礎年金拠出金とは、次章（第５章）で詳しく述べるが、年金特別会計厚生年金勘定、国民年金勘定、お

2　より正確には、２１０５年度末に残る積立金残高を差し引いた残りの額。

よび国家公務員や地方公務員などの共済組合から基礎年金勘定に拠出される「お金」で、基礎年金の財源となっている。それに対する国庫負担とは、基礎年金拠出金の2分の1を一般会計が負担するというものである。国庫負担はその内訳として、過去期間に係わる分（過去期間分）と将来期間に係わる分（将来期間分）に分けられているが、この過去期間分と将来期間分の意味は後述する。

一方、給付の規模は財源と同じ1660兆円と推計されている。給付の内訳は、図表4－1のなかで垂直に引かれた点線で示している通り、国庫負担における分類同様に、過去期間に係る分（過去期間分）と、将来期間に係る分（将来期間分）とに分けられており、それぞれ830兆円となっている。これは、制度清算（plan termination）基準に基づいている。

制度清算基準とは、ある時点で年金制度を清算すると仮定した場合の基準である。仮に、2009年度末時点で年金制度を清算したとしよう。しかし、この場合でも、2009年度末までに、すでに加入者から政府に対して保険料が払い込まれている（＝給付義務の発生原因）のであれば、政府はそれに応じた給付をほごにすることはできない。これが「過去期間分」である。このように、ここで「過去」とは、給付時点を指しているのではなく、保険料が払い込まれた時点を指している。政府は、すでに支払われた保険料に対応する給付を2010年度以降に毎年の年金給付として支払っていくことになる（金額は過去期間分だけなので、制度が存続する場合の一部にとどまる）。こうした給付義務が発生する原因は、政府が公的年金の保険料を、負担と給付の明確な対応関係を標榜する社会保険料として受け入れているためである。過去期間分の金額は、「財源と給付の内訳」によれば、現在価

図表4-1 財源と給付の内訳（厚生年金）

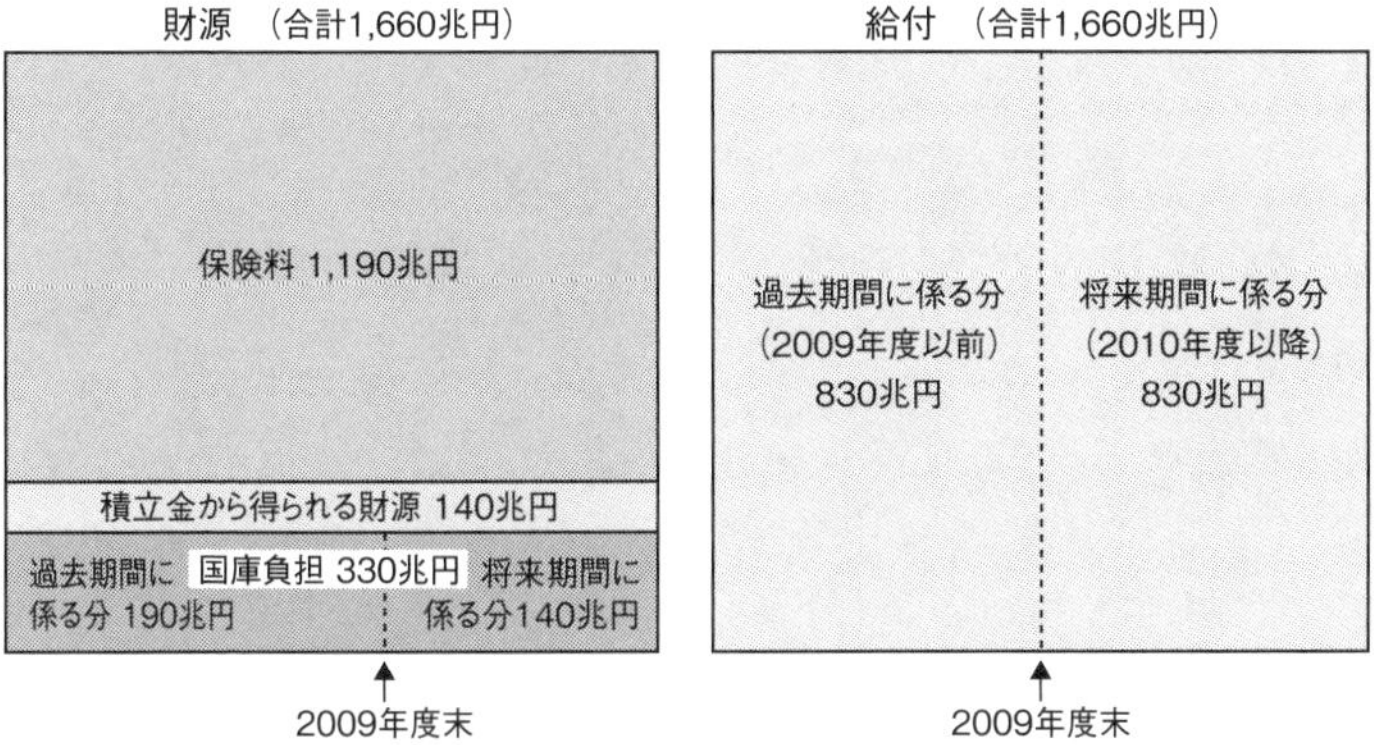

（資料）厚生労働省年金局数理課「平成21年財政検証結果レポート」P352の図表を一部筆者修正。
（注１）長期的な経済前提は、賃金上昇率2.5%、物価上昇率1.0%、運用利回り4.1%としている。
（注２）2010年度から2105年度末までの収支を計算して合算している。

値に換算して８３０兆円となる。

他方、将来期間分とは、想定上の制度清算時点（この場合は２００９年度末）以降に、加入者から支払われるであろう保険料に対する将来の給付である。「財源と給付の内訳」によれば、その金額は現在価値で８３０兆円である。制度が清算されれば、加入者から保険料が支払われることもないので、もとより将来期間分の８３０兆円はなくなる。制度が清算されれば、政府の義務でも何でもないのである。

すると、もし、年金制度が清算されてしまえば、政府に支払い義務が残るのは過去期間分８３０兆円である。他方、その時点で財源として確保されているのは、積立金１４０兆円だけであり、これでは過去期間分の８３０兆円には全く足りないこととなる。

もっとも、このように国庫負担と給付の分類に関して制度清算基準が用いられてはいるものの、実際には、制度を清算することは想定されていない。「財源と給付の内訳」では、2010年度以降発生する保険料の全て1190兆円を財源と見込んでいることなどから、財源と給付はそれぞれ1660兆円で一致するように作成されている。「100年安心」という論理は、2009年の財政検証においても引き続き成り立っているように見える。

「財源と給付の内訳」の問題点

しかし、「概ね100年間の年金給付費の財源は確保されて」いるというこうした見解とその根拠である「財源と給付の内訳」は、主に次のような理由から、額面通りには受け入れられない。

第1に、野党時代の民主党をはじめ多方面から批判されてきたように、「財源と給付の内訳」を計算する際に使った長期的な経済前提に疑問がある。今後約100年間の積立金の運用利回りが4・1%、賃金上昇率が2・5%など現実と乖離した前提で試算されているからである。

第2に、保険料1190兆円が財源として計上されているが、そこには現行制度にコミットしていない将来の加入者が支払う分も含まれている。公的年金制度の加入者は、時間軸を現在から将来に向け、かつ、世代に着目すると、現在の加入者と将来の加入者との2つに大きく分けることができる。現在の加入者とは、現時点（財源と給付の内訳の作成基準時点である2009年度末時点）で公的年金への加入義務がある20歳以上の国民を指している。これに対し、将来の加入者とは、2010年度から2105年度の間に加入者になることが予想されている人々である。すなわち現時点で20歳未満の国民およびこれから生まれてくる子どもである[3]。

「財源と給付の内訳」の保険料１１９０兆円には、内訳が示されていないものの、現在の加入者が支払う分のみならず、将来の加入者が支払うであろう分も計上されており、川瀬・木村［２００９］によれば、彼ら独自に試算した保険料１２０８・１兆円（厚生労働省試算１１９０兆円に相当）のうち、現在の加入者が支払う分は５２９・９兆円、将来の加入者が支払う分は６７８・２兆円と推計されている。将来の加入者が支払う分が現在の加入者が支払う分よりも１４８・３兆円多い。ここで、将来の加入者が支払うであろうと書いたのは、支払われることが、現在の加入者の予想、期待、もっといえば願望に過ぎないからである。将来の加入者が、現行制度にそっぽを向いて保険料を支払わない、あるいは、そもそも保険料負担が重すぎて支払えないということを想定しておかなければならない。

加えて、推計の精度を考えた場合、既に年金制度に加入している現在の加入者と、まだ生まれていない子どもまでをも含むような将来の加入者とを同列に論じることは適切でない。もし、想定以上に将来も少子化が進めば、そもそも将来の加入者の人数は、予測よりも大幅に少なくなってしまう可能性もある。人数の面からも、将来の加入者については、明らかに予測精度は落ちる。このように、「財源と給付の内訳」における保険料１１９０兆円、とりわけ将来の加入者が支払うであろう部分（川瀬・木村推計で６７８・２兆円）については、財源として「確保されている」とは決していえない。

3　ここで用いている「現在の加入者」、「将来の加入者」の用語は、本章第２節における現在の加入者（current participants=closed group）、将来の加入者（future participants）と同義である。

第3に、マクロ経済スライドが順調に機能するという前提が置かれていることが挙げられる。「財源と給付の内訳」の給付額1660兆円の算出には、2004年の年金改正で導入された給付抑制の仕組みであるマクロ経済スライドが2012年度から機能し始め、2038年度に終了するとの前提が使われている。マクロ経済スライドが働く効果として、それがなかった場合に比べて、給付額が約15％抑制されると試算されている。

しかし、マクロ経済スライドは、継続的な物価および賃金の上昇があって初めて機能する仕組みであり、昨今の情勢から判断して順調に機能する保証はない。さらに、ここでの2012年度開始、2038年度終了というシナリオでは、期間中毎年度マクロ経済スライドが機能することになっている。つまり、この期間中の物価や賃金の上昇幅は毎年一定程度以上であり、1年も途切れることがないと仮定されている。しかし、現実には、物価や賃金は横ばいだったり、下降することもある。マクロ経済スライドは、いつ始まるとも知れず、いつ終わるとも知れない仕組みである。この点は、後に改めて論じたい。

第4に、「財源と給付の内訳」に国庫負担330兆円が財源として単純に計上されているように、一般会計との関連性が乏しいことがある。国庫負担とはいっても、所詮それは国民の負担する税でしかない。しかも、現在、その多くは赤字国債すなわち将来世代への負担のツケ回しで賄われており、そうした事態脱却の道筋も見えていない。年金財政という政府の一部門だけを見て、「国庫負担」が財源として確保されていると喜んでみたところで、その裏では、一般会計で国債が積み上がっている。

一般会計と年金特別会計を連結すれば、一般会計から年金特別会計への支払い義務である国庫負担330兆円と年金特別会計の財源である国庫負担330兆円は相殺されてなくなってしまう[4]。

第5に、継続的な情報開示の方法として、「財源と給付の内訳」において、現在用いられている制度清算基準が適当かという点である。政府が公的年金制度の清算を視野に入れているならばともかく、現行制度を続けていくのであれば、それに適した情報開示の方法が模索されるべきであろう。また、情報開示の問題点として次の2点も指摘できる。1つは、前回2004年改正時の「財源と給付の内訳」との継続性が乏しいことである。もう1つは、財政検証において「財源と給付の内訳」とともに公開されている「世代間の給付と負担」との整合性が取れていないことである[5]。

公的年金会計の不在

このように、「100年安心」という見解を額面通り受け取る訳にいかず、その根拠である「財源と給付の内訳」には問題が多いことが分かった。ところで、運用利回り4・1％、賃金上昇率2・5％など現実と乖離した経済前提を使うことは、試算結果の信頼性にかかわる重要な問題だが、会計の問題と分類できる。また、将来の加入者の見込みについても大きな問題だが、やはり会計の課題である。

4　日本の財務省の「国の財務書類」をみると、貸借対照表の負債に「公的年金預かり金」として厚生年金と国民年金の積立金相当額140兆5850億円が負債として計上されている（平成19年度）。

5　詳しくは、鈴木［2009］などを参照。

一般会計の財政状況が一層深刻化するなかで、年金財政のみが100年安心などということはあり得ないが、一般会計と年金財政（具体的には年金特別会計）の連結についても、まさに会計の重要課題である。

今後、年金制度改革の議論を進めるにあたり、与野党および国民の間で、公的年金財政の現状と将来に関する共通認識（会計結果）を作成する必要がある。そのためには、原則に基づく公的年金会計基準の確立、基準に則った年金財政の将来推計の作成、一般会計との連結などが不可欠となる。かつ、それは、専門家ではない一般国民にも容易に理解できるものではなくてはならない。こうした問題意識を念頭に、次に、米国の社会保険会計（Social Insurance Accounting）の事例を見てみたい。

2 米国の社会保険会計（Social Insurance Accounting）6

連邦連結財務諸表の概要

米国の公的年金（ＯＡＳＤＩ：Old Age Survivor and Disability Insurance）をはじめ、メディケア

6 （謝辞）この節と次節の執筆は、日本大学経済学部今福愛志教授が、ＦＡＳＡＢの報告書を読むように薦めて下さったのがきっかけである。その後も丁寧なご指導を賜った。記して感謝申し上げたい。もちろん、本書に誤りがあるとすれば、著者の責任である。

図表4-2 米国連邦連結財務諸表の構成

- A Message from the Secretary of the Treasury
- A Citizen's Guide to the Financial Report of the U.S. Government
- Management's Discussion and Analysis
- Statement of the Acting Comptroller General of the United States
- Financial Statements
- Notes to the Financial Statements
- Supplemental Information (Unaudited)
- Stewardship Information (Unaudited)
- Appendix
- Government Accountability Office Auditor's Report

主に二重下線（＿＿）の文書に社会保険の情報が含まれる。

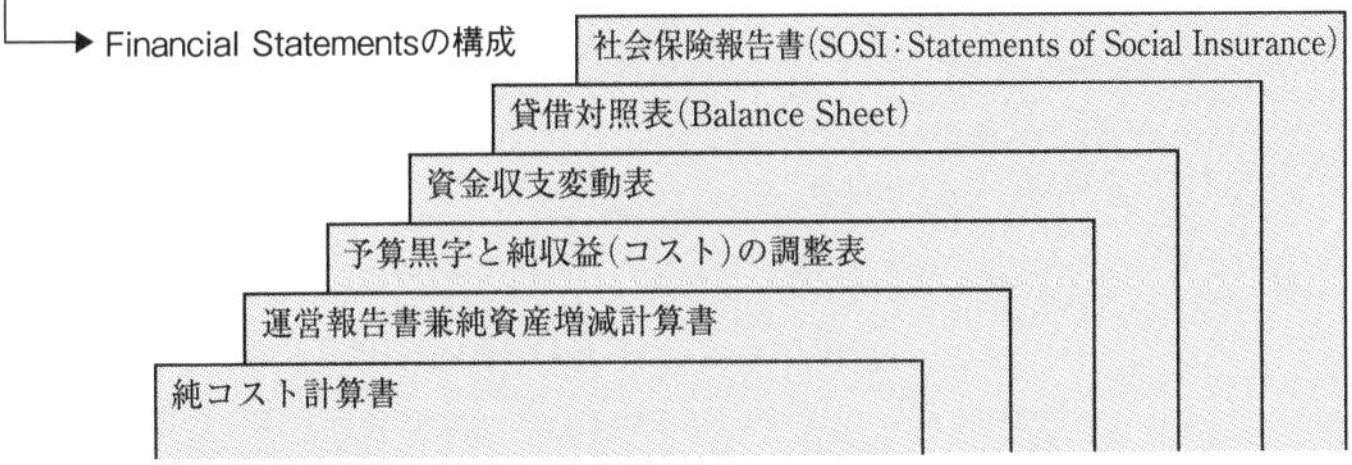

（資料）筆者作成。

（65歳以上を対象とした米連邦政府の健康保険）、鉄道職員年金保険など5つの社会保険に関する実績および将来予測情報は、米・社会保障庁の「OASDIトラスティ・レポート（OASDI Trustees Report）」や米・財務省の「連邦連結財務諸表（Financial Report of the United States Government）」に詳細に開示されている（図表4－2）。米・社会保障庁は、日本でいえば厚生労働省および日本年金機構に相当する。なお、本章では、公的年金に焦点を絞り、メディケアについては、第6章で述べる。米国の公的年金財政は、賦課方式を基本としつつも、準備金として積立金を持つ点において日本の年金財政とよく似ている。

米・財務省が公表する連邦連結財務諸

表には、様々な書類があるが、なかでも純コスト計算書、貸借対照表など6つの基本書類（Financial Statements）が重要である。この6つの基本書類の1つに社会保険報告書（SOSI：Statements of Social Insurance）があり、米国の社会保険に関する財政状況が把握できる。SOSIには、他の基本書類と同様に、GAO（Government Accountability Office）の監査が付けられている。

社会保険に関しては、ほかにも補足的情報（Supplemental Information）に情報が盛り込まれている。例えば、今後75年間におけるキャッシュ・フローの見通しや、被保険者と受給者の比率の見通し、人口や経済の前提を変えた場合の年金財政の影響を測る感度分析が掲載されている[7]。ここで75年間は、年金財政の将来推計の対象期間である。この補足的情報における情報開示の内容は、「OASDIトラスティ・レポート」とも共通している。

こうした連邦連結財務諸表は、連邦会計基準諮問委員会（FASAB：Federal Accounting Standards Advisory Board）による各種概念書に基づいて作成されている。社会保険に関しては、1999年に概念書第17号（Accounting for Social Insurance）が公表されており、以降も、社会保険会計のあり方について議論が重ねられている。なお、FASABは、米・財務省、行政予算管理局（OMB）、および、GAOの下部組織である。

7　Cashflow Projections, Ratio of Contributors to Beneficiaries, Sensitivity Analysisの訳。

図表4-3 世代に着目した米国公的年金制度加入者の分類

現在の加入者（受給資格年齢到達者）	closed group	open group
現在の加入者（〃未到達者）		
将来の加入者		

（資料）筆者作成。

社会保険報告書（SOSI）

SOSIは、「世代」に着目して作成されている。公的年金制度の加入者には、大きく2つに分けて、現行制度にコミットしている現在の加入者とコミットしていない将来の加入者がいる。現在の加入者はクローズド・グループ（closed group）、現在の加入者と将来の加入者の合計はオープン・グループ（open group）と呼ばれる。SOSIでは、現在の加入者について、さらに受給資格年齢到達者と未到達者の2つに分けている（図表4－3）。受給資格年齢到達者、未到達者は、それぞれ、年金受給者と現役の加入者に該当する。将来の加入者は、米国の公的年金制度の加入資格年齢である16歳に到達していない子ども、および、これから生まれてくる子どもである。

SOSIは、制度の運営主体である米連邦政府が、今後75年間に、それぞれ（前述の分類）の加入者から受け入れる収入（社会保障税）と給付の現在価値の和を示している（図表4－4）。具体的な推計値を、まず、受給資格年齢到達者から見ていくと、２０１０年度、政府が今後75年間に彼らから受け取る収入は０・７兆ドルである。これは、年金給付に対して課税される税収が、再び給付原資に繰り入れられるものである。一方、給付はそれを大幅に上回る８・１兆ドルであり、政府側から見れば、差し引き７・４兆ドルの

図表4-4 社会保険報告書（SOSI：Statements of Social Insurance）

（兆ドル）

公的年金（OASDI）		2010年	2009年
収入（社会保障税）	現在の加入者（受給資格年齢到達者）	0.7	0.6
	現在の加入者（　〃　未到達者）	19.9	18.6
	将来の加入者	19.5	18.1
	合計	40.1	37.2
給付	現在の加入者（受給資格年齢到達者）	8.1	7.5
	現在の加入者（　〃　未到達者）	32.2	30.2
	将来の加入者	7.7	7.2
	合計	48.1	44.9
収入－給付（＝open group measure）		**－7.9**	**－7.7**

（資料）'2010 Financial Report of the United States Government' より抜粋。
（注）closed group measureは次のように計算可能。現在の加入者の収入－給付＝**－19.7兆**ドル。

マイナスとなっている。

次に、受給資格年齢未到達者について見ると、同様に19・9兆ドルの収入（社会保障税）に対し、32・2兆ドルの給付がある。差し引き12・3兆ドルのマイナスとなっている。これら現在の加入者（closed group）に関する収入と給付の差額合計は、マイナス19・7兆ドルに達する（図表4－4の注）。この尺度をCGM（closed group measure）という。さらに、将来の加入者について見てみると、収入（社会保障税）19・5兆ドルに対し、給付はそれを大幅に下回る7・7兆ドルであり、差額はプラス11・8兆ドルとなっている。

すなわち、CGMはマイナス19・7兆ドルなので、このままでは困る。そこで将来の加入者分のプラス11・8兆ドルが移転され、埋め合わせに使われることになる。もっとも、それでもなおCGMを全て埋め合わせるためには、7・9兆ドルが不足している。この尺度をOGM（open group measure）という（図表4－4の最終行）。仮に、OGMのマイナス分について、現行12・4％の社会保障税率を将来的に引き上げて賄うとすれば、これも将来の加入者の負担としてのしかかってくる。

SOSIからは、次のようなことが読み取れる。現在の加入者は、自分たちの支払う社会保障税だけでは自分たちの給付を賄うことができず、将来の加入者が支払ってくれる（と予想される）社会保障税に大きく依存する。しかも、その規模は19・7兆ドルに達している。ただ、将来の加入者が支払ってくれるというのは現在の加入者の予想、期待、もっといえば願望にすぎず、もし、将来の加入者が、米国の公的年金制度にそっぽを向いて加入しなければ、あるいは、社会保障税を予測額通りに支払ってくれなければ、現在の加入者は、CGMの全部か一部に相当する給付を受け取れない。

SOSIを踏まえた「財源と給付の内訳」の再評価

こうしたSOSIと、日本政府による「財源と給付の内訳」とを照らし合わせると、日本側に決定的に欠ける要素としてCGMがある。「財源と給付の内訳」では、現在の加入者が、現行制度にコミットしていない将来の加入者にどれほど依存しているのかが明確でない。対するSOSIには、CGMがあり、FASABも述べるように、これが現在の加入者の給付のために将来の加入者が負う「財政的負担の合理的な推計値」になっている（FASAB[1999], P36）。また、「財源と給付の内訳」の表示形式は、FASABのような独立した別組織が予め定めたものではなく、年金制度の管理者であり年金財政の情報開示者でもある厚生労働省が独自に決めている。このため、情報開示の表示形式が適切か否か、どのような含意を持つ数値なのかが明確ではない。

図表4-5 ● 厚生労働省による賦課方式の概念図

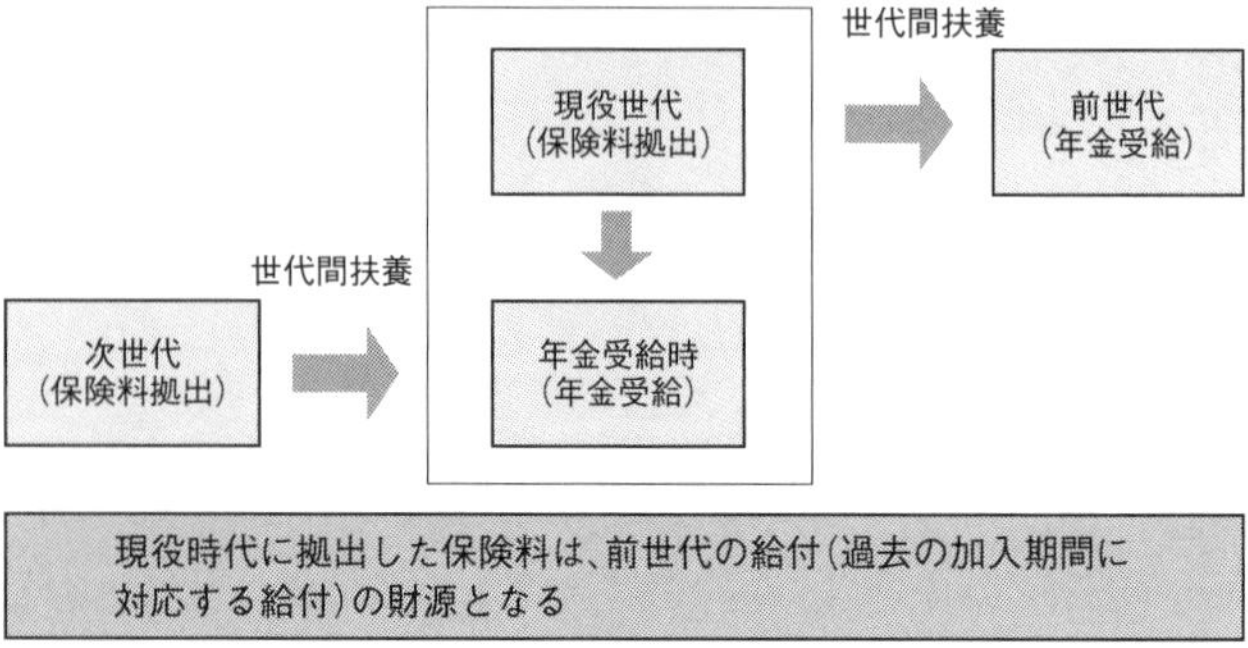

（資料）第15回社会保障審議会年金部会（平成21年5月26日）資料3-1、P17。

「財源と給付の内訳」は、公的年金制度が世代間扶養で成り立っているという公的年金制度の本質を国民に伝え切れていないという問題もある。日本政府は、図表４－５のような概念図を用いて賦課方式の仕組みを次のように説明している。

「世代間扶養の賦課方式を基本とする年金制度は、受給世代の年金給付費をその時の現役世代の保険料負担で賄う仕組みであり、現役世代の拠出した保険料はそのまま自分の将来の年金給付費の原資となるものではない。すなわち、これから先のどの世代についても、現役時代に負担する保険料は、前世代の給付（過去期間に対応する給付）の財源となり、受給者となったときの年金給付費は、次世代の保険料負担で賄われることとなる」（第15回社会保障審議会年金部会資料３－１、14ページ）。

この説明および図表４－５は、まさに現行年金制度の財政方式を的確に説明しているが、図表４－１として示した「財源と給付の内訳」は世代に着目して作成されていないため、厚生労働省のいう世代間扶養の様子が具体的な財政上の金額として表れてこない。もし、日本でも米国のＳＯＳＩのような表示形式とすれば、厚生労働省の賦課方式に関する説明が数値を伴って実感できるようになるであろう。

3 米国の社会保険会計に関する近年の議論と日本

1999年のオン・バランス化に関する議論

ＳＯＳＩは連邦連結財務諸表の６つの基本書類のうちの１つとされているが、同様に６つのうちの１つである貸借対照表との関係は明確ではなく、米国ではこの整合性について長く議論の対象となってきた。現在も、社会保険に関し、発生主義に基づいて、貸借対照表に負債が計上されている。もっとも、その負債認識基準はごく狭く、due and payable基準、すなわち、貸借対照表作成時点において、年齢、加入期間（40四半期以上必要）など全ての受給要件を満たし、給付日が決まっていて、給付が未済のものに限られている。その額をみると、貸借対照表の負債のうち、社会保険としての負債は１６４３億ドルにすぎず、ＣＧＭのマイナス19・７兆ドルや連邦債９兆６００億ドルなどと比較して、僅かな金額でしかない。

このように貸借対照表には、社会保険に関して極めて狭い範囲でしか負債計上されていない。一方、

SOSIには、CGMが19・7兆ドル計上されており、CGMが将来の加入者の財政的負担であるという性格などを考えれば、これを貸借対照表に負債として計上すべきであるという見解が、連邦財務会計基準書（SFFAS：Statements of Federal Financial Accounting Standards）第17号作成時より提示されてきた。専門家の見解も計上すべきという意見（以下オン・バランス派と呼ぶ）、それに反対する意見（オフ・バランス派と呼ぶ）との2つに分かれ、結論が出ないままになっていた。なお、オフ・バランス派の見解には、CGMよりもOGMを重視すべきであるという見解も含まれている。

それぞれの主張の主な根拠について、先ず、オン・バランス派は、次の通りである。

- 社会保険は次のような第1から第5の特徴を持っており、そうした特徴が、政府には給付義務を、国民には期待をもたらしている。

第1、生活保護などと異なり、社会保険には、社会保障税の負担と給付の交換取引であるという「拠出原則」の本質がある。

第2、そうした拠出原則のもと、加入者には既に加入期間を積み上げてきている。

第3、政府が運営している。

第4、給付が法律で定められている。

第5、年金積立金を管理運用する信託基金のような特別会計の存在がある。

- CGMは、社会保険が内包している世代間の移転の指標となっており、CGMを報告しないことは、制度を実態より良く見せる結果になる。

・貸借対照表に負債を認識しないということは、それが支払われないということに他ならない。

次に、オフ・バランス派の根拠を列挙すると、主に次の通りである。

・社会保険は、交換取引ではなく、主に社会保障税という強制的な目的税、あるいは、ときには政府の一般歳入で賄われる所得移転である。

・年金給付は、政治的な約束であることが本質であり[8]、その約束は、年金財政の数理的均衡を維持するために議会によって変更され得る。実際にこれまでも行われてきた。また、負債として確定してしまっては、数理的均衡を維持するための余地も狭められてしまう。

・年金給付は、このように議会によって変更が可能であり、かつ、将来の経済や人口の仮定のもとに計算されており、貸借対照表上の債務として認識するには不確実である。

・CGMという指標は、社会保険が賦課方式で財源調達されていることを無視し、将来の加入者の支払う目的税を除外しており、それが、連邦債残高を上回る膨大な現在価値となって表れ、専門家ではない人を不必要に不安に陥れる。

このように、オン・バランス派とオフ・バランス派とでは、主に、社会保険の本質の捉え方の違い、加入者の社会保険に対する期待の認識の差、および、世代への着目の程度などによって、見解が分かれている。SOSIでオープン・グループとその内数という形でクローズド・グループを示すのは、

8　原文ではpolitical commitmentという表現になっている。

こうした対立する見解の妥協の意味もあるとＦＡＳＡＢ［１９９９］で述べられている。

２００６年の予備的見解と２００８年の公開草案

このように、ＳＯＳＩは、合意の見出しにくい２つの見解の妥協という意味もあったことから、２００６年10月、ＦＡＳＡＢは「社会保険会計――予備的見解」を公表した。そこでも、統一的見解が示されている訳ではなく、プライマリー・ビューとオルタナティブ・ビューの２つの見解が示され、広く政府内外の意見が求められる形になっている。

このプライマリー・ビューは、負債認識の範囲をＳＦＦＡＳ第17号におけるdue and payable基準よりも拡大して貸借対照表に掲載すべきとの立場である（オン・バランス派）。対するオルタナティブ・ビューは、ＳＦＦＡＳ第17号を尊重し、負債として計上すべきではないという立場である（オフ・バランス派）。全体ではオン・バランス派の見解が前面に出ている。

ただ、このプライマリー・ビューは、ＣＧＭをそのまま債務として貸借対照表に計上するというのではない。ＳＯＳＩの現在の加入者への給付を、実際に政府にとって負債となっているか否か、一定の基準に基づいて分類し、政府の負債となっている部分のみを計上することを提案している（図表４－６）。分類基準として、米国において年金受給権が発生する40四半期加入を満たしているか否かが用いられている。この基準を用いると、現在の加入者のうち、受給資格年齢到達者への給付５・４兆ドルは、全額政府の負債となる。加えて、受給資格年齢未到達者については、既に保険料の払い込み

図表4-6 社会保険会計ー予備的見解のプライマリー・ビューによる提案

公的年金（OASDI）2005年データ　　（兆ドル）

収入	現在の加入者（受給資格年齢到達者）	a	0.5
	現在の加入者（　〃　未到達者）	b	15.3
	将来の加入者	c	13.7
	合計	d=a+b+c	29.5
給付（過去期間に係わる分）	現在の加入者（受給資格年齢到達者）	e	5.4
	現在の加入者（　〃　未到達者のうち40四半期到達者）	f	9.0
	小計（現在の加入者の既発生債務〈liability〉）	g=e+f	14.4
	現在の加入者（　〃　未到達者のうち40四半期未到達者）	h	3.0
	小計（既発生給付義務〈obligation〉）	i=g+h	17.4
（将来期間に係わる分）	現在の加入者	j	12.0
	将来の加入者	k	5.8
	合計	ℓ=i+j+k	35.2
収入ー給付		m=d−ℓ	**−5.7**

（資料）FASAB ‘Accounting for Social Insurance , Revised’ P102より著者作成。

が行われている（過去期間に係わる）分のうち、40四半期以上の加入を満たしている者への給付のみが政府の負債となる。図表中でみると、それは9・0兆ドルである。合計14・4兆ドルがすでに発生している政府の負債となる。

こうしたプライマリー・ビューの計算方法は、これまでのCGMをそのまま負債計上する、あるいは一切負債計上しないという、これまでの見解に比べ、より精緻になっている。しかし、オフ・バランス派の合意を得るには至らなかった。

そこで、FASABは2008年11月、公開草案（Exposure Draft）を改めて公表した。公開草案では、CGMを重視していく姿勢を堅持しつつも、それを貸借対照表に負債として計上するのではなく、コミットメント（commitment）という新しい概念を設けて、負債の下に表記することを提案した。加えて、SOSIとは別に、CGMの前年度増減要因分析表を設けることも提案された。この表では、将来推計人口の変更による増減、経済前提の変更による増減、法律の変更による増減、方法の変更による増減、その他要因別に増減が示されることになる。

日本の議論との比較

米国の議論には次のような特徴がある。第1に、米国では、社会保険会計に関する基準（概念書第17号）を公会計の一環としてFASABという組織が作成し、それに基づいて、連邦連結財務諸表のなかで情報開示をしている。一方、日本の公会計は財務省の財政制度等審議会が取り扱っているが、公的年金に関する情報開示に直接深く関与している形跡は見られない。

第2に、米国では、政府内の異なる見解をそれぞれ尊重し、SOSIのようにその時点での解決策を見出そうとしている。実際、オン・バランス派、オフ・バランス派それぞれの見解は、日本の年金制度をめぐる議論のなかでもよく見られるものである。ところが、日本の場合では、制度の運営者と情報開示者が同一であることが多く、異なる意見が出にくい土壌がある。公的年金に関していえば、厚生労働省は年金制度の運営者であり、同時に年金制度・財政に関する情報提供者でもある。極端な例をいえば、もし、厚生労働省が「世代間格差論」が先鋭化することを恐れて、これを「単なる損得論」だと切り捨ててしまえば、政府内ではもはやそれ以上の議論は起こりにくい。さらに、世代間格差に関する有効な数値は政府から開示されなくなり、国民からも実態が見えなくなる恐れがある。

第3に、米国では、会計基準を考える際に、公的年金の運営主体である政府について、その特質が洗い出されている。例えば、政府は徴税権を持っており、給付額は議会によって事後的に削減可能でもある。このような場合、資産や負債はどのように計上されるべきかといった議論が展開されている。

4 日本の課題と方向性

日本でも、公的年金の制度・財政について、与野党間の議論を深めるために、あるいは、国民の理解を深めるために、公的年金に関する一定の会計基準を作る必要があろう。しかし、会計基準を作るとしても、まずは国民のコンセンサスを得た原則論が必要であろう。以下では、とりわけ昨今の議論で欠けていると思われる点を中心に、会計基準作りに関する提言を示す。

提言（1）　年金財政論は避けられない

いかなる年金制度を構築しようとも、年金財政の議論は避けて通れない。新しい制度が、民主党が主張してきたような所得比例年金と最低保障年金の組合せになろうとも、あるいは、いわゆる基礎年金の税方式になろうとも、少子高齢化の進行と低成長経済への移行という厳しい日本の環境下では、いかに年金財政を持続可能なものとしていくかといった年金財政の課題を避けて通ることはできない。

実際、２００４年改正までの厚生労働省主導の年金改正においては、年金財政への取り組みこそが主要課題とされてきた。例えば、２００４年改正を目前とした２００３年、厚生労働省は次のように述べている。「２００４年改正では、いずれの制度体系でも必要となる給付と負担の見直しを、現行制度体系の下で行うこととにより、制度の安定化を図ることとする。長期的な制度体系のあり方については、（中略）、議論を継続していく」（厚生労働省［２００３］５ページ）。

これに対し、最近の年金制度改革の議論では、これまで俎上に上ることのあまりなかった制度体系に焦点が当てられている。制度体系を考えること自体は評価されるが、他方、年金財政については全く取り上げられなくなっている。もし、年金財政を課題とすれば、給付抑制や負担増など国民にとって耳の痛い話が出てくることは避けられない。しかし、政治はこの課題から逃れてはいけない。

提言（2）世代の視点を持て

「世代」への着目が不可欠である。厚生労働省は、財政検証の一環として「世代ごとの負担と給付」の試算を行ったが、その結果は「2・3倍もらえる年金」といった現実離れした内容に陥っている（第1章）。また、世代ごとの負担と給付の格差（世代間格差）に立脚した議論を「損得論」として切り捨て、否定的なスタンスをとり続けている（例えば厚生労働省年金局数理課［２０１０］３４２ページ）。「損得」という言葉には、お金に執着する卑しい人間といった語感があり、慎み深い人などは、「損得論」といわれれば、これ以上声高にいうべきではないと発言を控えてしまうかもしれない。

しかし、世代への着目は「損得」といった狭小なものではない。米国のSOSIのような形式でも、日本の「世代ごとの負担と給付」形式でも構わない。賦課方式を基本とする年金という制度の特性上、世代に着目して、世代間の移転を数値で把握し、将来世代の負担を可能な限り抑制していく必要がある。世代間の公平性の確保は、賦課方式という財政方式への国民的理解や、賦課方式の年金財政を中長期的に持続可能なものとするためには欠かせない。もっとも、先に2・3倍という結果を算出した厚生労働省の現行の試算方法は早急に改めることが必要である。

提言（3）マクロ経済スライドの検証と改正

2004年の年金改正、とりわけその柱となった「マクロ経済スライド」の検証と見直しが必要である。マクロ経済スライドの本質は、その適用期間が定義されておらず、年金財政が安定する見通しが立つまで適用するとなっていることにある。例えば、2004年改正時の政府見通しでは、マクロ経済スライドによる調整期間（スライド調整期間）は2023年までと示されていた。しかし、これはあくまで試算にすぎない。当時の政府予想を超える少子高齢化の進行や賃金・物価の低迷があれば、年金財政はさらにダメージを受けて、マクロ経済スライドの調整期間はその分延長される。また、デフレによって発動遅延が起きると、さらに調整期間そのものが未来方向にずれる。

これまでマクロ経済スライドは、その仕組みの複雑さや実態をオブラートに包んだ政府の広報故に「期間限定の自動的な給付抑制機能」という誤解を与えてきた。専門家でさえも誤解していることがある。しかし、実際には発動は遅れている。このままでは、ますます将来世代に負担を強いることになる。早急にマクロ経済スライドを検証し、より合理的な仕組みに改めることが不可欠である。

会計基準を作成して2009年財政検証をやり直せ

これら3つの視点を持った上で、日本においても社会保険会計基準の作成を進め、新しく作成した基準のもとで2009年財政検証をやり直す必要がある。2009年財政検証の問題点は、第1に、野党時代の民主党が強く批判してきたように、経済前提が現実の経済と乖離しており、その結果、試算結果の信頼性が乏しいことにある。第2に、「財源と給付の内訳」がいわばOGMの観点からだけで作成されているように、現行制度の理解や政策判断などに必要な情報が提供し切れていないことにある。したがって、財政検証のやり直しは、単に経済前提を現実の経済に即したものに置き換えるだけでなく、CGMの追加や一般会計と年金特別会計の連結情報など、提供情報の刷新と拡充が欠かせない。

その際、肝要なのは、経済前提や提供されるべき内容について、民主党政権単独で決めるのではなく、与野党で協議し、事前に合意をしておくことである。そうすれば、数値そのものの解釈や信頼性を巡る与野党間の応酬で、国会の審議時間が浪費されるといった事態も避けられるであろう。今後も政権交代が起きる可能性は十分ある。たとえ政権交代が常態化しても、与野党合意のもとで実施された財政検証は、新政権にも引き継がれることになる。

第 5 章

年金制度——政治主導時代の年金制度改革

1 現行制度は2階建てではない

議論の出発点へ

現行の年金制度は政府の説明に反して、明確な2階建てにはなっていない。基礎年金は年金評論家の村上清氏が指摘したようにフィクションと捉えた方が実態に即している（村上［1993］）。この点を理解することこそ、年金制度改革の議論の出発点である。2階建てという認識のままでは、議論は空回りするだけだ。

正しく理解するためには、年金制度の歴史を振り返るのが有効である。日本の年金制度は、厚生年金、共済年金、国民年金が個々に成立してきた。まず、1944年に民間被用者を対象とした厚生年金が発足し、その後、国家公務員、地方公務員などの恩給がそれぞれ共済年金に転換していった。1961年には、自営業者や農林漁業者のために国民年金が創設された。これにより一応、国民皆年金が達成された。「一応」と断り書きが付くのは、この時点では、専業主婦の妻は国民年金への任意加入だったからである。

その後、1970年代になると、こうした制度の分立に対して、就業構造の変化に弱く、官民格差が制度間の公平性を損ねているといったデメリットが指摘されるようになり、全国民共通の年金を設けようとの機運が出てきた。1977年には、総理府（当時）の社会保障制度審議会が2階建て年金構想を提案した。まず全国民共通の年金として基本年金（基礎ではない）を設け、財源には現在の消費税に類似した付加価値税（所得型付加価値税）を新設して充て、その上に、既存の厚生、共済、国民各年金を上乗せするという内容だった。上乗せされる各年金の財源は社会保険料とされた。まさに２階建てである。

ところが、新税の創設を伴う２階建て年金構想に消極的であったとされる厚生省（当時）は、別途検討を進めた。そうして出した結論は、表向きは社会保障制度審議会の構想に似て見えるものの、実態は似て非なるものであった。厚生省案では、１階部分として全国民共通の基礎年金を設けるとしたが、その財源については、独自に手当てすることはせず、新たに設けた年金特別会計の基礎年金勘定に、厚生、共済、国民年金の各制度から拠出金を持ち寄らせることにした。これが、第１章で述べた基礎年金拠出金である。

こうして、１９８５年の年金法改正により、１９８６年から基礎年金が導入され、今日へと至っている。２階建て年金構想を提言した社会保障制度審議会の委員であった今井一男氏は、厚生省案を受けて、当時、次のように述べている。「名前を基礎年金とかえて、社会保障制度審の基本年金とマギらわしい名前を活用したわけです」（今井他［１９８５］）

崩れている負担と受益の対応関係

基礎年金の実態を具体的に見てみよう（図表５－１）。まず、厚生年金の加入者は、１９８６年の

図表5-1 ● 公的年金のキャッシュ・フロー（2008年度）

（兆円）

制度	収入	保険料	税(国庫負担等)	追加費用	運用収入	基礎年金交付金	積立金より受入	その他	支出	給付費	基礎年金拠出金	その他	収支残
厚生年金	36.4	22.7	5.4		1.8	1.9	3.4	1.3	36.1	22.7	13.3	0.1	0.3
国共済	2.0	1.0	0.2	0.4	0.2	0.1		0.1	2.2	1.7	0.4	0.1	**－0.2**
地共済	5.3	3.0	0.5	0.9	0.5	0.3		0.0	5.9	4.4	1.2	0.3	**－0.6**
私学共済	0.5	0.3	0.1		0.1	0.0		0.0	0.5	0.3	0.2	0.1	**－0.0**
国民年金	5.4	1.7	1.9		0.1	1.5	0.2	0.0	5.8	1.6	4.1	0.1	**－0.4**
合計	49.5	28.8	8.0	1.3	2.6	3.8	3.5	1.4	50.5	30.6	19.3	0.7	**－1.0**

勘定	収入	基礎年金拠出金	その他	支出	基礎年金給付	基礎年金交付金	収支残
基礎年金	20.8	19.3	1.6	19.3	15.4	3.8	1.6

（資料）社会保障審議会年金数理部会「公的年金財政状況報告2008年度」より筆者作成。

（注１）元資料における制度・勘定の名称について。厚生年金は年金特別会計（厚生年金勘定）。国共済は国家公務員共済組合。地共済は地方公務員共済組合。私学共済は私立学校教職員共済。国民年金は年金特別会計（国民年金勘定）。基礎年金は年金特別会計（基礎年金勘定）。

（注２）四捨五入により、合計は一致しない場合がある。

（注３）基礎年金交付金について。各制度の給付のうち、1986年4月の基礎年金発足前の給付で基礎年金に相当する部分を「みなし基礎年金」といい、その財源は基礎年金から各制度に支払われる基礎年金交付金である。しかし、そもそも基礎年金は各制度からの基礎年金拠出金を原資としている。このため、基礎年金交付金については、各制度の収入・支出双方から相殺しても、キャッシュ・フローの基本は変わらない。

基礎年金導入後も導入前と変わらず、厚生年金保険料（労使折半）を支払っている。2008年度の保険料総額は22・7兆円であり、企業など各事業所を通じて日本年金機構（旧社会保険庁）に納められる。このお金はもともと厚生年金の給付を賄うための保険料である。納められた資金は、年金特別会計（年金特会）を構成する6勘定のうちの1つである厚生年金勘定（図表5－1では厚生年金）で管理される。なお、年金特会は、内閣府が公表するSNA（国民経済計算）統計では、政府部門の１つである社会保障基金政府を構成している。

厚生年金の収入には、そのほか、基礎年金拠出金に対する国庫負担等（等とつけているのは厚生年金給付にも一部国庫負担があるため）５・４兆円、積立金の運用収入１・８兆円、積立金からの受け入れ３・４兆円がある。「受け入れ」というのは、積立金の「取り崩し」であり、収益ではない。本来は、赤字として計上されるべき性格のものである。

厚生年金の支出には、給付費22・７兆円のほかに、基礎年金拠出金13・３兆円などがある。基礎年金拠出金は、年金特会の基礎年金勘定に移転される。すなわち、加入者の支払った厚生年金保険料は、一般会計（ＳＮＡでいえば中央政府）からの税による拠出分（国庫負担）が加わった上で、厚生年金勘定と基礎年金勘定の２つに入金されるのである。

こうした流れは、収入には保険料以外の税金などが、支出には厚生年金の給付以外の拠出金が存在し、負担と受益の対応関係が明確な社会保険料という本来的姿からはほど遠い。85年改正は、負担と受益の対応関係を大きく崩したのだ。国家公務員共済組合（国共済）、地方公務員共済組合（地共済）、私立学校教職員共済（私学共済）も、厚生年金とほぼ同様の構造である。

ただ、国共済と地共済には、厚生年金とは異なる点がある。収入に「追加費用」として、それぞれ０・４兆円、０・９兆円が計上されていることである。何のことだか分かりにくい名称だが、これは、共済組合が、かつて恩給であった期間に対応する給付を税で賄っているものである。恩給は、年金のような保険料の反対給付ではなく、政府から退官した公務員に対して一方的に給付されるものである。

そこで、その期間に対応する給付については、いまも税でそれが賄われている。この追加費用に関しては、公務員優遇との批判がかねてよりある。そこで、自公政権時の2007年、厚生年金と共済年金を漸次統合する「被用者年金一元化法案」が提出（正確には、被用者年金制度の一元化等を図るための厚生年金保険法等の一部を改正する法律案、2007年4月13日提出）された際、そのなかに追加費用の一部削減が同時に盛り込まれた。しかし、この法案は審議入りされることすらなく、2009年には廃案となってしまった。民主党政権は今、年金一元化を掲げ、予算編成にも苦しんでいる。民主党政権はこの法案を利用し、一部を改善して自公両党に働きかければいいと思われるが、そうした動きは残念ながら見られない。

さて、国民年金加入者（任意加入の専業主婦は除く）は、1986年の基礎年金導入後も、導入前とは変わらずに、定額の国民年金保険料を日本年金機構に支払っている。集められた保険料は、年金特会の国民年金勘定（図表5－1では国民年金）で管理される。そして、国庫負担などと合算された上で、大部分が基礎年金拠出金として基礎年金勘定に移転される。国民年金加入者は、加入期間には国民年金保険料を支払うが、受給時になると基礎年金を受け取る。

このように整理してみると、厚生年金と共済年金は、国民年金（基礎年金）に上乗せされている訳ではないことが分かる。依然として日本の年金制度は、厚生、共済、国民各制度の分立を基本としており、基礎年金は制度というよりも単なる勘定（アカウント）、あるいは、給付される際の名称に過ぎない。こうした基礎年金を、村上氏はフィクションであると評し、続けて「いつかのある時点で、フィクションとリアリティが一体となるような、再度の見直しが必要となるのではないだろうか」と述べている。

基礎年金の舞台裏

ところで、各制度の拠出する基礎年金拠出金はどのように算定されるのだろうか（図表5－2）。以下、留意すべき3点を中心に説明する。

第1に、厚生、共済、国民年金各制度の拠出する基礎年金拠出金は、各制度の「対象者数」に応じて算定される。この対象者数は、正確には基礎年金拠出金算定対象者数という名称で呼ばれ、各制度の加入者数そのものではない。対象者1人当たりの拠出金の単価は同じで、対象者が多いほど拠出金は増える。第3号被保険者と位置付けられる被用者の専業主婦の妻（第3号被保険者）は、国民年金ではなく、夫の加入する厚生年金あるいは共済年金の対象者として算入される。

例えば、厚生年金制度でいえば、民間被用者本人（加入者）は3181万人、民間被用者を夫に持つ専業主婦（第3号被保険者）は919万人、合計4099万人が対象者数になる。だが、実際に保険料を負担しているのは3181万人だけである。

第2に、基礎年金拠出金の2分の1は、政府のいうところの国庫負担で賄われている。図表5－2に示した2008年度時点では、まだ2分の1ではなく、3分の1プラス1000分の32だった。対象者1人当たりの月額の拠出金単価（基礎年金拠出金単価）は約2万7000円、そのうち保険料で

図表5-2 ● 基礎年金拠出金の算定方法

制度	基礎年金拠出金算定対象者数（万人）				基礎年金拠出金単価（月額・円）		基礎年金拠出金（年額・兆円）
		（内訳）					
	（A）	第1号	第2号	第3号	（B）	うち保険料で賄われる分	（A×B×12カ月）
厚生年金	4,099		3,181	919	27,057	（17,172）	13.3
国共済	142		103	39	27,057	（17,172）	0.5
地共済	375		289	86	27,057	（17,172）	1.2
私学共済	52		42	10	27,057	（17,172）	0.2
国民年金	1,001	1,001			27,057	（17,172）	3.2
合計	5,669	1,001	3,615	1,053			18.4

（資料）第40回社会保障審議会年金数理部会資料2より筆者作成。2008年度確定値。
（注1）図表5－1の基礎年金拠出金19.3兆円は、08年度の概算値と過年度の清算額であり、08年度確定値とは異なる。
（注2）基礎年金拠出金単価のうち、国庫負担は単価×（1/3＋32/1000）で計算。単価から国庫負担分を差し引くと、保険料で賄われる分の金額が求められる。

賄われる分が約1万7000円、国庫負担分が約1万円である。国民年金保険料は、各制度の単価の保険料分と同水準（約1万7000円）に設定されている。この点は、後述する「月収（標準報酬）9万8000の壁」を理解する上で重要である。なお、国庫負担が2分の1となったのは、2009年度からであるが、いわゆる埋蔵金を利用して埋め合わせている状況は、第1章で指摘した通りである。

第3に、国民年金制度の対象者数を算出する場合には、同年金制度に加入していない未加入者や保険料の未納者は除かれ、さらに保険料の免除者は免除の程度に応じて割り引いて算入される。このためもあり、国民年金制度の加入者は約2001万人（2009年3月末現在）いるが、基礎年金拠出金算出のための対象者数は1001万人にとどまっている。

こうした公的年金のキャッシュ・フローにおけるいわば舞台裏の計算テクニックは、次章で述べる健康保険制度および介護保険制度でも共通して見られる。2009年11月にスタートした厚生労働省の高齢者医療制度改革会議では、拠出金（後期高齢者支援金）の算定方法を官僚が組み替え、財政力のありそうな制度からより多くの拠出金を引き出すことを「改革」と呼んでいる。官僚にとっては、舞台裏で拠出金をいじることこそが腕の見せ所なのかもしれない。しかし、一般の国民にはテクニカル過ぎて理解できない。しかも、社会保険料の負担と受益の対応関係はどんどん希薄化していくこととなる。こうしたやり方を改めることこそ、真の改革ではないだろうか。

2 制度上の諸問題の多くは基礎年金拠出金に起因

制度の分かりにくさと第3号被保険者

前節で述べたような複雑な年金制度の実態を理解しなければ、制度改革の議論はできない。複雑になっている原因の多くは、基礎年金拠出金に起因している。2階建てと思い込んでいる限り、問題点は見えてこない。まず、現行制度の分かりにくさを改善する必要があるだろう。国民年金と基礎年金の違いを知る人は少ない。「消えた５０００万件」など年金記録問題が起こったこと、その発見が遅れたことは、制度の分かりにくさと無縁ではないだろう。そもそも分かりにくい制度は国民に信頼されない。

現行制度には、第3号被保険者という問題もある。85年改正により、被用者の専業主婦の妻は、直接的な保険料負担なしに基礎年金を受給できるようになった。このこと自体は、家庭内労働の重要性への配慮や無年金者の発生防止などを考えれば、積極的に評価できる。しかし、その財源を考えると問題がある。本来、負担と受益の対応関係が明確であるはずの厚生年金保険料・共済年金保険料のなかに第3号被保険者の基礎年金拠出金が含まれている。このため、専業主婦とは関係のない単身世帯や共働き世帯に費用の一部がしわ寄せされている。

自営業者を夫に持つ専業主婦との不公平感もある。自営業者の専業主婦の妻には、第3号被保険者のような仕組みがない。同じ専業主婦であるにもかかわらず、夫の就業状況の違いで、年金制度上の扱いが異なることには疑問がある。さらに、第3号被保険者の仕組みが女性の就労意欲にマイナスの影響を与えている可能性も否定できない。フルに働いて給与から厚生年金保険料が天引きされるより、労働時間をほどほどに抑えて厚生年金の適用を受けず、第3号でいた方が良いと考える人もいるはずだ。

短時間雇用者を中心に厚生年金から洩れる被用者

パートタイマーなど非正規雇用者を中心に被用者でありながら、厚生年金へ加入できない、あるいは、していない人が増え、雇用者全体に占める割合も大きくなっている。同様の問題は健康保険制度にも見られる。組合健保のない企業に勤務する被用者向けの協会けんぽ（中小・零細企業勤務の被用者の加入する健康保険）の加入要件は、厚生年金とほぼ同様であり、保険料も年金と一緒に日本年金

図表5-3 ● 雇用者数と被用者年金被保険者数の推移（1975年～2008年）

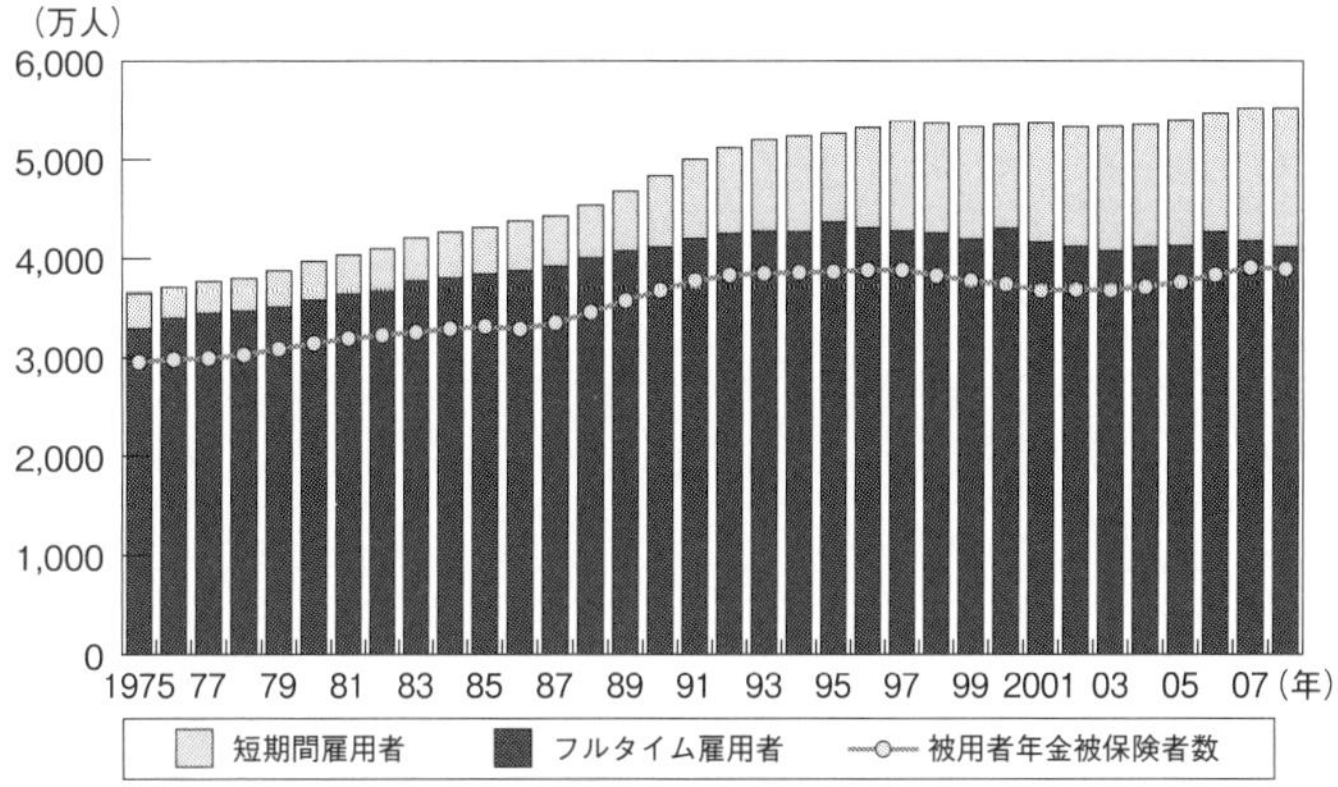

（資料）厚生労働省「2008年版労働経済の分析」、「公的年金財政状況報告2008年度」より筆者作成。
（注１）雇用者は年平均、被用者年金の被保険者数は年度末。
（注２）被用者年金は、厚生年金、国共済、地共済、私学共済の合計。

機構が徴収しているためである。

１９７５年から２００８年の間の雇用者数の推移をみると、３６４６万人から５５２４万人に１８７８万人増加している（図表５－３）。雇用形態別の内訳は、短時間雇用者が３５３万人から１４０７万人に１０５４万人増加、フルタイム雇用者が３２９３万人から４１１７万人に８２４万人増加している。雇用者全体に占めるパートタイマーなど短時間雇用者のウエイトは今や約４分の１を占める。

他方、厚生年金、国共済、地共済、私学共済（この４つをまとめて被用者年金という）の被保険者数は、この間、２９５７万人から３８９２万人へ約９３４万人の増加にとどまっている。ちょうどフルタイム雇用者の増加分と被用者年金における被保険者の増加分が釣り合い、他方、短時間雇用者が被用者年金（および協会けんぽなど被用者健康保険）から洩れている印象である。

１９８５年度以前は、厚生年金の適用事業所には業種制限があり、かつ、常用被用者５人以上の事業所に限られていた。１９８６年度から１９８８年度にかけての制度改正により、法人に関しては、適用事業所の範囲が全業種、常用被用者１人以上に拡大された。適用事業所の範囲が拡大されてもなお、雇用者数の増加に比べて被用者年金被保険者数の増加が伸び悩み、両者の数の乖離が拡大しているのである。

乖離問題は別の角度からも確認できる。国民年金加入者（第１号被保険者）や国民健康保険加入世帯の就業世帯のうち、最大のウエイトを占めるのが、自営業者や農林漁業者ではなく、被用者になっている。２００４年を対象とした国民年金への就業形態別加入状況調査によれば、被保険者２１８４万人のうち雇用者と明確に分類されている人だけでも７９９万人おり、自営業者の６２６万人を上回っている（社会保険庁「２００４年公的年金加入状況調査報告」）。

つまり、被用者でありながら、厚生年金や協会けんぽに加入できない人が増えている。こうした人々は、もともと自営業者等のために作られた国民年金制度や国民健康保険制度に流れている。国民年金や国民健康保険には保険料の事業主負担はなく、とりわけ、国民健康保険の保険料水準は所得水準と比べて高額、すなわち重い負担になっている。給与所得者でありながら国民健康保険に加入している人は、協会けんぽ保険料の労使合計分を全て自腹で払っている負担感を感じているであろう（第７章）。それを裏付けるように、これらの制度では、保険料の滞納が深刻である。

厚生年金適用拡大における９万８０００円の壁

こうした被用者をいかに厚生年金に取り込むかが、年金制度（および健康保険制度）において重要な課題となっている。実際、２０１０年６月に公表された、政府の新年金制度に関する検討会の「新たな年金制度の基本的考え方について（中間まとめ）」でも、「国民年金はあたかも不安定な雇用者のための年金制度のようになっています」（５ページ）と問題意識が示されている。

このような状況の改善を目指し、厚生年金の適用を拡大しようとするとき、障壁となるのが厚生年金制度における「９万８０００円の壁」である。現在、厚生年金加入者が支払うべき保険料の額には下限があり、下限の保険料を支払うには、月収９万８０００円以上が必要とされる。もし、この月収基準を引き下げることができれば、現在は国民年金に加入している被用者の多くを厚生年金にシフトさせることが可能になる。

ところが、単純に月収基準を引き下げると、厚生年金保険料の最低額と国民年金保険料との間で不公平が生じる。例えば、２０１１年９月から２０１２年８月までの保険料率で計算すると、厚生年金の保険料の下限は９万８０００円×16・４１２％＝１万６０８４円になる。国民年金保険料とほぼ同水準だ。仮に月収基準を５万円まで下げると、厚生年金の保険料の下限は８２０６円になる。一方、国民年金の保険料額は同時期で１万５２６０円と定められている。厚生年金加入者は、国民年金加入者より格段に安い保険料負担で、基礎年金のみならず、厚生年金も受給できてしまうことになる。

これは著しく均衡を欠く。厚生年金の月収基準は、そこに保険料率をかけた保険料負担が、国民年金保険料と均衡する水準以上でなければならないのである。現行の基礎年金拠出金という枠組みのもとでは、9万8000円をおいそれとは引き下げられないのだ。結局、本当に厚生年金の適用拡大をするのであれば、基礎年金拠出金に切り込まなくてはならないのである。

よって、2008年に福田康夫政権のもとで開催された社会保障国民会議の中間報告（これが実質的な最終報告といえる）のように、基礎年金拠出金の問題や9万8000円の壁に一切触れることなく、厚生年金の適用拡大を口にするのは欺瞞といえる。中間報告は次のように述べている。

「（現行制度の）不信は、制度それ自体の問題というよりは制度運営に関わる国（厚生労働省・社会保険庁）に対する信頼の低下（度重なる不祥事など）に起因する面が大きい」（20ページ）。このように、問題は制度ではなく社保庁にあるのだとしつつ、「非正規雇用者・非適用事業所雇用者については、厚生年金の適用を拡大する」（11ページ）としている。では、具体的にどのように拡大するというのだろうか。この中間報告は根本的な解を示していない。

国民年金の未納で厚生年金の給付水準が低下する

未納・未加入が真面目な加入者に不利益を与えている。国民年金制度が負担すべき基礎年金拠出金算定の対象者数から未加入者と未納者が除かれる結果、単価の上昇という問題を通じて、真面目に保険料を支払っている厚生、共済、国民年金の加入者にしわ寄せが及んでいるのだ。その影響は政府推計によると、国民年金の納付率が80％に上昇すれば厚生年金加入者の給付水準（所得代替率）として

50・1%が確保されるが、納付率が60%のまま推移すれば、所得代替率は1・0〜1・2%ポイント低下し、48・9〜49・1%になるという（第15回社会保障審議会年金部会資料3－2）。

もっとも、この推計結果も割り引いて見なければならない。基礎年金の国庫負担割合を2分の1として試算しているためだ。実際には、2分の1に引き上げるための恒久財源は未だ手当てされておらず、仮に3分の1強のまま試算しなおせば、真面目に保険料を払っている加入者が受ける影響は、さらに大きくなるはずだ。

基礎年金の費用負担で公平性の欠如

高額所得者の場合が顕著だが、厚生・共済年金と国民年金加入者間では水平的公平が欠如している。85年改正によって、厚生、共済、国民年金制度のいずれの加入者も、基礎年金を受給するようになった。しかし、独自財源が手当てされなかったため、費用負担方法はバラバラなままである。その結果、例えば、年収1000万円を超えるような人の場合、厚生・共済年金であれば保険料も相当高額になり、それにつれて基礎年金への費用負担も重くなる。しかし、同じ年収1000万円でも、国民年金加入者の場合には、年金保険料は一定額である。したがって、年収が同じで担税力は同等であっても、負担する保険料は大きく異なる。しかし、受給する基礎年金の金額は同じである。また、厚生・共済年金加入者の支払う年金保険料には基礎年金分が含まれているが、給与明細には記載されず、基礎年金分の負担は知らされない。

課税ベースの拡大も欠かせない。本来、基礎年金が全国民に対する最低保障の役割を担っているとするならば、課税ベースは給与のみならず、金融資産所得、不動産所得など他の所得も広範に含んだ包括的所得とした方が公平である。しかし、厚生・共済年金保険料の課税ベースは給与のみで、しかも、それは1つの事業所における給与とみられ、複数の事業所から給与を得ている人に関し適正に合算されているのか不明である。包括的所得を課税ベースとするのが困難であれば、課税ベースを消費とする消費税で代替するのが有効である。

受給条件としての年金制度加入期間の問題

トータルで25年間の年金制度への加入実績がないと公的年金は受給できない。さらに、基礎年金の満額受給には40年間の制度加入が必要となる。もし、基礎年金が全国民に対する最低保障の役割を担っているとすれば（実際には役割は曖昧である）、こうした長期に及ぶ加入期間（拠出期間）のルールが妥当なのか疑問が残る。１９６１年に国民年金制度が創設されて国民皆年金を達成、１９８６年には全国民に共通の基礎年金を導入できたとしながらも、日本は諸外国と比較して高齢者の相対的貧困率が高い。これは拠出期間のルールと無関係ではないだろう。

以上のように制度の実態を把握し問題の所在を理解すれば、いわゆる税方式（この言葉が都合よく使われている可能性があることは第1章で指摘した通りだ）が持つ意義も分かる。現行のようなニセモノの2階建てではなく、真の2階建てを目指すには、1階と2階を明確に分離し、1階部分の財源に税を充てることが好ましい（詳細は西沢［2008］）。

3 超党派の前に党内統一を

年金制度の一元化

今後の年金制度改革の議論のなかで、民主党の提案が望ましいのか否か、実現するのか否かはさておき、参照され続けることは間違いないだろう。もっとも、この提案は詳細な制度設計に至っておらず、方向性の提示といったレベルにとどまっている。それは、主に次の4つから構成されている。①年金制度の一元化、②所得比例年金の創設、③7万円の最低保障年金創設（財源は消費税）、④歳入庁の設置である。

現行制度が厚生、共済、国民各制度の分立を基本とし、基礎年金拠出金によって基礎年金の財源が賄われていることが、諸問題の根本的原因であることは述べた。加えて、制度の分立には、共済年金と厚生年金との間の官民格差といった問題もある。「一元化」はこれらの問題の解決策として期待される。

厚生年金と共済年金を比べると、いずれも被用者の年金でありながら、共済年金は、厚生年金に比べて保険料率が低く、かつ、厚生年金にはない職域相当部分と名付けられた3階部分の給付がある。

保険料率は、厚生、国共済、地共済、私学共済、それぞれ（2010年9月時点で）16・058％、15・508％、15・508％、12・584％と制度間格差があり、職域相当部分の給付水準は報酬比例部分の20％となっている。実際、こうした格差の是正に向けて、既に述べたように、2007年には、被用者年金一元化法案が提出された。

もっとも、2007年の法案の内容も、厚生年金と共済年金の完全な一元化とはいい難く、共済年金の持つ既得権を削ぎ落とす政治的な困難さを印象付けた。この法案では、保険料率こそ共済年金の料率を段階的に引き上げ、最終的に厚生年金と同一にすることとしたものの、他方、3階部分に関しては、いったん廃止しつつも新たな仕組みを設けるという玉虫色の内容であり、かつ、共済年金の事務組織はそのまま存続させるというものであった。

共済組合は、まとまった1つの組織ではなく、例えば、地共済には公立学校共済、警察共済など68の共済組合があり、それぞれ事務組織と相当数の役職員を抱えている。共済年金と厚生年金を完全に一元化するのであれば、本来、こうした事務組織は、日本年金機構へ統合するのが自然な流れであるが、2007年法案では、事務組織を存続させ、保険料徴収、年金給付、積立金の運用を引き続き担わせるとしたのである。民主党案は、こうした厚生、共済、国民と分立した現状を根本的に改め、全ての国民が同一の年金制度に加入する方向を目指している模様である。この点では、民主党案は真の一元化といえる。

では、民主党案では、どのような制度体系のもとでの一元化を目指しているのであろうか。その骨

図表5-4 民主党案

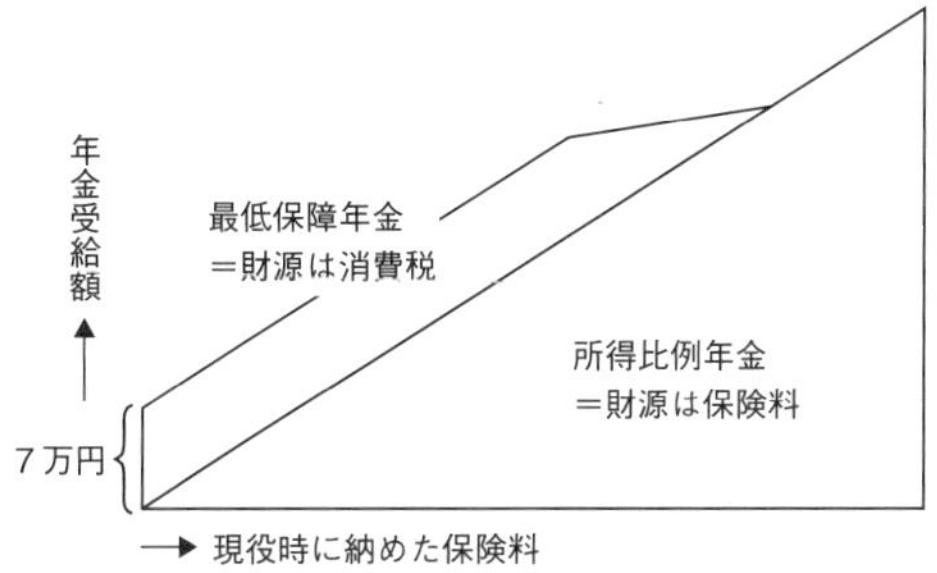

（資料）報道をもとに筆者作成。

格は、所得比例年金と最低保障年金の組み合わせである（図表５－４）。まず、所得比例年金から見てみよう。所得比例年金とは、民主党の「政策ＩＮＤＥＸ２００９」によれば、所得が同じであれば同じ保険料を負担し、納めた保険料を基に受給額を計算する仕組みであるとされている。前述のような制度の分立に起因する諸問題の改善が図られる一方で、実現に向けては課題も多く抱えている。自民・公明党政権で実現し得なかった厚生年金と共済年金の一元化の他にも、次のような課題がある。

自営業者が所得比例年金に加入する乏しい必然性

第１に、自営業者や農林漁業者にとって、そもそも新たに所得比例年金へ強制加入させる必然性が乏しい。それは、次の２つの観点から指摘できる。１つ目の観点は、所得比例年金の収益率である。第１章で述べたように、少子高齢化が著しく進んでいく状況下で賦課方式の年金財政を続けていくと、若い世代は生涯に払った保険料に対して、「払い込んだ保険料＋利息分」の給付を受けることができない（言い換えれば、給付負担倍率が1・0倍を下回る)。新しい所得比例年金が賦課方式を基本に財政運営されるならば、若い世代は所得比例年金に加入するよりも、自営業者や農林漁業者のために用意されている既存の「公的な2階部分」である国民年金基金、小規模企業共済、および、中小企業退職金共済などに加入した方が、恐らく収益率は高い。

もう1つの観点は、自営業者や農林漁業者とサラリーマンとでは、老齢リスクが大きく異なることである。老齢リスクとは、老齢になって所得稼得能力が低下する、あるいは、機会が減少することに起因する所得喪失・低下リスクである。老齢年金はそもそもこうしたリスクに備えた所得保障である。だが、自営業者や農林漁業者には、サラリーマンと違って定年がない。すなわち、自営業者や農林漁業者とサラリーマンとでは、老齢リスクの発生確率や発生時期が異なっており、このような自営業者や農林漁業者をすべからく所得比例年金に加入させることが、本人にとって経済的に望ましいのかという問題がある。自ら必要と判断する人のみ、国民年金基金などに加入する自由度を残しておいた方が、各人の効用も高いはずだ。

自営業者や農林漁業者の所得捕捉の問題

第2に、仮に、自営業者や農林漁業者が新しい所得比例年金に加入するとしても、所得捕捉(第3章)と所得の定義の問題がある。民主党案のように、所得比例年金が低額にとどまった人に、消費税を財源とする最低保障年金が給付されるのであれば、そもそも政府によって各人の所得が正確に捕捉されている必要がある。仮に、所得の過少申告によって所得比例年金が低額となり、その所得比例年金に基づいて、最低保障年金が給付されることになれば、正直に所得を申告している人や収入がガラス張りとなっている被用者との間で公平性が損なわれてしまう。

ところが、第3章で述べたように、日本では、クロヨン問題が解消したという信頼性の高い証拠もなく、公平性を損なわずに、自営業者や農林漁業者を所得比例年金に加入させる前提条件が整っているとは言い難い。こうした所得捕捉の問題に対し、民主党は、歳入庁設置や社会保障と税の共通番号制度の導入によって応えようとしているが、それでも十分ではない。この点は、第9章と第10章で掘り下げる。

自営業者や農林漁業者の所得に関しては、所得の「定義」の問題もある。自営業者や農林漁業者の「所得」は、「収入マイナス経費」で定義される。他方、厚生年金保険料は、現在、給与収入そのものに賦課されており、仮に、自営業者や農林漁業者が、サラリーマンも加入する所得比例年金に加入する場合には、所得の定義を自営業者や農林漁業者とサラリーマンとの間で公平に揃える必要が出てくる。具体的には、サラリーマンなど給与所得者にも給与所得控除を認めるのか否か、認める場合は過大でも過小でもないように定義しなければならない。民主党マニフェストでは、2013年に新制度の法案を成立させるとしているが、このように所得の定義の問題1つとっても、容易に解が出るものではない。

男女間格差を解消する必要性

第3に、夫は正社員、妻は専業主婦という「専業主婦付き男性世帯主」（八代尚宏氏の表現。八代［2009］）の雇用慣行を所与とするのであれば、所得比例年金を導入した場合、女性にとって新たな不公平を作り出すこととなりかねない。日本では、女性は結婚・出産・育児あるいは介護を機に就業を中断し、そのまま専業主婦となるケースが今なお多い。企業における男性の働き方も、家庭内労働の女性への依存を前提としている面は否定できない。仮に、女性が結婚・出産後に就業を継続したとしても、一般的に男女間には（職種や昇進昇格の格差などによる場合も含めて）賃金格差がある。こうした状況のもとで、所得比例年金を導入すると、平均すれば、女性の所得比例年金は低額になる。

このように、所得比例年金は、現役時の所得に比例して老齢時に年金が給付されるという大変分かりやすい仕組みである反面、男女間格差がある雇用慣行のもとでは、それが年金給付に反映されてしまい、女性の低年金を招きかねない厳しい側面も持っている。所得比例年金はまさに労働市場の映し鏡になるのだ。

民主党案のモデルと思われるのはスウェーデンの年金制度であり、そのスウェーデンは、次の点で日本と大きく異なっている。1つ目は、そもそも女性の就労率が極めて高い。それを支える保育所などの公的サポートも充実している。2つ目は、女性が出産・育児・介護などで就業を中断した場合、社会保障制度の一環として手厚い所得保障が行われ、そこから年金保険料が支払われる仕組みとなっている。3つ目は、高い労働組合組織率などを背景に、賃金格差が小さい。加えて、家庭内では、男も女もなく家事・育児を分担するといわれる。もし、日本がスウェーデンと同様であれば、女性の所得比例年金が著しく低額となる恐れはない。今後の年金制度の議論では、日本の雇用慣行や現役時の所得保障政策の充実などが一体的に考えられなければならない。

最低保障年金の創設

次に7万円の最低保障年金について考えてみよう。民主党の提案のなかでも、最低保障年金には、現行の基礎年金の曖昧な位置付けを是正する重要な発想が含まれている。日本の基礎年金は負担面で公平性に欠けるのみならず、給付面においても曖昧な内容になっている。現在、基礎年金給付額は、満額で月約6万6000円と、生活保護の生活扶助額にも大きく見劣りする。しかもこれは40年間、1カ月も欠かさずに保険料を納付して初めて到達できる額である。実際には満額を受給できないケースが多く、平均では5万円程度である。加えて、満額の6万6000円という給付水準は、マクロ経済スライドが発動された場合（第4章）には、現在価値に換算して4万8000円まで低下する見通しである。

計算はこうだ（図表5－5）。現在（2009年度時点）、モデル世帯の年金受給額は、22・3万円（内訳：夫の厚生年金報酬比例9・2万円、夫の基礎年金6・6万円、妻の基礎年金6・6万円）、所得代替率62・3％（内訳：同25・6％、18・3％、18・3％）である。所得代替率とは、現役男子の平均可処分所得（2009年度35・8万円）に対する年金受給額の比率である。2009年財政検証

図表5-5 モデル世帯の年金と所得代替率

	2009年度 年金（万円）	2009年度 所得代替率（%）	2038年度（予） 年金（万円）	2038年度（予） 所得代替率（%）
年金	22.3	62.3	17.9	50.1
〔内訳〕				
報酬比例	9.2	25.6	8.4	23.4
基礎年金（夫）	6.6	18.3	4.8	13.4
基礎年金（妻）	6.6	18.3	4.8	13.4
（参考）現役男子の平均可処分所得	35.8		35.8	

（資料）2009年財政検証より筆者作成。
（注１）2038年度は基礎年金のマクロ経済スライド終了年度。報酬比例部分は2019年度に終了見込みとされている。
（注２）2038年度の年金額は、公表の所得代替率から筆者試算。現役男子の平均可処分所得は、財政検証では現在価値で52.5万円とされたが、ここでは、賃金上昇が物価上昇程度しか見込めないと考え、2009年度と同じと仮定した。

では、マクロ経済スライドが発動されると２０３８年度には所得代替率は50・１％（内訳：同23・４％、13・４％、13・４％）まで低下するとされている。２０３８年度の現役男子の平均可処分所得が２００９年度と同水準であるとしよう。そのとき、基礎年金は４・８万円（＝35・８万円×13・４％、所得代替率から逆算）となる。しかも、この４・８万円でさえ、運用利回り４・１％、賃金上昇率２・５％などが実現し、かつ、マクロ経済スライドが政府のシナリオ通り機能して初めて確保されるものである。実際には、より低水準となる可能性も十分ある。

このように、「基礎」と名付けられてはいるが、「共通給付年金」とでも呼んだ方が実態に即している乏しい給付水準である。こうした基礎年金の現状に対し、民主党の最低保障年金が、その名の通り、月額７万円を保障するならば、高齢者の最低限の生活を保障するという意味で、その位置付けは今の基礎年金よりもはるかに明確なものとなる。他の先進諸外国が広義の年金制度で老後の最低保障を行っていることとも整合的である。

ただ、民主党の最低保障年金には、根本的な理念において不明な点もある。所得比例年金の補完的給付なのか、それとも、全国民に対する普遍的給付なのかという点である。最低保障年金のネーミングの基になったと推測されるスウェーデンの保証年金（guarantee pension）は、あくまで所得比例年金が低額となった人のための補完という位置付けである。同国では、所得比例年金が賃金上昇率によって給付水準が引き上げられていくのに対し、保証年金は物価上昇率による引き上げにとどめられていることにも、それは端的に表れている。他方、普遍的な給付の例としては、カナダのＯＡＳ（Old Age Security）があり、これは、一般財源を原資に、ほぼ全国民に普遍的に給付される。ＯＡＳの給付が受けられないのは、ごく一部の高所得者に限られる。

さて、民主党の最低保障年金は、名前はずばり最低保障年金であるから、スウェーデンの保証年金を彷彿とさせる。他方、民主党がこれまで提示してきた体系図は、中高所得層までかなり広範に最低保障年金が給付される姿になっており、カナダ型に近い普遍的給付の印象である。実際、２００７年の岡田克也代表時代、民主党案は、ここで紹介したカナダ型に近い内容として説明されていた。いわゆる基礎年金の税方式である。

民主党案の体系図は前述の図表５－４のようなポンチ絵で示されることが多い。しかし、現在の年金財政を踏まえながら描き直せば、所得比例年金はあのような高さを持つ三角形ではなく、もっと平べったい三角形にしかならないはずである。なぜなら、現在の基礎年金が満額で約6万6000円であるのに対し、厚生年金報酬比例の平均給付額は月10万円に満たないからである。こうなると、カナダ型に近いのか、スウェーデン型に近いのか、分からなくなってしまう。民主党の最低保障年金は、現行基礎年金の曖昧さを是正する役割が期待される一方で、補完的給付か普遍的給付か根本的な理念は不明なままとなっている[1]。

歳入庁の設置

民主党は、以上のような年金制度の抜本改革に加え、歳入庁設置を2009年衆院選マニフェストに明記している。具体的には、厚生・国民年金保険料と協会けんぽの保険料徴収、および年金給付を行っている日本年金機構の機能を、国税庁に統合するというものである。

こうした歳入庁設置により、行政費用や国民の納税事務負担の軽減が期待される。加えて、仮に所得比例年金を創設するのであれば、その公平な実現の前提条件である所得捕捉の強化も期待できる。国民にとっていいことばかりである。もっとも、国税庁に日本年金機構の機能を統合するだけの歳入庁構想では十分とはいえない。日本では、税務当局による所得情報の収集において、国税庁と市町村

1 報道によれば、民主党の社会保障と税の抜本改革調査会は2011年5月16日に役員会を開き、最低保障年金が満額7万円から段階的に減額される収入のポイントと、全く受給できなくなるポイントを示した。それぞれ、世帯年収で600万円、1200万円とされている。

との間で分断が見られるためである。

現在、日本では、所得情報の収集において、低所得層は市町村、中・高所得層は国税庁という分断があり、所得情報は一元的に把握されていない。実際、日本年金機構は国民年金加入者の所得情報を国税庁ではなく市町村から受け取り、保険料免除の資料として利用している。これは、市町村が自ら保険者となっている国民健康保険の保険料や住民税の課税資料として、特別徴収義務者である雇用主から被用者の所得の多寡にかかわらず所得情報の提出を受け（国税庁は収入５００万円超の被用者に限定している）、かつ、国税である所得税の課税最低限を下回る事業所得者からは簡易申告を受け付けているためである。

このように、もし歳入庁を創設して所得比例年金を公平に実現するには、民主党の歳入庁構想にとどまらず、市町村の徴収機能を含めた統合を実現するか、あるいは、市町村とのより一層の連携強化を図る必要が出てくる。しかし、今のところ、そうした議論が行われている様子はない。

「中間まとめ」における抽象化

民主党政権は、２０１０年6月に「中間まとめ」を公表した。２０１０年3月に設置された新年金制度に関する検討会（議長鳩山由紀夫首相）の報告書だ。その特徴として3点指摘できる。

１つは、民主党マニフェストの深化ではなく、むしろ抽象化していることである。党派を超えて議論を呼びかけるために、民主党案への固執から柔軟な態度に転じたという解釈があるほか、別の解釈もある。それは、スウェーデンの年金制度を念頭に置いたものの、実現が困難であるとの判断に至り、その軌道修正を図っているというものである。仮にそうであれば、妥当な判断であろう。

２つ目の特徴は、示された年金制度改革７原則の最後に、超党派の議論を提唱している点である。超党派の議論自体は積極的に進められるべきであろう。しかし、まず党に明確なポリシーがあることが前提となる。そうでなければ、呼びかけられる野党も議論のテーブルに付きにくい。まずは、民主党の年金政策にある曖昧さの払拭に向けた党内議論の積み重ねがなされるべきである。

３つ目の特徴は、７原則のなかで「持続可能性」に言及していることである。第４章で述べた通り、年金改革は年金財政と年金制度が両輪となるべきで、この点から持続可能性に言及していることは評価できる。もっとも、基礎年金の国庫負担割合引き上げ財源が相変わらず埋蔵金頼みであったり、もともと05年に発動する予定のマクロ経済スライドが未だに発動されていない状況が放置されていたりと、行動が伴っていない。

4 与党時代の政策の残滓《ざんし》

参照される自公政権末期の政策

近頃、民主党政権は自公政権末期の社会保障政策をしきりに参照している。例えば、２０１０年10

月に設置された政府・与党社会保障改革検討本部（本部長菅直人内閣総理大臣）の下部組織である社会保障改革に関する有識者検討会において、自公政権末期の社会保障国民会議、安心社会実現会議の資料が用いられ、２０１１年2月に設置された社会保障改革に関する集中検討会議（議長菅直人内閣総理大臣）の顔ぶれなどは、社会保障国民会議および安心社会実現会議そのものだ。

自民党が現在のところ公表している年金政策は（というよりも官僚が作ってきた政策は）、現行年金制度の枠組みを変えず、修正を施すというものである。２０１０年参議院選挙における自民党マニフェストをみると、年金の受給資格要件の期間短縮、在職老齢年金制度の見直しなど、現行制度におけるテクニカルタームを並列させた、いわば小項目の政策群で構成されている。大項目が並べられ、小項目のない民主党マニフェストとは対照的である。こうした自民党のマニフェストは、党として練り上げられた政策というよりも、与党時代に厚生労働省に作らせてきた政策の残滓にしか見えない。

保険料軽減支援制度

そのなかで、「満額の基礎年金を受けることができる措置」が目玉といえよう。自民党のマニフェストでは、単に「所得に応じた年金保険料の減免制度を受けている方も、公費負担割合を増加することにより年金制度に加入していれば基礎年金を満額受給できる制度へと見直します」とあるだけだが（相変わらず公費負担の発想から抜けきれない）、与党時代末期に提案された「保険料軽減支援制度」が念頭に置かれていると推測される。

図表5-6●保険料軽減支援制度のイメージ

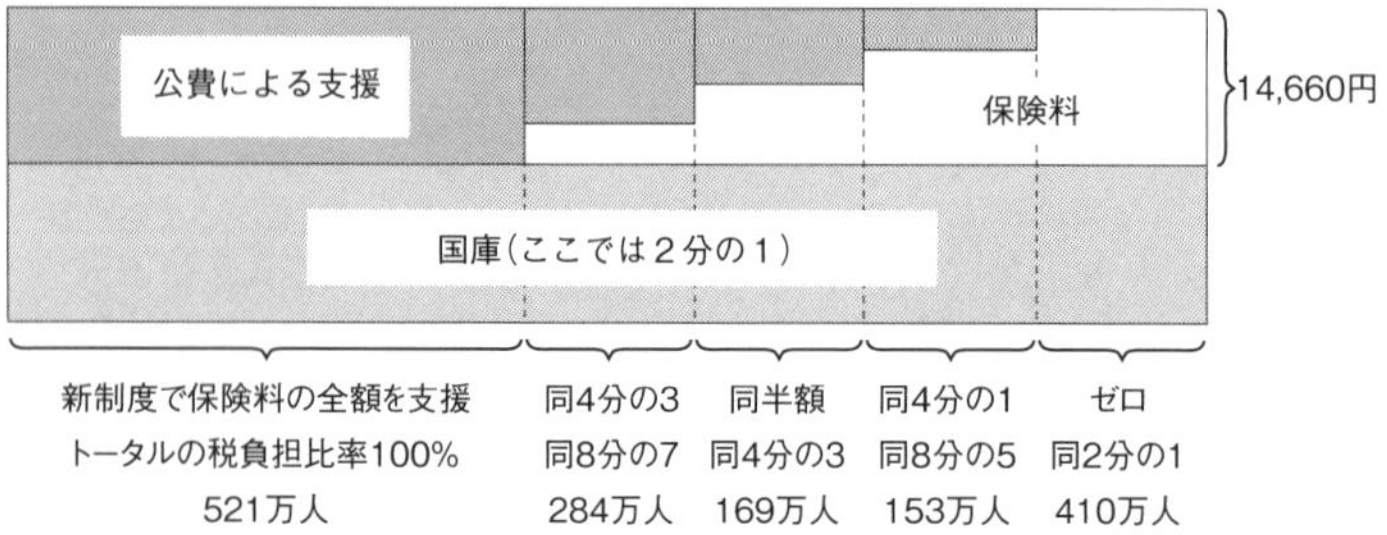

（資料）第13回社会保障審議会年金部会参考資料集第2分冊図表に筆者加筆修正。
（注１）国民年金第1号被保険者を対象。
（注２）支援基準を現行の国民年金の免除基準とした場合。
（注３）人数は、現行の全額、3/4、半額、1/4免除基準における所得分布に属する被保険者の人数。実際に免除を受けている人数とは異なる。同資料集４ページの数値。
（注４）「公費による支援」「国庫」は同資料集で用いられる用語。

現在、国民年金保険料は定額負担を基本としつつも、低所得者に対しては、所得に応じた保険料減免制度が用意されている。だが、保険料の減免を受けると、その分基礎年金が減額される。満額でも給付水準が低い基礎年金だが、それがさらに低額になってしまう。保険料軽減支援制度とは、こうした現行制度の改善を目指したものである。消費税率を引き上げるための呼び水としての役割も期待されていた。

具体的には、減免を受けた被保険者には、現行制度と同じ減免後の保険料を納付してもらう。一方、減額分の保険料は自民党のいうところの「公費負担」が肩代わりして、満額の基礎年金給付を保証するというものである（図表５－６）。例えば、現行制度であれば、全額免除を受けると免除期間に相当する給付は満額の２分１、半額免除を受けると同４分の３となってしまうが、保険料軽減支援制度のもとでは、いずれも満額となる。

保険料軽減支援制度についての疑問と技術的な問題

保険料軽減支援制度について、まず４つ疑問がある。１つ目は、厚生労働省による「２・３倍もらえる年金、１・５倍もらえる年金」という説明との整合性である。もしこの説明が正しいとすれば、支払い能力がない人でも、金融機関などから借入れをして保険料を支払うだろう。利ざやが稼げるためである。税で支援する必然性はなくなる。しかし、実際には、公的年金はこうした有利な保険商品ではないので、税を財源とする保険料軽減支援制度が合理性を持つのである。まずは２・３倍、１・５倍という説明を取り下げるのが先決だ。

２つ目は、低年金・無年金問題以外は全く改善しないということである。基礎年金拠出金こそが諸問題の根本的な原因であり、基礎年金拠出金が残れば、第３号被保険者や９万８０００円の壁などの問題は何も解決しない。また、満額でも生活保護に見劣りする基礎年金の給付水準もそのままだ。保険料軽減支援制度の提言の前に、そうした給付水準、さらには、マクロ経済スライド適用によって給付水準が現在価値で４万８０００円まで低下していくことの是非が問われるべきだ。

３つ目は、年金制度も、年金行政も、現状に輪をかけて複雑になることだ。基礎年金に２分の１の国庫負担が入った上に、保険料軽減支援制度の公費負担が入る。全ての人への満額の基礎年金給付という目的実現のためであれば、社会保障制度審議会の２階建て年金構想のように、付加価値税を充てる方がはるかに効率的である。

４つ目は、「所得捕捉」に関する過信が見られることである。個人所得課税における、クロヨン問題、金融資産所得が包括的に把握されていない点、および、単年度所得の問題点などは第3章で述べた通りである。また、ここまで大きく所得情報に依存した制度を構築するのであれば、国民年金保険料を定額から所得比例に切り替える議論へ進まなければ辻褄が合わない。所得の捕捉の困難さが、国民年金の保険料が定額である重大な理由であったはずだ。

技術的な問題もある。第1に、保険料軽減支援制度は所得の過少申告の誘因となる。現行の保険料免除制度であれば、申告所得が少なく、保険料の減免割合が高まるほど、将来の受給額も減る。よって、過少申告を抑制する。他方、保険料軽減支援制度になると、過少申告しても将来の受給額は不変である。これは過少申告の誘因となる。過少申告を防ぐには、保険料軽減支援制度は厳格な所得捕捉体制の構築とセットで提案されるべきだ。

第2に、市町村の運営する国民健康保険制度と類似の制度が並存することになる。もともと、保険料軽減支援制度は、国民健康保険の保険基盤安定制度（第7章）を参考にしている。保険基盤安定制度とは、税を財源に低所得者の保険料を軽減する制度である。しかし、国民健康保険の保険料も、国民年金保険料も、同様に社会保険料であり、市町村と日本年金機構が別々に実施する必要があるとは思えない。

さらに、仮に、消費税率引き上げの際にカナダのGSTクレジットタイプの戻し税方式が導入されれば、同じような制度が3つも並存してしまうことになる。こうした縦割りを排し、例えば、米国のEITCや英国のWTCのように勤労税額控除を導入することで低所得層の賃金を底上げし、社会保険料の支払い能力を高めさせることにより、簡素、かつ、効率的に同様の目的を達成することができるはずである。まさに税と社会保障を一体改革する視点で臨むべきテーマといえる。

第３に、家計の税と社会保険料を合わせた得失が不明である。「公費負担」などといっても、所詮税でしかあり得ない。どのような税目と税率でその財源が賄われるかによって、トータルの家計の得失は変わってくる。「公費です」と言われれば、国民も「やって下さい」としか答えようがない。具体的な財源規模、税目、税率が同時に明示されなければフェアとはいえない。こうした具体像が国民の前に示されて、それでもなお、その政策に国民の支持が集まったとき、本当に実施すべき価値のある政策だと判断されるのだ。

自民党は何をすべきか

自民党は何をすべきか。まず、かつての与党として、直近の年金改正である04年改正の自己評価が必要である。04年改正は、負担を引き上げ、給付水準を引き下げるという方向性自体、少子高齢化が進む日本では妥当なものであったと評価できる。これは、民主党政権に決定的に欠けている点である。ただ、残念ながら、その柱であるマクロ経済スライドはいまだに機能していない。財政的ツケは、将来世代に先送りされている。この状況を自民党はどのように考えるのか。対応方法を含め、国民に示す責任がある。04年改正の結果に関して何らフォローすることなく、まるで他人事のような態度でいいはずがない。

自民党は、100年安心、2・3倍もらえる年金などといった説明には、選挙を意識したレトリックの側面があったことを自ら認めるべきである。次いで、それを野党時代には強く批判しながら、与党になると途端に批判を封印し、受容に転ずる民主党政権の無節操ぶりを逆に批判すべきである。それが、政党として健全な姿であり、国民に対して誠実な姿勢であろう。

次に、07年の被用者年金一元化法案の再評価が必要である。同法案は不十分ながらも、重要な内容を含んでいる。共済年金と厚生年金の段階的一元化に加え、特に厚生年金への加入の適用基準を書き込んでいる点は、目立たないが不可欠な内容といえる。現在の厚生年金への加入基準は非常に曖昧だからだ。現在の基準は、1980年に厚生省（当時）の課長が、「正社員の労働時間のおおむね4分の3を基準とせよ」と書いて、現場に送った手紙が唯一の根拠になっている。手紙で国民にとって大切な社会保険制度の基準が決まっているという大きな問題があるのだ。

3つ目に野党として、年金制度改革について自民党の中長期ビジョンを提示する必要がある。与党時代に厚生労働省から上げられてきたテクニカルタームだらけの政策を、未だに後生大事にマニフェストに並べたところで、国民はついてこない。共感も生まれない。同じ間違いをした例が、民主党政権の高齢者医療制度改革会議である。政党であるならば、仮に当初は稚拙な内容でも、自らの頭で考え、あるべき年金制度像を分かりやすい言葉で国民に語ることが不可欠である。

第 6 章

健康保険財政の構造と高齢者医療制度

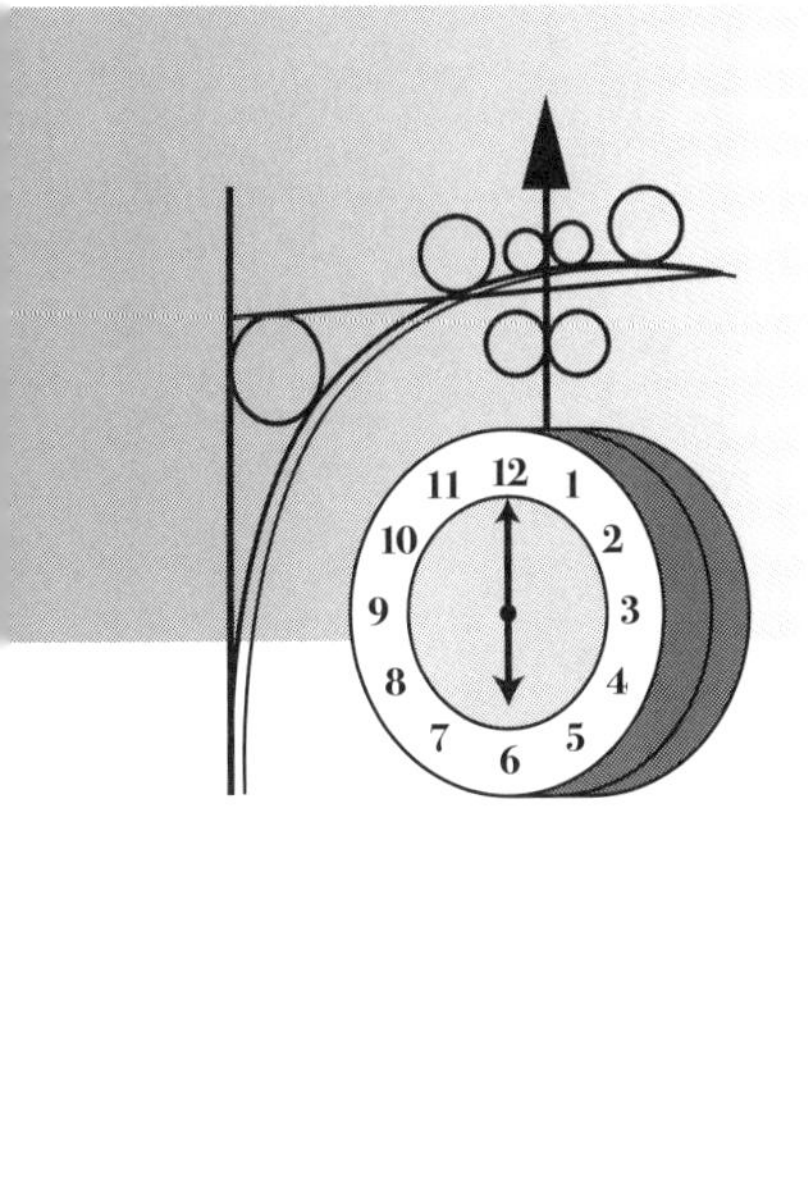

後期高齢者医療制度の廃止――これが、２００９年衆議院選挙の民主党政権公約の柱の１つであった。民主党マニフェストでは、後期高齢者医療制度は高齢者を年齢で差別する制度であり、したがって、それを廃止するということがうたわれた。後期高齢者医療制度は自民・公明党政権下の２００８年4月にスタートしたばかりの新しい制度である。

もっとも、民主党に腹案があって廃止が唱えられた形跡はない。実際、民主党政権発足後、長妻昭厚生労働相（当時）は、２００９年11月、廃止後の制度設計を議論する場として、厚生労働省に高齢者医療制度改革会議（岩村正彦座長）を発足させた。

しかし、本章で見ていくように、後期高齢者医療制度は高齢者をとりたてて差別していない。後期高齢者医療制度の財源は、その前身である老人保健制度とほとんど変わらず、国および地方の一般会計や現役雇用者の加入する被用者健保からの支援金という名の所得移転に大きく依存しており、むしろ、そうした依存構造が少子高齢化が進むもとで持続可能なのか、および、そもそも合理性があるのかといった点こそが最大の焦点となるべきだったのである。

そこで、本章では、複雑な健康保険財政の構造を理解することから始め、後期高齢者医療制度と老人保健制度の共通点および相違点の解明、本来あるべき論点の提示、高齢者医療制度改革会議が２０１０年12月に公表した「最終とりまとめ」の検証へと議論を進めていく。

1 健康保険財政の構造を理解する

健康保険・介護保険財政の収入構造

日本の健康保険制度の枠組みは、第5章で述べた公的年金制度のアナロジーとして捉えると掴みやすい。公的年金制度が厚生、共済、国民各制度の分立を基本とし、基礎年金勘定という共通の財布にお金を出し合っていたように、健康保険制度も制度の分立を基本とし、後期高齢者医療制度および介護保険制度という共通の財布に各制度からお金を出し合っている。もっとも、健康保険制度は、公的年金制度よりさらに複雑であり、財源に占める税の投入ウエイトも大きい。

健康保険制度の運営者は、より主体的な存在であるという意味も込めて保険者と呼ばれる。保険者は多様で数も多い。現在（2008年度末）、1497の組合管掌健康保険（組合健保）、全国健康保険協会（協会けんぽ）、国家公務員共済組合、地方公務員共済組合、私立学校教職員共済組合、市町村ごとの1788の国民健康保険、医師や税理士など同業種の従事者などを組合員とする165の国民健康保険組合が存在している。それぞれが独立した法人あるいは地方自治体であり、本来的には主体的に運営されているはずであるが、本文のなかで述べていくように、実際にはそうした本来的姿からほど遠いのが実態だ。

図表6-1 ● 健康保険と介護保険のキャッシュ・フロー（2008年度）

（兆円）

制度	収入	保険料	税	国	地方	前期高齢者交付金	療養給付費等交付金	その他	支出	給付	支援金等	後期高齢者支援金	前期高齢者納付金	退職者給付拠出金	介護納付金	その他
組合健保	6.9	6.7	–	–	–	–	–	0.2	7.2	3.4	2.7	1.1	1.0	0.5	0.5	0.6
協会けんぽ	8.0	6.7	1.0	1.0	–	–	–	0.3	7.7	4.3	2.9	1.3	0.9	0.4	0.6	0.3
共済組合	2.4	2.1	–	–	–	–	–	0.3	2.5	1.1	0.9	0.3	0.4	0.2	0.2	0.3
国民健康保険	11.9	3.5	5.0	3.4	1.6	2.4	0.9	0.0	11.9	8.8	2.6	1.6	0.0	–	0.7	0.4
計	29.2	19.0	6.0	4.4	1.6	2.4	0.9	0.8	29.2	17.6	9.2	4.3	-2.3	-1.1	1.9	1.5

制度	収入	保険料	税	国	地方	後期高齢者交付金	支出	給付
後期高齢者医療制度	9.9	0.8	4.9	3.1	1.7	4.1	9.6	9.5

制度	収入	保険料	税	国	地方	介護給付交付金	支出	給付
介護保険制度	7.2	1.4	3.7	1.6	2.1	2.0	7.0	6.4

（資料）以下により筆者作成。健康保険組合連合会「平成20年度健保組合決算見込みの概要」、財務省「平成20年度決算概要」、全国健康保険協会「平成20年度決算報告書」、厚生労働省「国民健康保険事業年報平成20年度」、厚生労働省「後期高齢者医療事業年報平成20年度」、厚生労働省「介護保険事業状況報告書平成20年度」、総務省「地方公務員共済組合等事業年報平成20年度」、財務省「国家公務員共済組合事業統計年報平成20年度」、国立社会保障・人口問題研究所「社会保障統計年報平成21年版」。

（注1）健康保険と介護保険の患者負担、公費負担医療給付分は含まない。

（注2）支援金等計には、老人保健拠出金も含むが、内訳は掲載していない。

（注3）支援金等、介護納付金は、当年度拠出すべき額のほか、前年分の精算のやりとりがある。加えて、社会保険診療報酬支払基金にいったん納められ、そこから、各交付先に交付される。この間、資金繰りがあることなどもあり、納付額と交付額が必ずしも一致しない。

（注4）数値は、小数第2位を四捨五入。内訳と合計は必ずしも一致しない。

各制度の概要、および、収支のうち収入面から整理していくと、まず、組合健保には、もっぱら大企業が独自に設立した単一型と、同業の中小企業が共同で設立した総合型とがあるが、どちらも財源は健康保険料のみであり（注、事務費については一般会計から補助金がある）、2008年度の収入総額は6・9兆円となっている（図表6－1）。保険料は健康保険料と介護保険料とに分かれており、保険料率は個々の組合で異なる。健康保険料の料率は6％未満の組合が113ある一方で、9％以上の組合も73ある。平均は7・451％である。介護保険料の保険料率は0・8％未満の組合が117ある一方で、1・4％以上の組合も136ある。平均は1・068％である（健康保険組合連合会「2009年度健保組合決算見込の概要」）。労使の負担比率も組合ごとに異なっている。

こうした組合健保を持たない中小・零細企業に勤務している被用者は、協会けんぽの被保険者となっているはずである。はずであるというのは、被用者であっても、勤務先がそもそも協会けんぽの適用事業所となっていなかったり、短時間労働であるなど組合健保あるいは協会けんぽの適用要件を満たしていなかったりすることにより、国民健康保険への加入を余儀なくされている人が相当数いるためである。これは、公的年金において、被用者であっても厚生年金に加入できず、国民年金への加入を余儀なくされている人が多数いるのと同様の構図である（第5章の図表5－3を参照）。

協会けんぽの収入は、6・7兆円の保険料のみならず、国の一般会計からの補助1・0兆円（国庫補助）によって構成されている。国庫補助は、協会けんぽの被保険者の平均所得が組合健保の被保険者に比べ低いことから設けられているもので、具体的には、協会けんぽの給付等の16・4％（国庫補助率）と決められている（健康保険法ではそもそも16・4～20％と定義されているが、2009年度までは13・0％で実施されていた。2010年度から2012年度の3年間、それまでの13・0％から16・4％に引き上げられることになった）。協会けんぽの保険料率（労使折半）は、都道府県ごとにわずかに異なっており、最低は9・26％（長野県）、最高は9・42％（北海道）、平均9・34％である（2010年度）。介護保険料は一律1・50％である（同）。

組合健保や協会けんぽのほかに、国家公務員共済組合や地方公務員共済組合などの共済組合がある。共済組合の収支の構造は、収入が保険料のみであるなど組合健保に近い。これら組合健保、協会けんぽ、および、共済組合は、被用者健保と総称されている。

さて、日本の国民健康保険法は、国民健康保険（国保）に加入することを原則としつつ、組合健保、協会けんぽ、共済組合、75歳以上の後期高齢者が加入する広域連合に加入している人などをその適用除外とする構成となっている（国民健康保険法第6条）。したがって、国保は自営業者や農林漁者だけでなく、被用者健保からあふれた被用者、65歳から74歳までの前期高齢者、失業者などその他大勢の受け皿となっている。いわば、「国民皆保険」といわれる日本の健康保険のラストリゾート（最終避難場所）としての役割が期待されている。

もっとも、こうした加入者（被保険者）の特性により、国保では必然的に、被保険者の平均所得は被用者健保などに比べて低く、かつ平均年齢は高くなる。平均年齢が高いということは、医療費が高いことを意味している。このような状況下で、仮に支出を保険料だけで賄うとなれば、収入に比べた保険料の水準は、他の健保に比べて極端に高くなってしまう。このため、国保の収入11・9兆円のうち、自らの保険料収入は3・5兆円と約3割を占めるにすぎない。不足分として、国・都道府県・市町村の一般会計からの支出金5・0兆円、被用者健保からの前期高齢者納付金（後述）2・4兆円、同じく被用者健保からの療養給付費等交付金0・9兆円が投じられている。

それでもなお、国保の保険料は被保険者の収入水準から見て高い。滞納世帯は436万世帯と全世帯の20％を超え（2010年度、厚生労働省保険局調べ）、加えて、図表6－1のような集計値からは分からないが、市町村間で大きな財政格差が存在するなど、深刻な問題を抱えている。この問題は第7章で詳しく検討する。

健康保険・介護保険財政の支出構造

今度は各制度の支出面に目を転じよう。組合健保では、支出7・2兆円のうち被保険者本人とその家族（被扶養者）向けに支払われる給付は3・4兆円となっている（給付とは病院窓口での自己負担以外の部分を指す）。ほかには、後期高齢者支援金1・1兆円、前期高齢者納付金1・0兆円、退職者給付拠出金0・5兆円（以下、支援金等と総称）、および、介護納付金0・5兆円となっている。

支援金等と介護納付金について説明すると、後期高齢者支援金は、後期高齢者が加入する同一都道府県内の市町村連合である広域連合への所得移転である。前期高齢者納付金は、65歳から74歳の前期高齢者の医療費に関して、前期高齢者の大多数が加入する国保への所得移転である。介護納付金は、介護保険の保険者である市町村への所得移転である。

組合健保では、支出のうち、自らの被保険者とその被扶養者向け給付は、たかだか5割強にすぎず、残り5割弱は、後期高齢者医療制度のための広域連合や国保など他制度に流れている。協会けんぽ、共済組合も、組合健保とほぼ同様の支出構造になっている。一方、国保はこれらとは異なり、後期高齢者支援金、介護納付金の支出はあるものの、前期高齢者納付金の支出がなく、逆に被用者健保から受け取っている（前述）。このように、国保は高齢者医療財政を支える側であると同時に、支えられる側にもなっている。

後期高齢者医療制度と介護保険の収支

後期高齢者医療制度の収入9・9兆円の内訳は、後期高齢者支援金4・1兆円、税による補助4・9兆円（国から3・1兆円、地方から1・7兆円）、後期高齢者自らの保険料0・8兆円である。後期高齢者医療制度は、「姥捨て山だ」という批判があったが、実際には加入者自らの保険料負担は、たかだか0・8兆円にすぎない。

介護保険制度も、後期高齢者医療制度と構造が似ており、介護給付交付金2・0兆円、税3・7兆円（国1・6兆円、地方2・1兆円）、第1号被保険者の介護保険料1・4兆円で賄われている。介護保険の被保険者は、65歳以上の第1号被保険者と40歳から64歳以下の第2号被保険者とに分けられている。第2号被保険者の支払う介護保険料は、健康保険料とともに健保に納められ、これが介護給

図表6-2 ● 組合健保数の推移（1983〜2008年度）

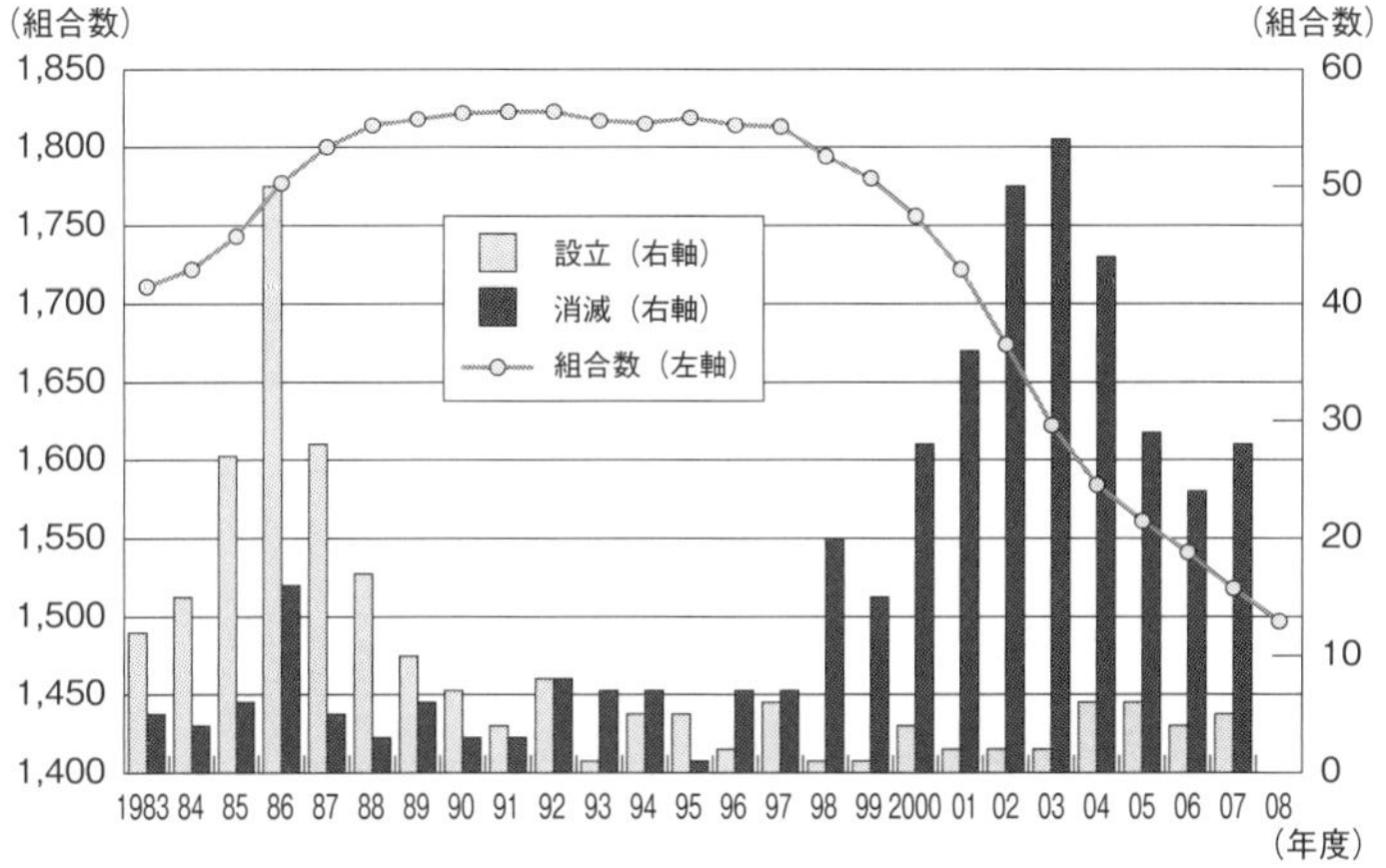

（資料）健康保険組合連合会「健康保険組合事業年報」各年度版より筆者作成。

付交付金として、介護保険の担い手（保険者）である市町村に交付される。

減少する組合健保

高齢者医療制度の支え手として期待されている組合健保ではあるが、近年、組合数の減少が著しい。組合数は、1991年度・翌1992年度に1823組合とピークを迎えたが、1998年度以降一貫して減少し続け、2008年度はピーク時マイナス326の1497組合にまで落ち込んでいる（図表6－2）。最近では、08年8月の西濃運輸健康保険組合の解散、および、同年9月の京樽健康保険組合の解散が、企業が存続したままの大型解散として注目を集めた。

こうした減少の背景として、1つは、設立要件を満たす企業数自体の減少を指摘できる。すなわち、この間、組合健保の新規設立が減少したことに加え、不況による企業の倒産および合併に伴う組合健保の解散が見られたのである。

もう1つの減少の背景として、高齢者医療制度向けの支援金等の負担が重いことなどから企業が存続したまま解散を選ぶ「自主解散」がある。こうした自主解散が認められるようになったのは1999年度からで同年度以降この傾向が強まっている。厚生省（当時）は、それまで、企業が倒産・合併する場合以外の組合健保解散を原則認めていなかったが、組合健保の財政逼迫を受け、そうした方針を転換したのだ。

支援金等の増加は著しい。2008年4月の新しい高齢者医療制度発足前も、組合健保には、老人保健制度および退職者医療制度を通じて、支援金等が課されていた。老人保健拠出金と退職者給付拠出金である。老人保健制度が導入された1983年度、支援金等は老人保健拠出金のみの3638億円で、保険給付（2兆13億円）を100％とした場合の比率（給付比）は18・2％にすぎなかった（図表6－3）。ところが、その後、支援金等は増大の一途をたどり、2002年度には、老人保健拠出金と退職者給付拠出金を合わせて2兆4266億円、保険給付（3兆1255億円）の給付比77・6％にまで膨れあがることとなった。

その後、03年度から07年度にかけて、支援金等は、依然として高水準ながらも、いったんは横ばい傾向となった。2007年度の実績を見ると、保険給付3兆2825億円に対し、支援金等は2兆3216億円、給付比70・7％である。支援金等の横ばい傾向の背景には、「三方一両損」のキャッチフレーズのもとに自民党の小泉純一郎政権下で遂行された2002年の健康保険法改正の効果がある。

図表6-3　組合健保の支出内訳（1983〜2008年度）

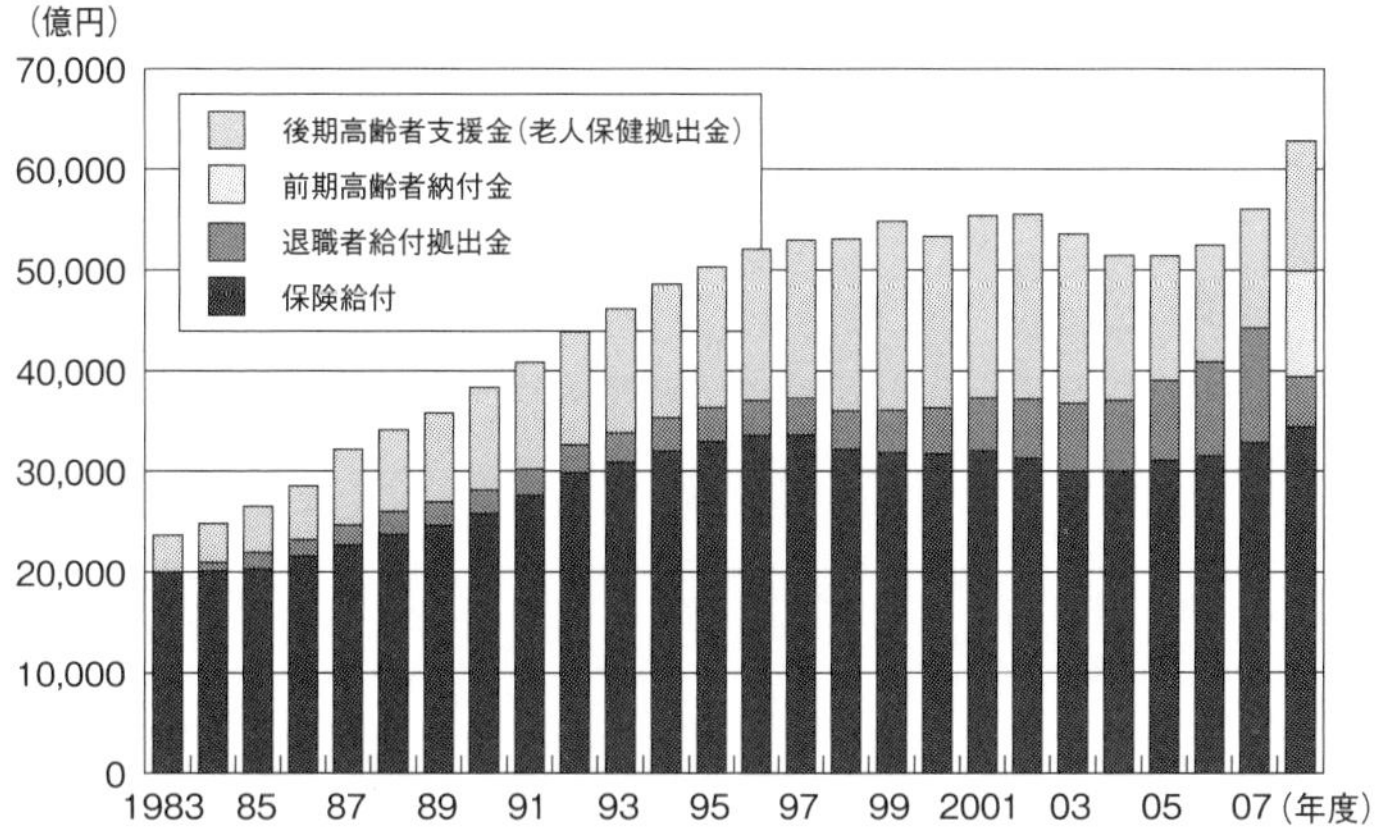

（資料）全国健康保険組合連合会「事業年報」各年度版より筆者作成。
（注）介護納付金は省略している。

その骨子は次の4点であった。

①高所得の高齢者の自己負担を1割から2割に引き上げ

②老人医療費の公費負担割合を段階的に3割から5割へ引き上げ

③診療報酬のマイナス改定（マイナス1・3％）

④2002年度から07年度にかけて老人保健の対象者を70歳から毎年度1歳ずつ75歳まで引き上げ

これらにより、退職者給付拠出金は増大しつつも、老人保健拠出金は減少し、総じて支援金等が抑制されることとなった。2003年度から2007年度にかけて段階的に約2000億〜6000億円強の支援金等抑制効果があったと推計される（西沢［2002］）。また、この間の企業業績の回復もあって、2007年度まで数年間は、組合健保の減少ペースが減速したと見ることができる。もっとも、新しい高齢者医療制度が発足した２００８年度以降、支援金等のこうした横ばい傾向は終わり、再び増大することとなった。要因は、前期高齢者納付金の導入である。今後を展望すると、少子高齢化の進行とともに、支援金等の増大は必至であり、組合健保数の減少傾向に歯止めがかかるとの期待は持ちにくい。

官製保険者協会けんぽにみえる限界

では、協会けんぽが被用者の受け皿となっているかといえば、必ずしもそうではない。第5章で見たように、被用者でありながら、厚生年金や協会けんぽからあふれ、国民年金や国民健康保険に多くの人が流れ込んでいる。協会けんぽに加入する企業の保険料負担の限界を示すかのように、２０１０年、協会けんぽ救済のための健康保険法改正が行われた。1つは、後期高齢者支援金の拠出ルールの変更である。この変更により、２０１１年度には、協会けんぽの後期高齢者支援金負担が８５０億円減り（政府推計、以下同）、組合けんぽと共済組合の支援金負担が、それぞれ、５００億円、３５０億円増えることとなった。具体的には、従来、後期高齢者支援金は、各健保の賃金水準にかかわらず、各健保が、加入者数（＝被保険者数＋被扶養者数）に応じて拠出するルールとなっていた（これを加入者割という）。改正法では、後期高齢者支援金のうち3分の1については、各保険者の賃金水準に応じて拠出するルールに変更された（総報酬割の導入）。賃金水準の高い組合健保と共済組合が、より多くの支援金を拠出するルールとなったのである。

法改正の2つ目は、国庫補助率の13・0%から16・4%への引き上げである（前出）。これにより、協会けんぽは2010年度に610億円、2011年度に920億円の増収見込みとなった。こうした泥縄式の法改正は、自発的意思ではなく、政府により人工的に作られた保険者いわば官製保険者である協会けんぽの限界を露呈している。本来的な保険者であれば、医療費節約や保険料徴収にギリギリまで努力し、その上で、必要な医療費を賄うに足る保険料率の引き上げを被保険者に説得するという手順を踏むはずである。ところが、そうしたギリギリまでの努力の有無が曖昧なまま、結局、協会けんぽは、政府に依存しているようにみえる。

政府に駆け込めばなんとかなるという気持ちが協会けんぽの心の片隅にあるとすれば、医療費節約や被保険者への適正な負担の要請といった努力もおざなりになる。地道な努力より、有力議員や霞ヶ関のもとに駆け込んで、国庫負担の引き上げを頼む方が手っ取り早いからだ。一方、その国庫負担も必要分が増税されるのではなく、赤字国債で賄われるとなれば、モラルハザードがモラルハザードを生む救い難い構図としかいいようがない。

健康保険財政の課題

健康保険財政全体を見てみると、次のような課題が指摘できる。

第1に、税の投入の規模が大きく、しかも毎年度きちんと調達できていない。国の一般会計からは合計で9・1兆円（＝協会けんぽに1兆円＋国保に3・4兆円＋後期高齢者医療制度に3・1兆円＋

介護保険制度に1・6兆円）が投入されており、これは、一般会計の社会保障関係費の約半分を占めている。地方自治体からも合計で5・4兆円（＝国保に1・6兆円＋後期高齢者医療制度に1・7兆円＋介護保険制度に2・1兆円）が投じられており、税の投入は、国と地方を合わせると14・5兆円に及んでいる。なかでも、国保、後期高齢者医療制度、介護保険制度に集中している。しかも、ここでは、「税」と便宜上書いているが、実際には、国も地方自治体も税で調達しきれておらず、赤字国債に相当部分を依存している。現在の給付を維持するための財源すら調達できていないのである。

第2に、税は中央政府から社会保障基金政府へ、より具体的には、国の一般会計から市町村の国民健康保険事業勘定や後期高齢者医療制度の広域連合などへ、「政府部門間移転」として投入されている。税の投入方法としては、一般に、こうした政府部門間移転ではなく、例えば子ども手当のように、「政府から家計への直接移転」とする方法もある（第1章）。政府部門間移転としての税投入は、国民にとって、税が投入されているという事実を実感しにくくしている。

第3に、税は、複数のルートを通じて投入されている。例えば、後期高齢者医療制度に対して、1つは国と地方の一般会計から後期高齢者医療制度へのダイレクトの税投入がある。もう1つは、協会けんぽや国保が拠出する後期高齢者支援金への一定割合の税投入である。すなわち、後期高齢者医療制度が受け取る後期高齢者交付金のなかにも、税が混入している。このように、2つのルートを通じた税の投入が、健康保険財政のキャッシュ・フローを極めて不透明なものにしている。税が投入されている効果も検証しにくい。

第4に、関係する当事者が多岐にわたり、責任の所在が曖昧である。これは、とりわけ国保、後期高齢者医療制度、介護保険に顕著である。例えば、国保は、法律上、市町村が保険者であるとされているが、国および都道府県も支出金を出しており、運営に一定の義務を負っている。被用者健保も前期高齢者納付金を出している。一見、みんなが負担を分かち合い、運営に関与しているようで、実は、誰が責任を持って運営しているのかが曖昧になっている。

その結果、市町村には、いざとなれば国や県が何とかしてくれるという気持ちがどこかにあるかもしれない。国からすれば、保険者である市町村、それを指導する立場である都道府県がしっかり責任を持って欲しいと思うだろう。被用者健保から見れば、被保険者の健康管理徹底などで自らの組合の給付を抑えようといくらがんばっても、年々増える支援金等でそれが帳消しにされてしまい、不満ばかりが募ることとなる。

第5に、社会保険料が、本来的な社会保険料の役割を大きく踏み外している。それは、被用者健保に顕著であり、健康保険料として被保険者から費用が徴収されても、それが給付だけでなく、支援金等として他制度に所得移転される。しかも、その実態は被保険者には分からない。社会保険料は、本来、負担と受益の対応関係を身上としているはずであるが、こうした所得移転は、健康保険料の負担と受益の対応関係を大きく崩している。

第6に、財政錯覚が、過度な医療サービスの需要を招きかねない。サービスの需要者側は、実際にかかっているコストより、価格が安く抑えられていれば、コストそのものが安いのだと錯覚する。それが財政錯覚だ。国保や後期高齢者医療制度の健康保険料は、各制度の支出から税や支援金等の受け入れを差し引いた後の額であり、各制度の実際のコストを反映していない。被保険者が、医療費のコストを認識するのは、自らの懐の痛む健康保険料および窓口負担であり、医療費のコストが安く済んでいると錯覚した被保険者は、過度な医療サービスを求めることとなるかもしれない。

以上から、税と社会保障の一体改革を進めていくにあたっての核心的論点の1つが改めて確認できる。制度を根本的に改めることなく、国民に負担増を（しかも本格的な負担増を）求めることが、果たして可能なのかということだ。政府が「医療のために消費税を！」と繰り返し叫んだとしても、支援金に税が混入するといった複雑なキャッシュ・フローを放置し、かつ、国民が自分の財布で恩恵を実感することのない政府部門間移転による税投入を続けているような構造のままでは、国民に増税の必然性を理解させることは難しい。したがって、消費税や社会保険料の本格的な引き上げの前には、膨大な作業を伴うが、健康保険制度を根本的に見直して、分かりやすい構造に変え、その上で負担増の必然性を国民に伝えることが有効である。一見、遠回りのように見えるが、本格的な負担増を実現するには、案外近道ではないだろうか。

これと同様の趣旨と思われる内容を、古川元久氏（社会保障と税の抜本改革調査会副会長）は、次のように述べている。

「ただ、今の制度をそのまま維持するためだけに負担増ということで国民が納得してくれるかと言えば、やはりそれはそうではないと思う。そうではなくて、こういう形で変えていってこういう安心が生まれてくる。だから、そこにかかる費用としてこれだけ要る、という形のものがないといけないのではないか」

社会保障改革に関する集中検討会議への準備作業会合（２０１１年４月２３日）における極めて重要な発言だ。

2 後期高齢者医療制度は高齢者差別ではない

前身は老人保健制度

２００８年４月にスタートした後期高齢者医療制度は、高齢者の反発を招いた。それを受け、２００９年の衆議院選挙に向けた民主党マニフェストでは、高齢者を差別する後期高齢者医療制度を廃止し、医療制度に対する国民の信頼を高めると唱えられた。しかし、後期高齢者医療制度は、後期高齢者自らの保険料負担が０・８兆円でしかないことからもうかがえるように、高齢者を特段差別していない。高齢者いじめでもない。以下では、後期高齢者医療制度に向けられた主要な批判を１つずつ検証していく。

そもそも、後期高齢者医療制度は自民・公明党政権下の２００６年６月に法律が成立し、２００８

年4月にスタートした。なお、後期高齢者医療制度に注目が集まるが、65歳から74歳の前期高齢者の医療費に関し、被用者健保から前期高齢者納付金（前出）として国民健康保険に所得移転する仕組みが同時に導入された。よって、2008年4月にスタートした制度は、後期高齢者のみならず前期高齢者を合わせた新たな高齢者医療制度として本来捉えられるべきである。

後期高齢者医療制度に向けられた批判の1つは、その名称である。確かに、後期高齢者という呼称は、もはや人生に「後」がないようにも聞こえ、人によっては不快感を持つこともあろう。しかし、後期高齢者医療制度の前身の名は「老人保健制度」である。言葉の受け止め方は人によって異なるとはいえ、「老人」よりも「後期高齢者」の方が、中立的な語感を持っているとの当時の判断は必ずしも間違ったものではなかったといえよう。

老人保健制度と枠組みに大差なし

次に、後期高齢者医療制度と老人保健制度とは、それほど大きな制度変更があった訳ではない。老人保健制度も、後期高齢者医療制度と同様に、75歳以上の後期高齢者を対象とし、その給付財源は、保険料、税、および、被用者健保と国保からの老人保健拠出金で賄われていた（図表6－4）。老人保健制度と後期高齢者医療制度の枠組みはほぼ共通なのである。老人保健制度と後期高齢者医療制度との最大の違いは、加入する制度と給付を受ける制度が異なるか同じかということである。少々ややこしいが以下に説明する。実際には、ささいな違いであり、後期高齢者医療制度が特段の差別ではな

図表6-4 2007年度のキャッシュ・フロー

（兆円）

制度	収入	保険料	税	国	地方	療養給付費等交付金	その他	支出	給付	支援金等	老人保健拠出金	退職者給付拠出金	介護納付金	その他
組合健保	6.7	6.6	–	–	–	–	0.2	6.6	3.3	2.3	1.2	1.1	0.5	0.4
政管健保	9.2	6.8	0.9	0.9	–	–	1.5	9.3	4.3	2.9	1.8	1.1	0.6	2.2
共済組合	2.4	2.1	–	–	–		0.3	2.4	1.1	0.8	0.4	0.4	0.2	0.3
国民健康保険	12.7	4.3	5.3	3.6	1.7	2.7	4.8	12.8	8.8	2.4	2.4	–	0.7	0.8
計	31.1	19.7	6.3	4.5	1.7	2.7	6.8	31.2	17.4	8.4	5.8	2.7	2.0	3.8

制度	収入	税	国	地方	老人保健拠出金	支出	給付
老人保健制度	10.3	4.7	3.2	1.5	5.5	10.3	10.3

制度	収入	保険料	税	国	地方	介護給付交付金	支出	給付
介護保険制度	6.9	1.3	3.4	1.5	2.0	1.9	6.7	6.2

（資料）図表6－１に同じ。
（注）政管健保とは、政府管掌健康保険の略。協会けんぽの前身。

いことが分かる。

　例えば、75歳を過ぎて会社勤めをしている人がいるとする。中小企業のオーナー社長、あるいは、大企業の元社長が常勤顧問として企業に残っているケースなどがこれに相当する。老人保健制度のもとでは、大企業の顧問であれば組合健保、中小企業のオーナー社長であれば協会けんぽにそれぞれ加入し、健康保険料を支払っていた。もっとも、こうした人は少数派であり、大多数の人は、市町村の国保に加入していた。いずれにしても、それぞれの健康保険制度に保険料を支払っていた（その一部が、老人保健拠出金として老人保健制度へ流れていく）。一方、給付は老人保健制度という1つの財布から受けることになっていた。大企業顧問も、中小企業オーナーも、国保加入者も老人保健制度から給付を受けるのである。

第5章で解説した年金制度を想起してもよい。年金制度でも、厚生、共済、国民各年金制度の加入者は、それぞれの制度に保険料を払いつつ、老後は共通して基礎年金を受け取る。これと似たような構造である。

これに対して、後期高齢者医療制度では加入と給付は同一になった。同制度発足後、大企業の顧問や中小企業オーナーも後期高齢者医療制度に加入し、そこから給付を受けるようになった。加入と給付を同一制度とすることが、後期高齢者医療制度のねらいの1つだったのだ。現役であるにもかかわらず、組合健保や協会けんぽに加入できなくなることには一抹の寂しさや疎外感もあろう。ただ、それは健康保険制度に限ってのことであり、会社との関係が変わる訳でもなく、かつ、そうした人々は少数派でもある。このように、老人保健制度と後期高齢者医療制度とでは、実質的にはそれほど大きな差異はない。

ただ、新しい高齢者医療制度では、後期高齢者については、その他の人々とは異なる診療報酬（医療費の価格体系）が設けられた。終末期相談支援料、後期高齢者支援料などがそれに当たる。病気になりやすく（罹病率が高く）、治療も長期化しやすいという後期高齢者の心身の特性にふさわしい医療を提供するという説明がそこに付けられた。この点においては、後期高齢者を別扱いしていたともいえよう。ただ、これも2010年度に廃止されており、これをもって、後期高齢者医療制度に関する騒動は終わったという見解もある。

若年層より極端に軽い高齢者の負担

2008年4月の新制度スタート当初、高齢者の負担が重くなったという批判が全国規模で起き、自民党政権は、急遽2008年度補正予算で、「高齢者医療円滑運営対策費」として2528億円を計上、負担軽減策をとった。しかし、負担が重くなったという批判も当たっておらず、政府の対応は過剰であったといえる。なお、この負担軽減策は民主党政権発足以降も続いており、2011年度は2807億円の予算が2010年度補正予算で成立している。

実際の高齢者の負担について見ていこう。まず、後期高齢者医療制度のもとで、保険料が全国平均的に高くなった訳ではない。老人保健制度のもとでは、後期高齢者の大多数は国民健康保険に加入していたため、保険料は市町村ごとに異なっていた。他方、後期高齢者医療制度のもとでは、保険料は都道府県単位の広域連合内であれば単一となった。よって、後期高齢者医療制度が発足することにより、保険料負担が上がる人もいれば、下がる人もいた。このなかで、保険料負担が上がった人の声がクローズアップされた側面があったといえる。

ただし、後期高齢者医療制度が発足する前は、現役の息子が老親を扶養していた場合などで、後期高齢者が、扶養者が加入する健保の被扶養者となっていたケースがある。こうした場合、新制度では、

図表6-5●高齢者と現役層の保険料負担

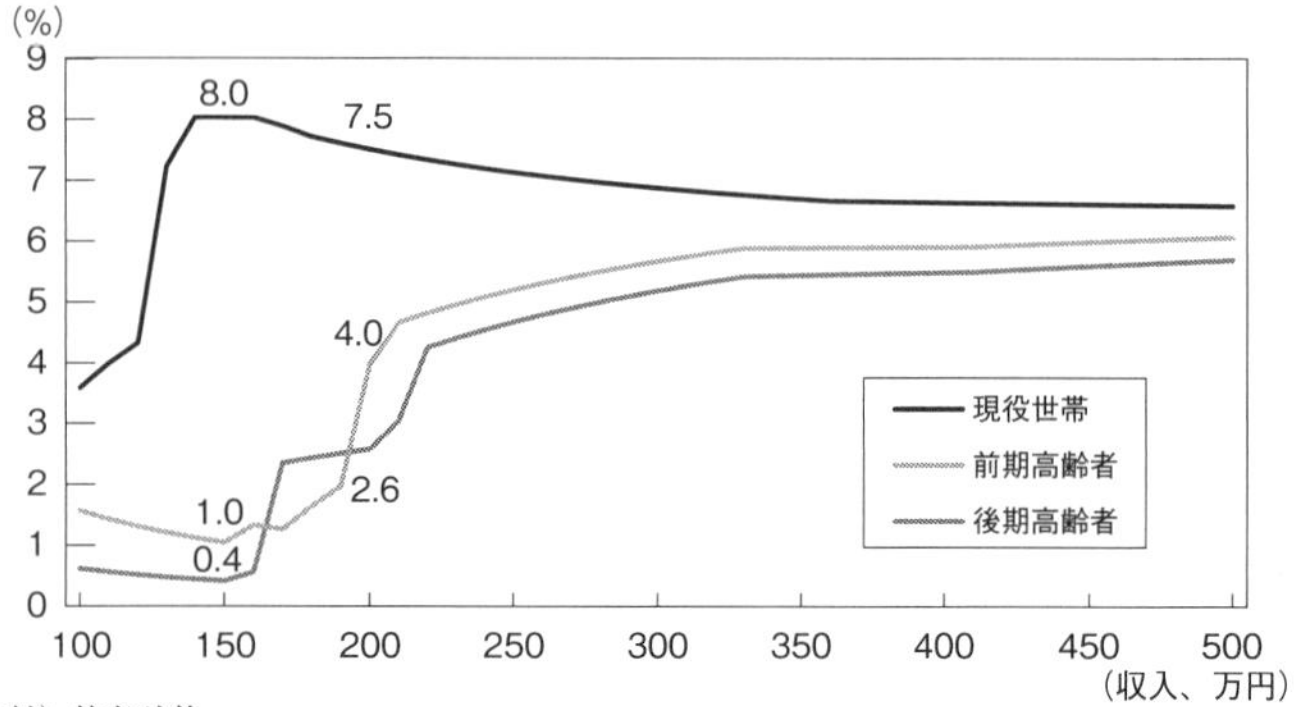

（資料）筆者試算。
（注1）現役と年金受給世帯は、旧ただし書方式採用などの条件から抽出した、1,663保険者の平均値。1人世帯を想定。
（注2）保険料は2008年度の数値。

被扶養者の後期高齢者にも、新たに保険料の負担が課されることになった。

現役と高齢者とを比較した場合、依然として、高齢者に極めて有利な保険料になっている。それを示すため、収入１００万円から５００万円まで10万円刻みで、現役世帯、前期高齢者、後期高齢者の３世帯について保険料を試算してみた（図表６－５）。いずれも１人世帯を対象にしている。試算結果は収入対比の保険料負担で示した。すると、低収入層において、現役世帯と高齢世帯との間に、著しい保険料負担の格差があることが分かる。例えば、年収１５０万円の場合、現役世帯、前期高齢者、後期高齢者の保険料負担は、それぞれ８・０％、１・０％、０・４％であり、年収２００万円の場合、同様に、７・５％、４・０％、２・６％である。

現役世帯と高齢世帯との間に存在する、こうした顕著な格差は、個人所得税制と密接に関係している。

国保および後期高齢者医療制度の保険料を算出する際の所得は、一般に次のように定義されている。ちなみに、これを「旧ただし書方式」による所得という。

給与所得者の場合、所得＝給与収入－給与所得控除－基礎控除（33万円）

年金受給者の場合、所得＝年金収入－公的年金等控除－基礎控除（33万円）

第3章で述べたように、公的年金等控除が給与所得控除に比べて手厚いことを通じて、高齢世帯の保険料負担が抑制されているのである（ここでも税と社会保障の一体改革が不可欠である）。

さらに、前期高齢者と後期高齢者とを比べても、特に低収入層で、後期高齢者の保険料負担が極端に低くなっている。これは、前述の補正予算が組まれたことによる。後期高齢者医療制度の保険料は、1人当たり定額部分（均等割）と所得割の2つから構成されている。収入が低い層に対しては、均等割が、収入に応じ2割、5割、7割軽減されるのがもともとの仕組みであったが、補正予算により、均等割が最大9割が軽減されるようになり、かつ、所得割が収入に応じて5割軽減されるようになったのである。

加えて、診療所や病院の窓口で支払う自己負担に関しても、高齢者は現役世帯に比べて軽くなっている。70歳未満の被保険者は、自己負担は3割である。それに対し、70歳～74歳は2割（現在1割に凍結）、後期高齢者は1割である（いずれも一部の相対的な高所得層を除く）。このように、もし「差別」という民主党マニフェストの扇情的な用語を用いるのであれば、むしろ若年層の方が差別されているといってよいだろう。

前期高齢者納付金の導入

新しい高齢者医療制度のもとでは、被用者健保の財政的負担は重くなっており、やはり、高齢者を差別しているという批判はあたらない。2008年4月の新しい高齢者医療制度により、65歳から74歳の前期高齢者の加入比率をもとに、前期高齢者の加入者が少ない被用者健保から前期高齢者が多い国保などへの財政支援（財政調整）が始まった。前述の前期高齢者納付金である。この納付金制度の導入は被用者健保に多大な影響を与えている。

例えば、2007年度と2008年度の組合健保の支出をみると、2007年度の老人保健拠出金は1・2兆円、退職者給付拠出金は1・1兆円で、支援金等の合計は2・3兆円である（図表6－4）。退職者給付拠出金とは、国保に加入している74歳までの被用者OBの医療費に対する財政支援であった（75歳以上は老人保健制度に移る）。

2008年度は、支援金等計が前年度の2・3兆円から2・7兆円へ増えている（図表6－1）。退職者給付拠出金は、対象者を64歳までに縮小した結果、1・1兆円から0・5兆円に約0・6兆円減少したが、一方で、新たに前期高齢者納付金が導入され、それが1・0兆円に及んだことにより、こうした増加が発生したのである。前期高齢者納付金は前期高齢者の人数だけに着目している。前期高齢者が被用者健保のOB・OGであるか否かにかかわらず、全ての前期高齢者の医療費に対して、被用者健保から国保へと財政支援を行うものである。

3 高齢者医療制度改革の本来の論点

本来あるべき論点とは

このようにみると、2008年4月にスタートした新しい高齢者医療制度に対しては、高齢者の差別という批判ではなく、次のような問いがなされなければならない。

第1に、後期高齢者医療制度は、老人保健制度と大枠において変わらず、引き続き国と地方の一般会計、および、被用者健保と国保からの後期高齢者支援金に依存している。一般会計の財政健全化の道筋が全く見えず、少子高齢化が進行し、さらに、低成長経済へ移行するなかで、果たしてこうした依存構造に財政的持続可能性があるのか。また、本章1節で指摘したように、社会保険料を原資とした所得移転に合理性はあるのか。

第2に、後期高齢者支援金のみならず、前期高齢者納付金が新たに加わったことで、被用者健保の負担がむしろ増えることとなった。それは、高齢者医療制度の持続可能性を一層脅かすこととなったのではないか。

第3に、後期高齢者の保険料負担および自己負担が同じ収入の現役世代に比べ、極端に軽い（図表6－5）。公平性の観点からみて、こうした格差の合理的根拠はどこにあるのか。とりわけ、今なお続く高齢者医療円滑運営対策費は、選挙を意識した単なるバラマキではないのか。

第4に、老人保健制度に組み込まれていた医療費抑制のインセンティブが、後期高齢者医療制度ではなくなってしまった。老人保健制度のもとでは、老人保健拠出金の算定にあたって、自らの健康保険組合加入の後期高齢者が年間に要した医療費が参酌されていた。すなわち、自らの組合加入の後期高齢者が健康促進を図れば、それだけ、老人保健拠出金は少なくて済み、保険料率も引き下げることができていた。後期高齢者医療制度では、この仕組みはなくなってしまった。

第5に、後期高齢者医療制度を運営する広域連合とは一体何なのか。広域連合は、都道府県でもなければ、市町村でもない、地方自治法上の特別の自治体という鵺《ぬえ》のような存在である。また、保険者とは位置づけられていない。例えば、広域連合に関する、厚生労働省保険局総務課長（当時）の次のような記述がある。「言わば、実質的には保険者として機能することとなり、保険者機能を発揮することが期待される」（栄畑［２００７］）。すなわち、広域連合は、保険者ではないということである。こうした広域連合で、果たして主体的に後期高齢者医療制度を運営していけるのか。

米国メディケアSOSIの示唆

こうした論点のうち、第1から第4の点をより浮き彫りにするのは、第4章で述べた米国の連邦連結財務諸表におけるＳＯＳＩ（社会保険報告書）である。米国には、65歳以上を対象とした連邦政府の医療保険制度としてメディケアがあり、メディケアについても、公的年金（ＯＡＳＤＩ）と同様にＳＯＳＩが作成されている。

メディケアは、給付の範囲によってパートAからパートDまで4つのパートに分かれており、そのうち、連邦政府が運営しているのは、A、B、Dの3つ、主体となるのはAとBである。パートAは強制加入であり、入院時の給付をカバーしている。財源は公的年金の社会保障税12・4％（労使折半）とともに支払われるメディケアの社会保障税2・9％（同）である。一定期間の社会保障税の支払いにより、65歳になるとメディケアパートAに加入することができる。加入以降は、社会保障税の負担はない。

パートBは任意加入である。パートBは、パートAではカバーされない外来診療などの給付を対象としている。財源は、65歳以降に支払う保険料と連邦政府の一般会計からの移転である。保険料は、一定の収入以下であれば月110・5ドル（2010年）であり、財源総額に占める保険料のウエイトは約4分の1である。このように、メディケアの財源は、現役の支払う社会保障税、あるいは、税に大部分を依存している。メディケアの問題は、少子高齢化が進むもとでの財政問題なのだ。日本の高齢者医療制度が抱える問題も同様である。

さて、メディケアパートAのSOSIをみると、収入（2010年）の合計は14・4兆ドルであり、内訳は、現在の加入者（受給資格年齢到達者）0・2兆ドル、現在の加入者（受給資格年齢未到達者）7・2兆ドル、将来の加入者6・9兆ドルとなっている（図表6－6）。他方、支出は合計17・1兆ドルに及び、内訳は、それぞれ、2・6兆ドル、12・0兆ドル、2・4兆ドルとなっている。差引OGM（open group measure）マイナス2・7兆ドルである。CGM（closed group measure）を

図表6-6 メディケアの社会保険報告書（SOSI：Statements of Social Insurance）

（兆ドル）

パートA		2010年	2009年
収入	現在の加入者（受給資格年齢到達者）	0.2	0.2
	現在の加入者（　〃　未到達者）	7.2	6.3
	将来の加入者	6.9	5.5
	合計	14.4	12.0
給付	現在の加入者（受給資格年齢到達者）	2.6	3.0
	現在の加入者（　〃　未到達者）	12.0	18.1
	将来の加入者	2.4	4.7
	合計	17.1	25.8
収入－給付	(=open group measure)	**−2.7**	**−13.8**

パートB		2010年	2009年
収入	現在の加入者（受給資格年齢到達者）	0.5	0.5
	現在の加入者（　〃　未到達者）	3.5	4.2
	将来の加入者	0.8	1.3
	合計	4.8	6.0
給付	現在の加入者（受給資格年齢到達者）	2.2	2.1
	現在の加入者（　〃　未到達者）	12.6	16.3
	将来の加入者	3.0	4.7
	合計	17.7	23.2
収入－給付	(=open group measure)	**−12.9**	**−17.2**

パートD		2010年	2009年
収入	現在の加入者（受給資格年齢到達者）	0.2	0.1
	現在の加入者（　〃　未到達者）	1.6	1.4
	将来の加入者	0.7	0.6
	合計	2.5	2.2
給付	現在の加入者（受給資格年齢到達者）	0.6	0.6
	現在の加入者（　〃　未到達者）	6.4	6.1
	将来の加入者	2.7	2.6
	合計	9.7	9.4
収入－給付	(=open group measure)	**−7.2**	**−7.2**

（資料）‘2010 Financial Report of the United States Government’より抜粋。

計算するとマイナス7・2兆ドルとなる。

続いて、パートBについてみると、OGMはマイナス12・9兆ドル、CGMはマイナス10・8兆ドルとなっている。なお、パートBの収入に、連邦政府の一般会計からの移転はもちろん計上されていない。メディケアA、B、Dの合計は、OGMがマイナス22・8兆ドル、CGMがマイナス23・2兆ドルである。これは、公的年金のOGMマイナス7・9兆ドル、CGMマイナス19・7兆ドル（第4章）を大幅に上回る規模である。それだけ、メディケアの長期的財政の持続性が危ぶまれていることになる。メディケアについても、長期的財政の持続可能性を高めていくためには、CGMを極力抑制していくことが重要である。

こうした米国の状況を踏まえれば、日本の高齢者医療制度改革が目指すべきベクトルは、現在の民主党政権の議論と全く逆の方向を向くことになる。高齢者医療制度も、年金同様、少子高齢化が進む下での長期的な財政の持続可能性確保の問題として捉えられるべきなのである。昨今の議論のように、現在の受給資格年齢到達者（高齢者）の負担を減らす一方で、被用者健保からの支援金等を拡大したり、公費負担と称して引き続き一般会計からの移転に財源も曖昧なまま依存したりすることは、結局将来世代への依存度を高めていくことになり、ひいては日本の高齢者医療制度の長期的持続可能性を低下させることになる。

積立方式の望ましさとフィージビリティー

ＣＧＭがゼロになれば、将来の加入者からの移転に頼らず、高齢者医療制度が財政運営されることになる。すなわち、高齢者自らがそれだけの保険料を支払うか、既にＣＧＭに相当する積立金が存在することが必要である。実際、日本でも、健康保険制度を積立方式にせよとの提案もなされる（例えば、鈴木［２００９］、岩本・福井［２０１０］）。これは、長期的な視点に立脚した、健全な方向である。ただ、実際には、積立金に関して検討すべき課題がある。

仮に数百兆円もの積立金が積み上がったとして、積立金をどのような資産で運用し、どのように管理するのかという問題である。これは、公的年金の積立金運用に対して投げかけられる課題と同様である。公的年金積立金の運用対象には、国債のみならず、株式や社債も含められている。政府が民間企業の株式や社債を保有する問題や、多額の積立金が目の前にあるが故に、足もとでの年金財政健全化努力が怠られるモラルハザードなどが、常に指摘され続け、実際に起きている。

そこで、現実的な解を示していると思われるのが、やはり米国の連邦連結財務諸表である。連邦連結財務諸表はＣＧＭという指標を重視し、それを貸借対照表に負債計上することはしないまでも、負債に準ずるものとしてＳＯＳＩに計上し、連邦政府全体のなかで捉えようとしている。

この考え方を現在の日本政府に援用すると、健康保険制度や公的年金制度において必ずしも積立金を積み上げずとも、一般会計における国債発行残高が抑制されれば、一般会計と社会保障を連結してみれば、健康保険制度や公的年金制度が大きな積立金を持つのと同等の効果を得られることになる。すなわち、一般会計の財政健全化を急ぐことが、翻って、健康保険や年金の長期的な持続可能性を高めるのである。こうした観点から、第2章で述べたアイディア、すなわち、社会保障目的の消費税を過去に社会保障関係費を賄うために発行してきた国債の償還に充てるというアイディアは合理的である。もちろん、その上で、年金や健康保険に積立金があれば好ましい。

スウェーデンの地方自治と医療・介護

前述の第5の論点（広域連合の問題）をより明瞭にするのは、スウェーデンの医療制度である。スウェーデンでは、地方政府は、基礎自治体である290のコミューンと、その地域連合（regional association）である21のカウンティ・カウンシルで構成されている。コミューンは、主に高齢者介護と教育を提供し、カウンティ・カウンシルは、主に保健医療サービスを提供している。それぞれが課税権を持ち、税率も異なっている（水平的財政調整はある）。そもそも、こうした地方自治体の成立過程をさかのぼると、コミューンやカウンティ・カウンシルができる前は、中世から続く約2500の教区が税を徴収し、司祭と住民代表の協議で、救貧行政などを実施していた。

1862年、救貧行政と初等教育を柱とする広範な仕事が、その目的のために作られたコミューンに割り当てられた。教区とコミューンは地理的に同一である。その7年後の1869年には、規模の小さいコミューンでは限界のある保健医療サービスの提供のためにカウンティ・カウンシルが作られた。コミューン、カウンティ・カウンシル、いずれも、ある特定の行政サービスを提供するために、作られたのである。高齢者医療の引き受け手が現れないために、鵺のような広域連合を作った日本とは対象的だ。

高齢者医療制度改革会議の評価と課題

さて、再び日本に目を転じると、高齢者差別という問題認識を出発点に、約1年間開催されてきた高齢者医療制度改革会議は、2010年12月に「高齢者のための新たな医療制度等について（最終とりまとめ）」を公表した。「最終とりまとめ」は、改革の工程として約7年間を展望し、さらにそれを第1段階（2013年度施行予定）と第2段階（2018年度施行予定）に分けている。第1段階がいわゆる後期高齢者医療制度の廃止に相当する部分、第2段階が、国保の都道府県単位化を進める部分となっている。

結局、「最終とりまとめ」は、「後期高齢者医療制度を廃止する」と拳を振り上げた民主党に、厚生労働省が表面上付き合いつつも（第1段階）、実質的には同省にとって長年の懸案であった国保の都道府県単位化（第2段階）を目論んだ内容になっている（国保の都道府県単位化は、民主党のマニフェストとも矛盾するものではない）。よって、「最終とりまとめ」のうち、高齢者に関する第1段階の部分は、特段目新しい内容はなく、従来型の議論の延長線上にある。そのポイントは、次のように整理できる（第2段階部分は次章で扱う）。

1つは、後期高齢者が加入する制度を、老人保健制度時代に戻すことである。もちろん、「最終とりまとめ」では、老人保健制度時代に戻すという表現は用いられていない。これにより、後期高齢者の大部分は、市町村の国保に加入することになる。もっとも、国保加入の後期高齢者に関しては、都道府県と市町村が役割分担して、制度運営に当たることにしている。財政運営や基準となる保険料の設定は都道府県が、保険証の発行や被保険者の資格管理、保険料徴収、給付など実務面は市町村が実施する。

なお、後期高齢者の保険料は、単純に国保に加入したのであれば、再び市町村ごとに異なることとなるが、都道府県が財政運営を行うことにより、後期高齢者医療制度と同様に都道府県内で均一のままとなる。ただ、「最終とりまとめ」では、都道府県は「保険者」であると明記されず、「単位化」とのみ記されている。後期高齢者医療制度の問題点の1つは、広域連合に落ち着かせざるを得なかった責任体制の曖昧さである。明確に保険者を定めていない「最終とりまとめ」が、どの程度責任体制への解答となっているのか、不明である。

2つ目は、後期高齢者支援金、前期高齢者納付金など支援金等の枠組みを存続させ、さらに、後期高齢者支援金に関しては、被用者健保の間で垂直的再分配を強めることである。支援金の拠出ルールは、既に述べたように、現在、総報酬割3分の1、加入者割3分の2となっている。これは、2010年の健康保険法改正で導入されたばかりのルールである。ところが「最終とりまとめ」では、支援金の拠出ルールを総報酬割だけにする案が提案されている。これにより、賃金水準が低い健保の負担がさらに軽減される一方で、賃金水準の高い健保の負担がより増すことになる。すなわち、垂直的再分配が強められる。「最終とりまとめ」では、垂直的再分配という言葉は使われていないが、極力、社会保障と税において、共通化し得る用語は共通化して議論されるべきであろう。

垂直的再分配は、国民皆保険を維持していく上で、不可欠な要素ではある。だが、社会保険料を通じて、垂直的再分配を強化していくことへの是非については十分な議論が必要である。社会保険料に再分配を持ち込めば、持ち込むほど、負担と受益の対応関係を旨とする本来的な社会保険料から遠ざかっていくからだ。むしろ、税と社会保険料の役割の再構築といったダイナミックな議論が展開されるべきである。税と社会保障の一体改革でなければならないのだ。

さらにいえば、支援金拠出ルールの頻繁な見直しも問題だ。2008年の制度発足時は、加入者割のみ、2010年に総報酬割の一部導入、さらに、その直後に総報酬一本化の提案が出される状況を見ると、全く場当たり的であり、中長期展望の欠如を指摘されても仕方がない。

3つ目は、存在の怪しい「公費」の充実を目指していることである。現在、75歳以上の給付費における公費負担は47%になっているが、最終とりまとめでは、これを50%にしたいとしつつ、その財源については、今後の議論に委ねている[1]。改革案に「公費」の充実を折り込むと、保険料が抑制されて計算され、改革案が国民に受け入れられやすくお化粧されるのである。「最終とりまとめ」には次

1　報道によれば、所要財源は約2000億円（2011年5月17日付日本経済新聞朝刊）。

のように書かれている。「定期的に医療費の動向や社会経済情勢等を踏まえながら、公費のあり方等を検討する仕組みとし、これを法律に明記する」

本来「税」でしかないにもかかわらず、「公費」という名称を使ってオブラートに包み、公費の引き上げのみを先に決め、その具体的な財源については後で決めましょうということだ。基礎年金の国庫負担割合引き上げの顚末に学んでいない。基礎年金の国庫負担割合については、2004年の年金改正で、2009年度までに3分の1から2分の1へ引き上げられることが決められた。その財源は、それまでの間に税制の抜本改革を実施して賄われることが、年金法の附則に盛り込まれた。ところが、税制の抜本改革が行われることはなく、2分の1への引き上げ財源は、今日に至るまで埋蔵金頼みになっている。

4つ目は、後期高齢者の給付財源に占める後期高齢者自らの保険料と支援金のウエイトを段階的に変更する仕組みを修正することである。この仕組みは、もともと世代間の負担を公平にすることを目的として盛り込まれたものである。2008年度に、後期高齢者の給付財源に占める後期高齢者の保険料のウエイトは10%、支援金は44・2%であったが、これを2015年度には、10・8%、43・4%とすることが想定されていた（第4回高齢者医療制度改革会議資料3、6ページ）。「最終とりまとめ」では、後期高齢者の保険料のウエイトが上がっていく方向性は維持しつつも、上がる程度を抑制するとしている。その分、支援金のウエイトが高まることになる。それにより、75歳以上の1人当たり保険料の伸びが、74歳未満の1人当たり保険料の伸びを上回り続ける状況が解消され、両者の伸びが均衡するようになるとされている。しかし、現在の高齢者の保険料水準は若年層に比べて極端に低く、まずこうした格差が是正された上で、伸び率の均衡が図られるべきではないだろうか。

5つ目は、2008年4月の新制度発足後に補正予算を組んで実施され、今日まで継続している保険料軽減策や、70歳から74歳までの自己負担割合1割への凍結といった救済措置をやめて、これらを本来の姿に戻すということである[2]。これは、改革ではなく、2008年4月の制度発足当初の姿に戻すだけである。しかし、こうした元に戻すだけの方針に対してすら、民主党の高齢者医療制度改革ワーキングチーム（柚木道義主査）は反対を表明している[3]。

高齢者医療制度改革会議の「最終とりまとめ」に基づいて、今後、法案が出されるのか、あるいは何も進まないのか、現時点では不透明である。「最終とりまとめ」に対する政府・与党の扱い方も、いかにも宙ぶらりんという感じである。高齢者医療制度に関しては、高齢者の差別という扇情的プロパガンダではなく、高齢者医療制度を長期的に持続可能なものとするにはどうすればよいか、いったい誰が主体的に制度を運営していくのか、といった視点で議論が仕切り直されなければならない。

2　報道によれば、それにより得られる財源は約2000億円（2011年5月17日付日本経済新聞朝刊）。

3　もっとも、これは党側が日本の置かれた財政状況や著しい世代間格差に無頓着なだけだと簡単に片付けられない側面もある。なぜなら、党側はマニフェストに忠実であろうとしていると解釈できるからである。問題は、マニフェストの明確な修正がなされないまま、政府は政府で政策決定が行われていることにある。こうした二元体制は、国民を混乱させることにもなる。

第 7 章

国民皆保険の現状と改革の指針

高齢者医療制度改革会議の「最終とりまとめ」は、高齢者医療の名を借りつつも、主眼は市町村による国民健康保険（一般に「市町村国保」、以下本章では「国保」という場合は国保組合を含まずに市町村国保を指す）の都道府県単位化に据えられている。そうした国保の抱える諸課題への取り組みは、社会保障制度改革のなかでも、極めて重要な要素である。

例えば、国保は国民皆保険のラストリゾート（最終避難場所）としての役割が期待されているにもかかわらず、加入世帯の20％超で保険料が正常に支払われていない深刻な状況にある。あるいは、国保には、国と地方の一般会計から多額の税が投入されており、国と地方の財政健全化の観点からも、その再建（財政健全化）が強く求められている。

しかし、「最終とりまとめ」が目指す都道府県単位化をはじめ、国保の抱える諸課題への取り組みは一筋縄ではいかない。1つは、国保の保険者（運営主体）である市町村が、一様ではないことだ。保険者は1788市町村に及び、人口規模、高齢化率、所得水準、および、医療サービス提供水準などそれぞれ置かれている状況が大きく異なっている。例えば、横浜市のように人口368万人（2010年9月時点、神奈川県人口統計調査）の政令指定都市もあれば、東京都青ヶ島村のような人口165人（2010年4月時点、青ヶ島村役場ホームページ）の村もある。

2つ目は、国保の加入者が多様であることだ。組合健保であれば、加入者は同じ企業、あるいは、少なくとも同業の被用者で構成されている（国保組合も同様）。それはいわば同質の集団といえる。一方、国保の加入者は、年金受給者、失業者、被用者、および、事業所得者など多様である。国保の加入者の平均像をイメージして、それをもとに国保のあり方を議論することは困難であり、恐らく望ましくもない。

3つ目に、複雑に入り組んだ制度やキャッシュ・フローも、国保の全体像の把握を困難にしている。例えば、国保の財源（収入）は、加入者が支払う国民健康保険料だけでなく、国・都道府県・市町村の一般会計からの支出金や被用者健保からの前期高齢者交付金など多岐にわたっている（第6章）。一方、支出は、機能別に細かく分かれている。保険料の算出方法も、被用者健保とは異なり、所得割、資産割、世帯割、平等割の4要素で構成されるのが一般的で、同じ所得の世帯でも市町村ごとに保険料の金額は異なる。

加えて、国保再編および財政再建へ向けた合意形成を考えるとき、国保の保険者は市町村だが、財政を支えているのは加入者に加えて、国、都道府県、市町村、（前期高齢者納付金を拠出している）被用者健保と多岐に渡り、かつ、複数存在することが、議論の足取りを重くしている。例えば、「最終とりまとめ」が提案する、市町村国保の都道府県単位化については、都道府県側からの反対意見が強い。引き受け側にその気がなければ、いくら国が指導したところでうまく機能しないだろう。国保の抱える諸課題を解決していくには、地道な実態把握と合意形成の繰り返しが必要だ。

1 国民健康保険の現状

就業別加入世帯の推移と滞納

国保に加入する世帯の就業状況は、時系列で大きく変化している（図表7－1）。国保の職業別世帯数の割合の推移を1970年度から2008年度まで見てみると、国民年金（第5章）と同様に、かつては農林水産業者や自営業者のための制度であったことが分かる。図表で「その他自営業者」とあるのは、農林水産業以外の自営業者を指している。

ところが、その後、1970年代から一貫して農林水産業者の比率が下がり、続いて1990年代から自営業者の比率が下がった。一方、1970年代からは無職世帯の比率が大幅に上昇し、農林水産業者や自営業者の比率が低下した分、被用者の比率が目立つようになっている。ここで無職世帯の多くは年金受給者世帯である。

なお、2007年度から2008年度にかけて、グラフに大きな屈折が見られる。これは、2008年度に後期高齢者医療制度が発足した影響である。後期高齢者の多くは2007年度までは国保の被保険者となっていたが、2008年度からは後期高齢者医療制度の広域連合の被保険者となり、国保の統計から除かれたのである。また、こうした後期高齢者は多くが無職である。このため、図表7－1で見ると、2007年度から2008年度にかけて無職のグラフが大きく下方に屈折したのであ

図表7-1　国民健康保険、総世帯数に占める職業別世帯数の割合（1970～2008年度）

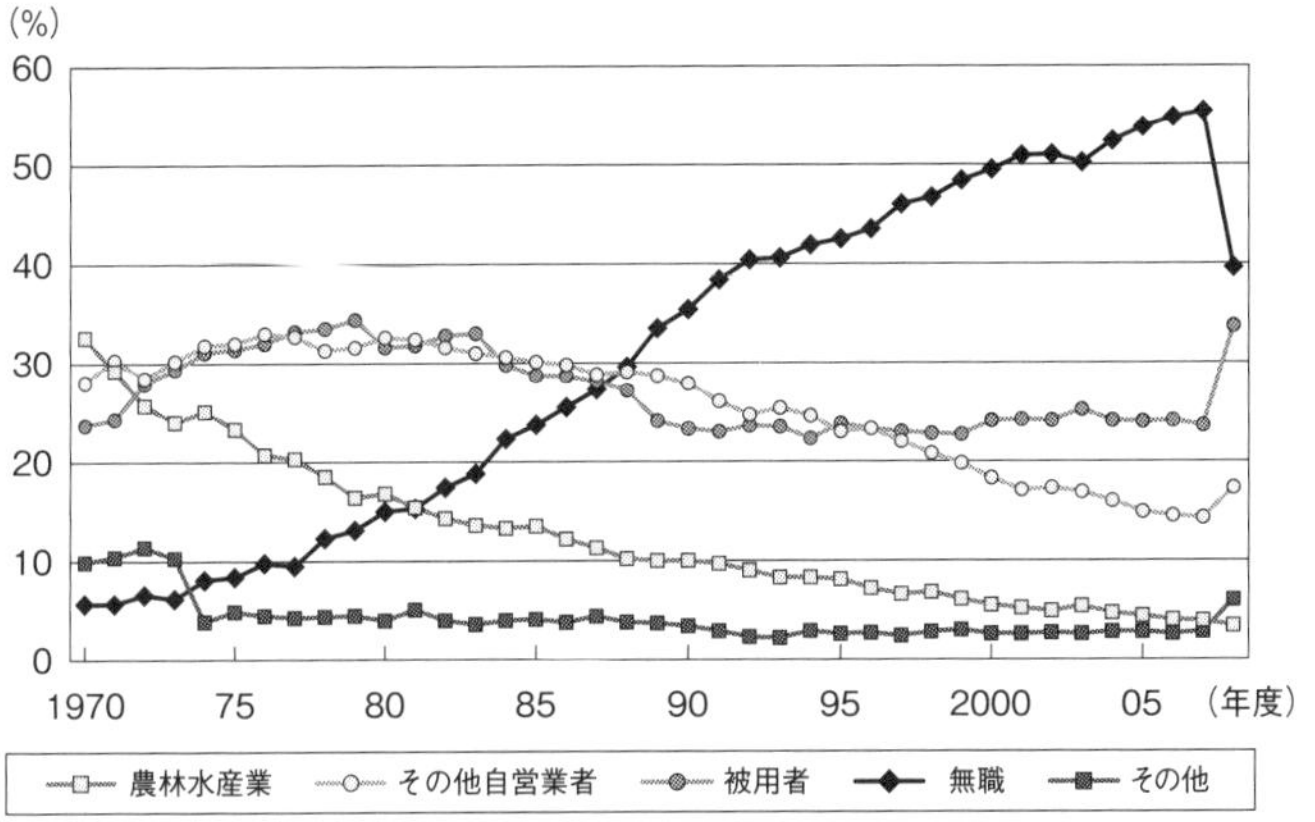

（資料）厚生労働省保険局「国民健康保険実態調査報告」各年度版より筆者作成。
（注）本表は、世帯主が国保の被保険者の資格を有しない擬制世帯を除いて集計。

る。

２００８年度の職業別世帯数の割合は、無職39・6％、被用者33・7％、その他自営業17・3％、農林水産業３・４％となっている。国保は今や、74歳までの年金受給者と、被用者健保に加入できない被用者が加入する健康保険制度となっている。被用者については、協会けんぽが制度面や執行面で適切な受け皿となり得ていないツケが国保に回っている結果ともいえる。

こうした状況から当然推察されことであるが、国保の保険料の納付状況は非常に深刻である。国保に加入する２１１４万世帯（２０１０年）のうち、20％超の世帯で、保険料が通常通り納付されていない（図表７－２）。保険料滞納世帯が全加入世帯の20・6％の４３６万世帯、短期被保険者証交付世帯が全加入世帯の６・１％の１２８万世帯、被保険者資格証明書交付世帯が全加入世帯の

図表7-2 国民健康保険、滞納世帯等

	全世帯	滞納世帯		短期被保険者証交付世帯		被保険者資格証明書交付世帯	
	（万）	（万）	（%）	（万）	（%）	（万）	（%）
2003年	2,371	455	19.2	95	4.0	26	1.1
2004年	2,444	461	18.9	105	4.3	30	1.2
2005年	2,490	470	18.9	107	4.3	32	1.3
2006年	2,530	481	19.0	122	4.8	35	1.4
2007年	2,551	475	18.6	116	4.5	34	1.3
2008年	2,172	448	20.6	124	5.7	34	1.6
2009年	2,145	442	20.6	121	5.6	31	1.4
2010年	2,114	436	20.6	128	6.1	31	1.5

（資料）厚生労働省「平成21年度 国民健康保険（市町村）の財政状況等について」より筆者作成。

1・5%の31万世帯となっている。

ここで短期被保険者証交付世帯も、被保険者資格証明書交付世帯も、保険料を滞納している世帯である。国保制度は保険料が免除される「特別な事情」を定めているが、もし、特別な事情がないのに保険料を滞納すると、有効期限が本来の1年間ではなく、数カ月単位に区切られた被保険者証を渡される。これが「短期被保険者証」である。一度、短期被保険者証が交付されると、前年度までの保険料が完納されない限り通常の被保険者証への切り替え（いわば正常への復帰）はない。さらに、滞納分が1年間以上に及ぶ場合には、被保険者証に代わって「資格証明書」が交付される。資格証明書は、「保険料を支払えば国保の被保険者になる資格がある」という意味で、保険証ではなく、医療機関の診療に健康保険が適用されなくなる。つまり、医療費はいったん全額自己負担となる（ただし、後日申請すれば、一部負担金を除いた額が払い戻される）。

なお、特別な事情がなくて保険料を滞納した場合と書いたが、近年、経済的な理由による滞納が目立つとの報告もある。国民皆

保険のラストリゾートとして位置づけられている国保は、実際にはこうした状況にある。

国保加入者の「所得」

このように、20％超の世帯で通常通り保険料が支払われていない背景として、国保の保険料の負担感が指摘できる。もっとも、これを的確に捉え、協会けんぽや組合健保など被用者健保と比較することは、実はそれほど容易なことではない。

国保に関する基礎的統計の1つである厚生労働省の「国民健康保険実態調査報告」を見ると、国保加入世帯の課税標準額は138・9万円（2008年度）となっている。この数値は、高齢者医療制度改革会議に提出された資料などでも、1世帯当たり平均所得として紹介されているが、次のような留意が必要である。

第1に、これは「収入」ではなく、第6章で述べた旧ただし書方式による「所得」であることだ。この所得は、年金受給者、被用者、事業所得者（農林水産業、その他自営業者）であれば、それぞれの収入から、公的年金等控除、給与所得控除、事業所得を得るための経費や専従者控除が差し引かれ、さらに住民税の基礎控除33万円が差し引かれた後の金額である。「収入」そのものが課税標準であり、それが公表される組合健保や協会けんぽの数値と、単純に比較することはできない。

もし、国保加入者の収入と、組合健保や協会けんぽの加入者の収入を比較するのであれば、国保加入者の所得（138・9万円）を、いったん「収入」に換算し直さなければならない。前掲の13

8・9万円を給与収入に換算すると（すなわち給与所得控除と33万円を加えると）271・3万円となる。年金収入に換算すると（すなわち公的年金等控除と33万円を加えると）291・9万円となる。それに対し、組合健保加入者、協会けんぽ加入者、共済組合加入者の1人当たりの平均収入は、それぞれ、554万円、385万円、681万円である（第13回高齢者医療制度改革会議資料3）。これらが本来の比較対象である。それでもやはり国保加入者の相対的な所得水準は低い。

第2に、市町村間、あるいは、時系列で見て、国保加入者に占める年金受給者のウエイトが高まると、国保加入者の収入（その統計は公表されていない）が不変でも、所得は低下する。原因は、第6章で述べた通り、公的年金等控除が、給与所得控除に比べて手厚いことに起因している。したがって、統計上では国保加入者の所得が低下しているとしても、本来、それが、収入の低下によるものなのか、年金受給者のウエイトが高まったことによるものなのかといった検証が必要である。

第3に、所得の確からしさである。国保は営業所得者、農林漁業所得者が加入しており、その所得捕捉の精度が給与所得者に比べて低いとされていることは、クロヨン問題として、第3章で述べた通りである。しかも、所得税の課税最低限を下回る所得層の所得は、被保険者から市町村に提出される「簡易申告書」によって把握されている（所得種類、収入、必要経費、所得金額などが記入される）。その申告がどの程度正確なのかは不明であり、国保加入者の所得は、その点を念頭において見る必要があろう。

図表7-3 国民健康保険料、課税ベースの構成要素

課税ベース		保険料（率）、単純平均			
			医療給付費分	後期高齢者支援金分	介護納付金分
所得割	（所得、%）	8.8	5.7	1.8	1.3
資産割	（固定資産税額、%）	42.1	27.1	8.3	6.7
均等割	（世帯人員１人当たり、円）	31,711	18,664	5,932	7,116
平等割	（１世帯当たり、円）	31,198	20,185	5,932	5,080

（資料）厚生労働省「国民健康保険事業年報　平成20年度」の保険者別データより筆者集計。
（注１）対象は、4つの課税ベースを全て用いる4方式、かつ、所得割の算定ベースが旧ただし書方式の市町村。医療給付費分は、1,500市町村。後期高齢者支援金分は、1,195市町村。介護納付金分は、1,190市町村。保険料（率）は単純平均。よって、合計はそれぞれサンプル数が異なる数値の平均値を単純に合計していることに留意。
（注２）介護納付金分は、40歳以上の被保険者の場合。

保険料の仕組み

国保の保険料の仕組みは、給与収入に単一の料率がかけられるだけの組合健保や協会けんぽなどに比べて複雑であり、発想そのものも異なっている。まず、国保の保険料を目的別にみると、医療給付費分、後期高齢者支援金分、および、40歳以上を対象とした介護納付金分とに分かれている（図表７−３）。これらは、図表６−１の国保の支出項目に対応している。

次に、課税ベースは、最も一般的なケースで、所得、固定資産、世帯人員１人当たりの定額部分、および、１世帯当たりの定額部分の４つから構成されている。それぞれ、所得割、資産割、均等割、平等割という。これは4方式と呼ばれ、資産割を課さない３方式や、所得割と均等割だけの2方式を採用している市町村もある。所得割と資産割が負担能力に応じた応能部分、均等割と平等割が受益に応じた応益部分と位置付けられている。

保険料（率）は、市町村ごとに異なっている。４方式、かつ、所得割の算定ベースとして旧ただし書方式（第６章参照）を採用している市町村を対象に、保険料（率）の単純平均を求める

図表7-4 国民健康保険料軽減の基準となる収入（給与所得世帯の場合）

（万円）

軽減内容		基準となる収入				根拠
		単身世帯	2人世帯	3人世帯	4人世帯	
7割軽減	給与収入 （給与所得）	98.0 (33.0)	98.0 (33.0)	98.0 (33.0)	98.0 (33.0)	所得、33万円
5割軽減	給与収入 （給与所得）		122.5 (57.5)	147.0 (82.0)	177.5 (106.5)	所得、33万円＋24.5万円×世帯主以外の被保険者数
2割軽減	給与収入 （給与所得）	133.0 (68.0)	171.9 (103.0)	222.9 (138.0)	273.1 (173.0)	所得、33万円＋35万円×世帯に属する被保険者数

（資料）第12回社会保障審議会年金部会参考資料を筆者加筆修正。
（注１）軽減されるのは、被保険者均等割と世帯別平等割。
（注２）給与所得は、給与収入－給与所得控除。

と、所得割は（旧ただし書方式による所得額の）８・８％、資産割（課税対象は固定資産税額）は42・１％、均等割は３万１７１１円、平等割は３万１１９８円となっている。（図表７－３）。このうち医療給付費分については、所得割、資産割、均等割、平等割それぞれ、５・７％、27・１％、１万８６６４円、２万１８５円となっている。

応益部分には、保険基盤安定制度（保険料軽減分）として、所得および世帯に属する被保険者数に応じて２～７割軽減される仕組みがある（図表７－４）。世帯人員が、１人、２人、３人、４人世帯の場合、それぞれ、収入１３３・０万円、１７１・９万円、２２２・９万円、２７３・１万円を下回ると保険料の軽減対象となる。なお、この仕組みは、自民党が年金改革のメニューとして考えている「保険料軽減支援制度」のモデルになっている（第５章参照）。

こうした保険料の仕組みに関して、以下２点が指摘できる。

第１に、国保の保険料も、特に低所得層を中心に、所得捕捉の正確さが強く求められる仕組みといえる。応能部分として所得割があることはもちろん、応益部分にも所得に応じて軽減措置があることから、正確な所得捕捉が極めて重要である。クロヨン問題の存在は（第3章）、個人所得課税だけでなく、国民健康保険料においても、被用者と農林漁業者や自営業者との間で公平性を損ねている。また、一部の事業所得者の所得が過少申告されて、その分保険料（率）が上がることになれば、同じ国保に加入している被用者や、正直に申告している事業所得者などの負担が増えてしまうことになる。

第2に、国保保険料の逆進性である。応益部分には、クロヨン問題を緩和する効果があるが、他方、これは、国保の保険料を逆進的にしており、とりわけ、国保への加入を余儀なくされている被用者にとって、被用者健保との均衡を欠くものとなっている。被用者健保は、収入が同一であれば、被扶養者が何人いようとも保険料は同一である。他方、国保は、被扶養者数が増えるほど、均等割があることにより、保険料が増える。このことは、世帯の子どもの人数に比例して受取額の増える「子ども手当」の考え方などとも逆行しているといえる。

2 国保保険料の水準と市町村間格差の試算

1人当たり保険料の現状

では、実際の保険料負担は、どうなっているのであろうか。厚生労働省の「国民健康保険事業年報」

によれば、1人当たり保険料の平均は、年間で8万2765円となっている(2008年)。保険料の高い上位3市町村として、北海道猿払村13万5188円、同標津町13万1736円、同利尻町13万1214円があげられている。他方、保険料の安い上位3市町村として、沖縄県伊平屋村2万8132円、同粟国村2万9698円、鹿児島県伊仙町3万5554円があげられている。最も高い猿払村は、最も低い伊平屋村の4・8倍になっている。

各市町村の保険料の平均額を都道府県ごとに算出してみると、保険料の高い都道府県としては、栃木県9万3782円、群馬県9万641円、埼玉県9万426円があり、反対に保険料の安い都道府県としては、沖縄県5万4670円、鹿児島県6万8545円、愛媛県7万1464円などがある。最も高い栃木県は、最も低い沖縄県の1・7倍である。都道府県単位は、都道府県内の市町村の平均になるので、市町村単位で測るよりも格差が小さい。

もっとも、こうした1人当たり保険料による国保保険料の水準および市町村格差の計測は、ときにミスリーディングとなる可能性がある。

第1に、市町村ごとの収入の差が考慮されていない。例えば、A町、B町の平均収入が、それぞれ300万円、200万円であり、1人当たり保険料は同一の10万円であるとする。1人当たり保険料は、A町とB町同一なので、一見公平に見える。しかし、負担能力が異なるのに、負担額が同じであるということは、水平的公平の原則からみれば、不公平である。水平的公平の原則とは、同じ負担能力であれば、同じ負担であることを公平とみなす原則である。このことは、収入対比に換算するとはっきりする。保険料の収入対比は、A町、B町それぞれ3・3％、5・0％となる。こちらでみると、B町の方が明らかに負担感は高い。

第2に、市町村ごとの高齢化率の差が考慮されていない。第6章で見たように、例えば、同じ収入200万円でも、現役の収入対比保険料率は7・5％、年金受給者は同4・0％である。すなわち、高齢化率が高いということは、保険料収入が少なくなり、1人当たり保険料が小さくなる傾向があることを意味している。

第3に、1人当たり保険料は、各市町村の保険料を各市町村の被保険者数で割ったものであり、被保険者には、子どもや専業主婦の妻といった被扶養者も含まれている。これは、世帯単位で保険料を負担している国保の実態と合致しない。国保の保険料は、前述の通り、同じ収入でも、世帯人員が異なれば保険料が異なるためだ。世帯人数に単純に比例している訳でもない。複雑ではあるが、保険料体系を踏まえた保険料負担の実態把握が必要だ。

モデル世帯を想定した保険料の把握

そこで、こうした1人当たり保険料に基づく負担水準の計測や市町村間の比較の問題点を克服しようとしているのが、北浦［2007］および毎日新聞の調査（2009年6月8日朝刊）である。いずれも、結果を導くにあたって、試算か、市町村へのアンケート調査かという方法の相違はあるものの、モデル世帯を想定して、そのモデル世帯における保険料負担を調べるという考え方は共通している。モデル世帯とは、国保の保険料を決定する諸要素、すなわち、世帯収入、世帯の就業形態（これによって所得が異なる）、世帯人員などに一定の仮定が置かれた世帯である。

北浦［2007］は、被用者、事業所得者、年金受給者の3就業形態について、平均的所得と高所得の2つのケースについて、試算によって、市町村ごとの保険料を求めている。市町村ごとの保険料（率）自体は、公表されており、そこにモデル世帯の数値を当てはめていけば、市町村ごとのモデル世帯の保険料を求めることができる。例えば、平均所得の被用者に絞って紹介すると、世帯所得230・6万円（収入換算362・5万円）、夫婦2人、固定資産税額11・7万円が、北浦［2007］のモデル世帯である。試算の結果、2003年度の保険料の平均は18・30万円、標準偏差は3・45万円、最高額は徳島県一宇村の年間39・12万円、最低額は東京都武蔵野市の5・03万円であった。最高の一宇村は、最低の武蔵野市の7・78倍である。

他方、毎日新聞の調査は、次のようなモデル世帯の保険料負担について、個別に1794市町村にアンケート調査を行う形で行われている（ちなみに、アンケートをせずとも、保険料負担だけであれば、北浦［2007］のように、試算すれば同様の結果を求めることができる）。世帯所得200万円（収入換算311・4万円）、40歳代の夫婦と未成年の子2人の4人世帯、固定資産税の支払額5万円が、ここでのモデル世帯である。すなわち、介護保険の保険料負担があり、保険料の資産割を支払っている世帯が想定されている。世帯所得200万円は、過去10年間の実績をもとに仮定されている。

その結果、２００８年度の全国平均は、32万５１６５円であり、最高は大阪府寝屋川市の50万４０３０円、最低は東京都青ヶ島村の13万９９００円であった。最高は、最低の３・６倍である。この「３・６倍」という数値は、同紙一面の見出しを大きく飾っている。同紙は、高額な保険料が低所得層を医療から遠ざけ、国民皆保険が空洞化しつつあるとの認識を示し、その上で、「国費投入拡大や他の保険制度との一本化など抜本対策を示さない限り、国は不作為のそしりを逃れない」と、国の対応を強く求めている。

こうしたモデル世帯の保険料負担は、本節冒頭に紹介した「国民健康保険事業年報」の１人当たり保険料の平均８・３万円から受ける印象と大きく異なっている。北浦［２００７］の試算結果は平均18・30万円、最高39・12万円（２００３年）、毎日新聞の調査結果は、平均32・52万円、最高50・40万円（２００９年）である。かなり重い負担との印象であるが、これが実際の姿であろう。

モデル世帯の拡張による保険料の試算

では、もう一歩踏み込んで、こうした平均所得の世帯だけではなく、より所得の低い世帯を含め、保険料の負担水準、および、市町村格差はどうなっているのかを見てみよう。北浦［２００７］の手法を踏襲して、異なる収入、異なる世帯人員について、モデル世帯を次のように拡張し、試算を行った。

収入は、１００万円から１０００万円まで、試算は10万円刻みとした。世帯形態の想定は、次の４

形態、すなわち、単身世帯（以下単に1人世帯）、親1人子1人世帯（同、2人世帯）、夫婦と子1人世帯（同、3人世帯）、および、夫婦と子2人世帯（同、4人世帯）とした。なお、簡単にするため、固定資産税の支払いのない世帯を想定し、年齢は40歳未満、すなわち、介護納付金分は除いている。被用者健保に加入しておらず、土地家屋を自己所有していない、比較的若い世帯というイメージだ。

まず、保険料水準に関する結果として、収入ごとの保険料の平均値を収入で除してパーセント表示してみた（図表7－5）。収入で除してパーセント表示することにより、協会けんぽをはじめとする被用者健保との比較が可能になる。いわば、収入対比保険料率である。

まず、1人世帯の収入対比保険料率は、収入100万円の3・59％から収入140万円の8・03％まで急上昇し、収入160万円までは横ばいで、以降は緩やかに低下していく。収入対比保険料率がピークになる収入140万～160万円は、1人世帯の保険料軽減基準133万円を上回る収入地点である。なお、10万円刻みで試算しているため140万円になる。

2～4人世帯についても、収入対比保険料率が、保険料軽減基準を超えたところで急上昇し、以降緩やかに低下していくパターンは1人世帯と同様である。より具体的には、2人世帯のピークは収入180万円で収入対比保険料率9・17％、3人世帯は230万円で9・54％、4人世帯は280万円で9・77％である。均等割があることから、世帯人員が増えるにつれ、保険料水準は高くなる。これらの結果から、国保保険料について、おおむね次の3点が指摘できる。

第1に、国保保険料は、保険料軽減基準を超えた収入層については逆進的である。この収入層は、

図表7-5◎国保保険料／収入（%）

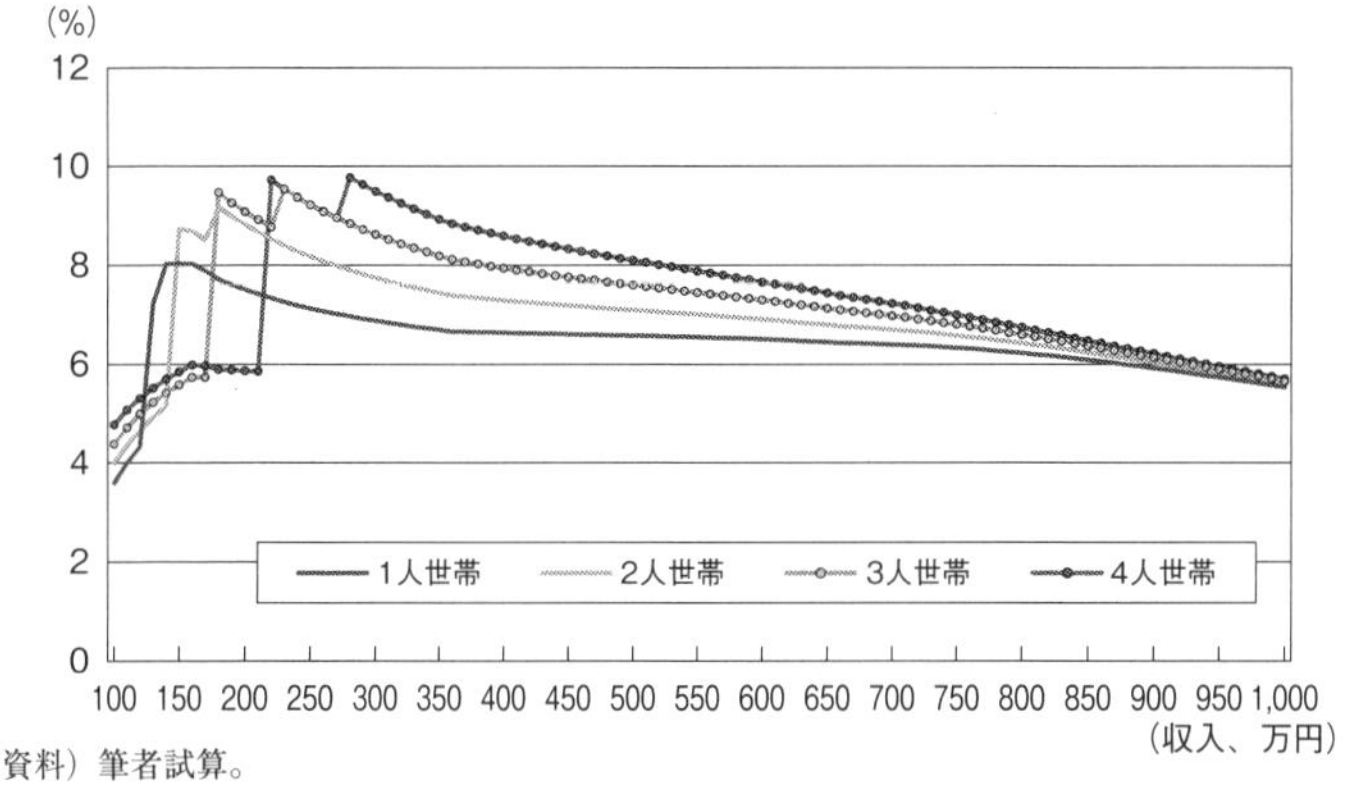

（資料）筆者試算。
（注）1,663保険者の平均値。

収入にかかわらず一定額の応益部分をフルに負担するためだ。

第２に、収入が低い層から高い層へ直線的に収入対比保険料率が低下するのではなく、それぞれの世帯形態ごとに前記のようなピークが存在する。これらのピークにおける収入は、実は、第１章で紹介した相対的貧困率の貧困線にほぼ相当する。すなわち、貧困線以下に落ち込むか、落ち込まないかといったギリギリのライン上にいる収入層の保険料負担感が最も高い。この点は、すぐ後で掘り下げたい。

第３に、１人世帯を除き、相対的な低収入層において、収入対比保険料率が、協会けんぽの保険料率（２００８年度は労使計８・２％）を上回る。２人世帯の場合、収入１５０万円世帯から２４０万円世帯までの範囲では収入対比保険料率が８・２％を上回る。同様に、３人世帯は収入１８０万円から３４０万円まで、４人世帯は収入２２０万円から４７０万円までの範囲

図表7-6 国保保険料の分布

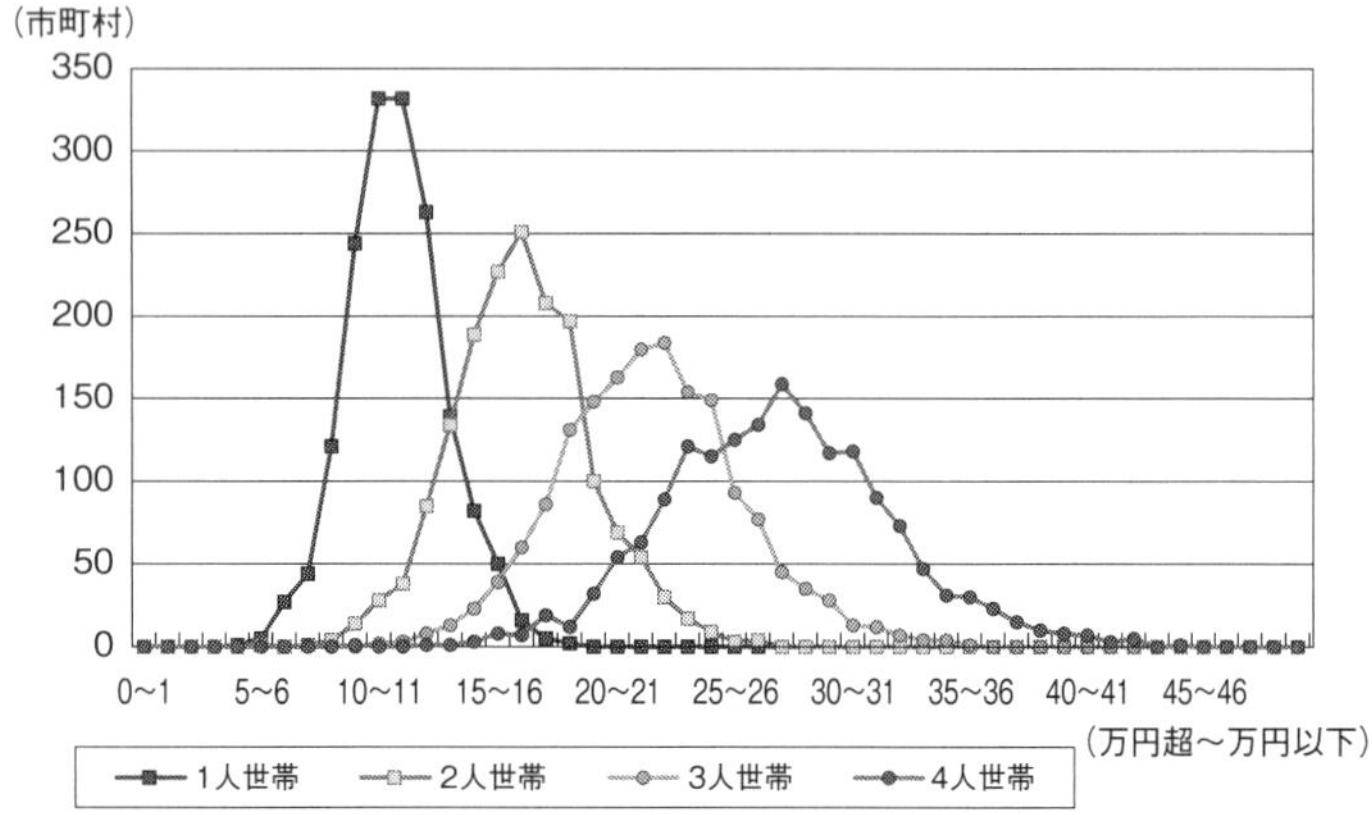

（資料）筆者試算。
（注）1,663市町村。被用者、１人世帯、２人世帯、３人世帯、４人世帯の収入は、それぞれ140万円、180万円、230万円、280万円と想定。

で、協会けんぽの保険料率８・２％を上回っている。１人世帯についても、収入１４０万円から１６０万円までの収入対比保険料は８・03％であり、協会けんぽの保険料率に肉薄している。すなわち、平均的に見て、貧困線上にある収入層の世帯が国保に加入すると、協会けんぽの労使計と同程度の保険料を負担していることになる。

　次に、市町村間の保険料水準のバラツキを見てみよう。１～４人世帯について、収入対比保険料率がピークになる収入（同率の場合は最低収入）、具体的には１人世帯は１４０万円、２人世帯は１８０万円、３人世帯は２３０万円、４人世帯は２８０万円の世帯が支払う国保の保険料の年額を市町村ごとに調べ、保険料を１万円きざみとして該当する市町村数を度数分布で表わしたのが、図表７－６である。例えば、収

図表7-7 国保保険料試算値の基本統計量

	1人世帯	2人世帯	3人世帯	4人世帯
世帯収入（年額、万円）	140	180	230	280
国保保険料の平均額（年額、万円）	11.2	16.5	21.9	27.4
収入対比（%）	8.0	9.2	9.5	9.8
標準偏差（万円）	2.0	2.9	3.8	4.8
変動係数	0.18	0.18	0.17	0.17
最高額（年額、万円）	18.2	26.5	35.6	44.6
最低額（年額、万円）	4.1	5.9	7.8	9.7
最高／最低（倍）	4.5	4.5	4.6	4.6

（資料）筆者試算。
（注）1,663市町村。

入１４０万円の１人世帯の度数分布をみると、保険料10万円超11万円以下と11万円超12万円以下が３３２市町村と最も多く、より低額方向と高額方向に富士山型の分布形状を見せている。最高は18万１５００円、最低は４万７５０円である。２人～４人世帯に関してもピーク帯は異なるものの同様の富士山型の形状が見てとれる。

貧困線上の収入層の保険料負担

国保の収入対比保険料率が最も高い収入層は、前述のように、相対的貧困率における貧困線にほぼ相当している。相対的貧困率については、２００８年に、ＯＥＣＤの試算値において、日本が加盟国のなかでも最も高いグループの１つであることが示されて話題となった（第１章参照）。２００９年には、長妻昭厚生労働大臣（当時）の指示により、厚生労働省も相対的貧困率を試算している。その際の貧困線は１１４万円であった。この貧困線を下回っていると、相対的に貧困であるということになる。

この貧困線は、より具体的には、等価可処分所得で定義される。等価可処分所得とは、世帯の可処分所得（収入－税－社会保険料）

図表7-8 ● 貧困線の収入換算

（万円）

世帯人員 a	等価可処分所得 b	可処分所得 c ＝b×√a ＝d−(e+f+g)	収入 d	社会保険料 e	厚生年金	協会けんぽ	雇用	所得税 f	住民税 g
1人	114.0	114.0	133.0	16.5	10.2	5.5	0.8	0.7	1.9
2人	114.0	161.2	187.5	23.2	14.4	7.7	1.1	0.7	2.4
3人	114.0	197.5	226.9	28.1	17.4	9.3	1.4	0.0	1.4
4人	114.0	228.0	260.2	32.2	20.0	10.7	1.6	0.0	0.0

（資料）筆者作成。
（注1）等価可処分所得114万円は、厚生労働省［2009］の貧困線。それ以外は筆者試算。
（注2）厚生年金、協会けんぽに加入している世帯の場合。
（注3）可処分所得から、収入を求めるにあたっては、次の前提を置いた。2人以上世帯は片働き、扶養控除の対象となる子どもの人数をそれぞれ1人、1人、2人とした。保険料率はそれぞれ、厚生年金7.675％、協会けんぽ4.1％、雇用0.6％とした。

を世帯人員の二乗根で割った値である。日本の全世帯（実際にはサンプルによる統計調査）の等価可処分所得の中央値（上から並べて真ん中の数値）の50％が貧困線と定義されている。

この貧困線を、世帯人員１人、２人、３人、４人それぞれの世帯ごとの収入に換算し直したものが、図表７－８である。貧困線１１４万円に相当するそれぞれの世帯の「収入」は、仮にこの世帯の世帯主が、被用者向けの社会保険（厚生年金・協会けんぽ）に加入しているとすると、１３３・０万円、１８７・５万円、２２６・９万円、２６０・２万円となる。いずれの世帯も、所得税と住民税の負担はほとんどなく、社会保険料が可処分所得を大きく決定付けている。税でなく社会保険料である、このことは極めて重要である。例えば、１人世帯の場合、収入１３３万円に対し、所得税と住民税は、それぞれ０・７万円、１・９万円でしかないが、社会保険料負担は16・５万円である（事業主負担は含めていない）。

これらの収入は、既に示した国保の収入対比保険料率がピークをつける収入層（1人～4人世帯、それぞれ140万円、180万円、230万円、280万円）とほぼ同水準である。すなわち、世帯人員1人～4人の世帯が、被用者向け社会保険に加入できており、かつ、この収入以上であれば、現行の税制および社会保障制度のもとでは、貧困線を上回ることができる。

しかし、同じ収入でも、被用者向け社会保険に加入できず、国民年金や国民健康保険への加入を余儀なくされれば（既に見たように、多くのケースで実際にそうなっている）、社会保険料負担が重すぎて、一挙に貧困線以下に落ち込んでしまう。このように、被用者が厚生年金や協会けんぽに加入できるか否かは、その世帯にとって決定的に重要である。国保保険料の設計に際しては、この点が明確に認識されなければならない。

国民健康保険財政の構造

健康保険財政の複雑さは、第6章で述べた通りであるが、そのなかでも、国保は、さらに複雑である。収入、支出両面を見ていこう。国保の収入は、保険料、国庫支出金、都道府県支出金、市町村の一般会計からの繰入金（以上を総称して以下、国庫支出金等）、および、組合健保・協会けんぽ・共済組合など被用者健保からの前期高齢者交付金で賄われている（図表7－9）。なお、SNAの政府統計上では、国庫すなわち国の一般会計は中央政府、都道府県支出金および市町村の一般会計は地方政府、国保は社会保障基金政府に位置づけられる。

図表7-9 ● 国民健康保険財政（市町村）

（億円、カッコ内は%）

収入			支出	
保険料		25,901 (27.6)	保険給付費	75,401 (76.1)
国庫支出金	療養給付費等負担金	21,127 (22.5)	後期高齢者支援金	14,256 (14.4)
	普通調整交付金	5,181 (5.5)	前期高齢者納付金	19 (0.0)
	特別調整交付金	1,010 (1.1)	老人保健拠出金	3,331 (3.4)
	その他	663 (0.7)	その他	6,025 (6.1)
	小計	27,982 (29.8)		
都道府県支出金	第一号都道府県調整交付金	3,833 (4.1)		
	第二号都道府県調整交付金	548 (0.6)		
	高額医療費共同事業負担金	562 (0.6)		
	その他	204 (0.2)		
	小計	5,146 (5.5)		
一般会計（市町村補助金）	保険基盤安定(保険料軽減分)	2,804 (3.0)		
	保険基盤安定(保険者支援分)	618 (0.7)		
	基準超過費用	10 (0.0)		
	職員給与費等	1,780 (1.9)		
	出産育児一時金等	441 (0.5)		
	財政安定化支援	838 (0.9)		
	その他	3,671 (3.9)		
	小計	10,164 (10.8)		
前期高齢者交付金		24,365 (25.9)		
その他		340 (0.4)		
合計		93,899 (100.0)	合計	99,032 (100.0)

（資料）厚生労働省「国民健康保険事業年報 平成20年度」より筆者作成。
（注１）退職被保険者に係わる分は除き、一般被保険者に係わる部分のみとした。すなわち、収入からは療養給付費等交付金、保険料（退職分）、支出からは退職被保険者の保険給付費を除いた。
（注２）介護分は除き、医療分のみとした。
（注３）保険財政共同安定化事業交付金、同拠出金を、それぞれ収入、支出から控除した。

国民健康保険財政の収入９兆３８９９億円のうち、保険料収入が占めるウエイトは、たかだか27・6%（一般被保険者の医療分のみ。２００８年度）にすぎない。収入のうち最も大きいのは、国からの２兆７９８２億円（国庫支出金）である。国庫支出金は、さらに細かく分かれており、主なものは、療養給付費等負担金２兆１１２７億円、普通調整交付金５１８１億円、特別調整交付金１０１０億円となっている。

収入のうち２番目に大きいのは、前期高齢者交付金であ

図表7-10◎被保険者1人当たり負担額試算の基本統計量

	国庫支出金等がなかった場合	実際
1人当たり保険料の平均年額（円）	202,033	75,451
標準偏差（円）	26,749	12,343
変動係数	0.13	0.16
最高額（円）	367,470	134,856
最低額（円）	77,617	26,556
最高／最低（倍）	4.73	5.08

（資料）筆者試算。
（注）1,788市町村。

り、3番目は、市町村の一般会計から国民健康保険事業勘定への繰入1兆164億円である。内訳の主なものは、赤字補填的な繰入である「その他」が3671億円、低所得者の保険料軽減分の補填である保険基盤安定（保険料軽減分）が2804億円、低所得者が多く加入する保険者向け保険基盤安定（保険者支援分）が618億円である。

収入の4番目は、都道府県支出金5146億円である。その主な内訳は、第一号都道府県調整交付金3833億円、第二号都道府県調整交付金548億円などである。

国庫支出金、都道府県支出金、市町村補助金の効果の検証

こうした大規模で、多種類、かつ、国・都道府県・市町村による重層的な収入補助（国庫支出金等＝国庫支出金・都道府県支出金・市町村補助金の合計）の存在にもかかわらず、世帯の収入によっては保険料の対収入比が、協会けんぽ保険料の労使計をも上回っており、保険料水準の抑制に成功しているとはいえない。

また、国保の保険料には、先に見たような市町村格差が存在しており、国庫支出金等、すなわち、国庫支出金、都道府県支出金、市町村

図表7-11 ● 被保険者1人当たり負担額の市町村分布

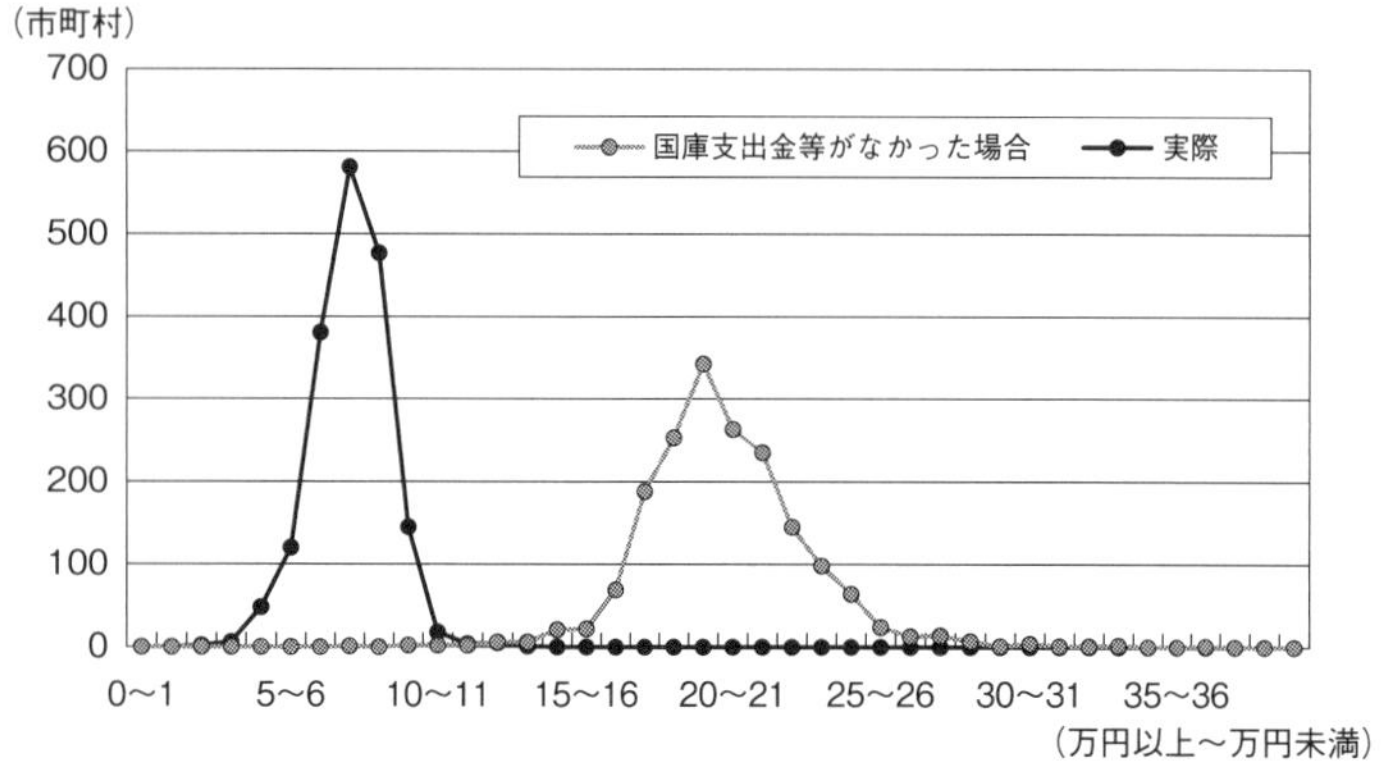

（資料）厚生労働省「国民健康保険事業年報平成20年度」保険者別データより筆者試算。
（注）1,788市町村。対象は、一般被保険者（すなわち退職者を除く）、医療給付費分と後期高齢者支援金分（すなわち、介護納付金分を除く）。

の一般会計からの繰入金は、市町村間の格差是正を主な目的にしていないと考えた方が妥当だろう。むしろ、国庫支出金等は1788市町村の保険料負担水準の全般的な引き下げに主眼が置かれているといえる。

仮に、国庫支出金等がなかった場合の市町村ごとの1人当たり負担額を試算し、実際の1人当たり保険料と比較してみることで、こうしたことを確認してみたい（図表7－10、7－11）。

国庫支出金等がないと、1788市町村における1人当たり国保保険料の平均額は約20・2万円、変動係数は0・13倍、最高は約36・7万円、最低は約7・8万円、最高÷最低の倍率は4・73倍である。なお、変動係数は標準偏差を平均値で除した値で、平均値の異なる集団の数値のバラツキを比較しやすくする指標だ。

他方、実際の1人当たり保険料の平均額は約

7・5万円、変動係数は0・16倍、最高は約13・5万円、最低は約2・7万円、最高÷最低の倍率は5・08倍である。確かに、国庫支出金等があることで1人当たり保険料は格段に低減されている。しかし、国庫支出金等があっても変動係数はほぼ変わらず、最高÷最低の倍率はむしろ拡大しており、市町村間の保険料の格差が縮小しているようには見えない。それは、視覚的に度数分布からも明らかである。

3 改革の指針

「最終取りまとめ」の第2段階

高齢者医療制度改革会議の「最終とりまとめ」は、改革の道筋を第1段階と第2段階とに分け、第1段階を後期高齢者医療制度廃止に相当する部分とし、第2段階を国保の都道府県単位化と位置づけている（第6章）。

第1段階で、75歳以上の後期高齢者（組合健保加入者などを除く）に関して、加入する制度を国保とした上で、財政運営を都道府県単位化し、第2段階で、75歳未満に関しても都道府県単位化するというものであった。第2段階開始は2018年度が想定されていた。

その効果は何か。まず、保険料の市町村格差の大幅な是正が期待される。次に、都道府県が保険者であると明確に記述されている訳ではないものの、仮に、都道府県が保険者となるのであれば、一定のスケールメリットを期待することができる。人口数百人の村で、保険者機能の発揮を求めても、物理的に無理なケースが少なくないであろう。

ここで、次の2つが指摘できる。1つは、都道府県を明確に保険者と位置づけられるか否かということである。ここが曖昧なままでは、責任の所在がはっきりしない。責任の所在の曖昧さが、後期高齢者医療制度の広域連合の最大の問題でもある訳だ。そのためには、地方自治体側からの自発的な議論を促す必要があろう。

もう1つは、都道府県単位化が実現すれば、万事オーケーという訳ではないことである。例えば、高齢者人口の増加に加え、組合健保の解散傾向、協会けんぽの行き詰まりが続けば、国保は、年金受給者と被用者健保から溢れた被用者の吹き溜まりであり続けることになる。その財政もますます苦しくなるだろう。では、今後の議論において、もう一歩踏み込むとすれば、どのような点が改革の指針となるべきであろうか。

協会けんぽの適用促進

まず、被用者が国保に流れ込む状況を食い止めるため、協会けんぽの適用促進が必要である。そのためには、①法整備、②執行体制の根本的見直し、③健康保険料負担の抑制、の3つが少なくとも必要である。①については、現在、被用者が協会けんぽ・厚生年金の被保者となるか否かの基準として、当該事業所の就労者の労働時間の「おおむね4分の3」を基準としている。ただ、「おおむね」とあるように、雇用主の恣意性が働く余地が大きい上に、基準自体が法律ではなく、1980年に厚生省保険局保険課長が都道府県あてに送った手紙（内簡《ないかん》）にすぎない。法的根拠が極めて曖昧だ。被保険者となるか否かの基準については、ハードルを引き下げることを今後の基本方針とすべきであり、基準見直しと同時に法律に明記されることが必要であろう。実際、2007年には、週所定内労働時間20時間以上を基準とする旨などを法律上明記する健康保険法改正が目指されたが、結局、実現せず、手紙のままで今日に至っている。

②については、2006年の厚生年金適用事業所に関する総務省調査が、協会けんぽの適用に関してもほぼそのままあてはまる。協会けんぽの適用・保険料徴収は、厚生年金とともに日本年金機構（旧社会保険庁）が担っている。総務省［2006］によれば、本来適用されるべき事業所が226万～233万事業所あるのに対し、実際の適用事業所は163万事業所しかなく、その差63万～70万事業所が未適用のままであるという。民主党は、日本年金機構を国税庁に統合する歳入庁をかねてより掲げているものの、中味は全く詰まっていない。これを早急に具体化し、協会けんぽおよび厚生年金の適用を強化することが不可欠である。

③については、第6章で見たように、政府に助けを求めて駆け込む協会けんぽの姿は、高齢化のさらなる本格化を前にして、保険料負担の限界を既に示している。2008年の新しい高齢者医療制度における前期高齢者納付金の導入で、国保は被用者健保から巨額の所得移転を得ることになった。し

かし、これは、諸刃の剣でもある。

組合健保や協会けんぽでは、後期および前期高齢者に向けた国保など他制度への拠出が膨らんで、健康保険料を引き上げていかざるを得ない状況になっている。自衛のために、大企業でも健康保険組合を解散させ、協会けんぽの加入企業は正規雇用を非正規雇用に置き換えるかもしれない。日本年金機構の執行が弱ければなおさらだ。すると、その非正規雇用の人たちは、国保に流れる。被用者健保から国保への所得移転の拡大は、国保の財政を支援しているようで、国保への被用者流入を加速させているかもしれないのだ。

これを根本的に是正するには、保険料率を抑制するしかない。その候補となるのが、後期高齢者支援金、前期高齢者納付金の廃止あるいは縮小である。これらの支援金・納付金は、負担と受益の対応関係が明確であるはずの社会保険料を原資としており、社会保険料の本質を取り戻す上でも、支援金・納付金の廃止・縮小は好ましい方向といえる。

国、都道府県、市町村の役割の明確化

被用者の国保への流入を抑え込んだ上で、取り組むべきは、国、都道府県、市町村の役割の明確化である。その1つとして、国庫支出金のあり方が根本的に見直されるべきであろう。現在、国庫支出金は、国の一般会計から市町村の国民健康保険事業勘定に政府部門間移転として移転されている。それは、おおむね、国保の医療保険給付と後期高齢者支援金の一定割合が基準となっており、1788

市町村の保険料を全般的に抑制している。

　これを例えば、政府部門間移転ではなく、国の一般会計から家計への直接移転に切り換える。同時にその主な目的を、家計が税と社会保険料負担によって、貧困線以下の可処分所得に落ち込まないようにするためと定義する。こうした税の使い方にする方が、家計からは見えやすく、かつ、貧困救済に目的を絞り込むことができるため効率的である。

社会保険料本来の機能の回復

　国、都道府県、市町村の役割の明確化とセットになるのが、社会保険料本来の機能の回復である。厚生労働省の「国民健康保険実態調査報告」によると、国保の加入者の1人当たり医療費は28・2万円（2008年度）、1人当たり保険料調定額（加入者が支払うべき保険料の金額）は8・3万円（2008年度）である。仮に、医療費のうち3割を自己負担し、調定額通りの保険料を支払ったとしても、28・2万円×0・7－8・3万円の差額（約11・4万円）は、国、地方自治体の一般会計からの移転、あるいは前期高齢者交付金で賄われている。その分、国保の被保険者は、医療のコストを過少認識していることになる（それでもなお、20％超の世帯が正常に保険料を支払っておらず、貧困線近辺の収入層でも、被用者けんぽの労使計を全て支払うような水準の負担となっている）。

　そこで、国保の被保険者からは、1人当たり全国平均でいえば28・2万円×0・7の国民健康保険料をいったん徴収する。もちろん、地方自治体ごとに保険料は異なる。こうして、国民健康保険料には、自らの居住する自治体の医療のコストが正確に反映される。この保険料を、自らの受ける医療サービスの水準、近隣都道府県の保険料、前年の金額などと比較することで、保険料の妥当性を判断する。これが、本来的な社会保険料の機能であるはずだ。

もっとも、それだけでは、低中所得層に保険料負担は重くなる。そこで、保険料は、地方自治体に納められつつ、低所得層については、国から家計に対して、保険料の一部あるいは全部を相殺すべく、給付するのである。さらに、具体的なスキームについては、第9章の給付付き税額控除の利用方法のなかで述べたい。

所得捕捉体制の整備

国保の保険料でも、見直しの対象とすべきなのが、世帯人員1人当たり定額の均等割と1世帯当たり定額の世帯割である。これは、クロヨン問題の存在が否定できないとすれば、問題緩和の効果はあるものの、他方、国保保険料に逆進性をもたらし、かつ、子どもが増えれば増えるほど保険料が上がる体系は、子ども手当で掲げられる理念や被用者健保と平仄が合っていない印象が強い。まずこのことを認識した上で、政府自らの手によるクロヨン問題の現状把握や改善を進め、その進捗度合いに応じて、応益部分を縮小し、応能部分のウエイトを高めていくことが、今後の改革の指針となるべきではないだろうか。なお、クロヨン問題といえば、とかく国税庁のみが想起されがちであるが、現状把握では、市町村の簡易申告書の正確性にも焦点が当てられることが不可欠である。

保険者機能を強化するのか否か明確に

２００９年の民主党マニフェストでは、保険者機能に対する考え方が見えない。マニフェストでは、被用者健保と国保を順次統合し、将来、地域医療保険として、医療保険制度の一元的運用を図るとされている。もっとも、これでは、一体誰が保険者として給付の効率化などを図っていくのかが不明確である。また、長い歴史を持つ被用者健保を全て解散させるようなことが好ましいとも、現実的であるとも思えない。

他方、かつて民主党議員のなかから提案されていた医療制度改革案には、保険者機能を強化するというものもあった。ネクストキャビネット厚生労働大臣をしていた故今井澄参議院議員による提言だ（今井［２００２］）。やや長くなるが、ここで引用しよう。

「医療を住民の身近なものにするためにも、医療保険は地方分権化する必要があります。考え方としては、地方分権化し、『一元化』すべきですが、保険者を複数残して、被保険者のためにも競争させる必要があります。とはいえ、都道府県ごとに行政が複数の保険者をつくるのはいただけません。歴史的に、職業別にできてきたサラリーマンの保険組合と、自営業者などの国保を基本的な軸として、第三者機関として設立することがよいと思います。

まず、市町村国保や国保組合は都道府県単位で統合します。サラリーマンの健康保険については、まず政府管掌健康保険を都道府県単位に分割します。さらに、組合健保については、トヨタとかＮＴＴのような全国展開をする企業の組合健保は希望に応じて今のまま残すとしても、原則的に都道府県単位に分割した政府管掌保険に統合します。

そのうえで、これまでは職業によって加入する保険者が決まっていましたが、それを自由化することが必要です。ドイツでも加入を自由化しました。つまり、自営業者が分割された政府管掌保険（もう政府の管理下にはありませんが）に加入してもよいし、サラリーマンが統合された国保に加入してもよいことにするわけです。住民は、自分に合ったよりサービスの充実した保険に加入できるようになります。

そして、最後に、被保険者の年齢構成等によって生じる不公平をなくすために、財政調整をします。こうして、各保険者には地域に根ざした医療保険として、競争しながら、おおいに保険者機能を発揮してもらうこととなります。高齢者医療制度についても、こうした再編成のなかで自然に解決します。年齢で区切った独立方式はとらないことになるわけです」

今井氏の提言が、２００２年当時の民主党の政策を代表していたかどうかは分からない。また、今井氏のこうした提言を踏まえて、２００９年のマニフェストに至ったのか否かも不明だ。だが、与党は保険者機能に対する自覚のスタンスをいま一度整理し直す必要があるだろう。

第8章

子ども手当の行方

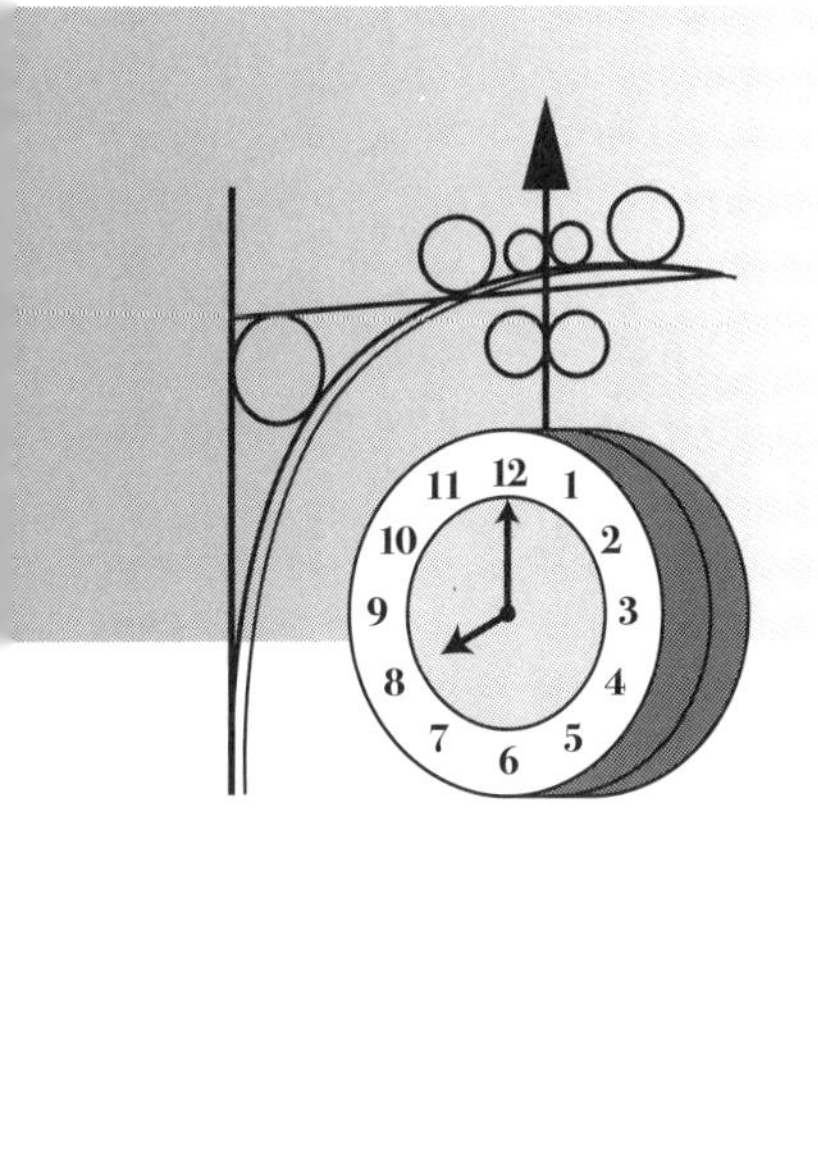

先進諸外国と比較して、日本の社会保障給付の内訳は、高齢者向けに偏っている（第1章）。しかも、1970年代から続く少子化傾向については、明確な反転の兆しは見えない。そうしたなか、従来の児童手当よりも額を増額した上で全ての子どもを対象に現金給付を行うという「子ども手当」は、極めて重要な視点を含んでいる。

もっとも、子ども手当は、スタートから今日までダッチロールを繰り返している。当初、子ども手当の給付額は、子ども1人当たり月額2万6000円が想定され、その財源5・3兆円は、税制改正と予算の効率化などで賄われるというのが民主党の主張であった。ところが、税制改正メニューのうち、配偶者控除の廃止は、2009年9月の政権発足早々に取り下げられ、予算の効率化でも期待したような財源が出てこないことが明らかになった。その結果、2010年度、子ども手当は半額の1万3000円でスタートした。

加えて、その根拠法は、2010年度1年限りの時限立法でしかなく（平成22年度における子ども手当の支給に関する法律）、2011年度の子ども手当支給のために、再び新たな法律が策定されることとなった（平成23年度における子ども手当の支給等に関する法律）。その内容も、2万6000円支給を実現できず、1万3000円のままとなった（3歳未満は7000円上乗せして2万円）。

しかし、その法案も野党の賛成を得ることはできず、結局、2010年度の根拠法を6カ月間延長し、2011年4月から9月まで、2010年度と同様の内容で子ども手当が支給されることになった（すなわち3歳未満の上乗せがない。[1]）。厚生労働省のホームページを開くと表示される「子ども手当は引き続き支給されます」というメッセージが、子ども手当の先行きの不透明さをかえって象徴しているようでもある。子ども手当については、議論の根本的かつ早急な立て直しが不可欠となっている。

1 今も残る児童手当

児童手当と子ども手当の関係

子ども手当は、中学生までの子ども1人に対し、月額1万3000円が、親の所得制限なしに給付される仕組みとして2010年6月に導入された。他方、日本には、児童手当が以前よりある。法律上、児童手当を饅頭の餡とするならば、子ども手当は、それをくるむ皮のような構成となっている。すなわち、「平成22年度における子ども手当の支給に関する法律」、および、「平成23年度における子ども手当の支給等に関する法律」は、児童手当をそのまま残し、子ども手当の給付には足りない財源を国の負担で賄うことになっているからである。児童手当は、子ども手当よりも給付水準が低く、

1　法律は「国民生活等の混乱を回避するための平成22年度における子ども手当の支給に関する法律の一部を改正する法律」。

図表8-1 児童手当の財源構成

			事業主	国	都道府県	市町村
非公務員	3歳未満	被用者	7/10	1/10	1/10	1/10
		非被用者	–	1/3	1/3	1/3
	3歳～小学校終了前		–	1/3	1/3	1/3
公務員	所属庁・地方公共団体					
	10/10					

（資料）児童手当制度研究会［2007］をもとに筆者作成。
（注）上記のほか、さらに、一定の所得以上の親を対象とし、全額事業主および所属庁・地方公共団体の負担による給付部分がある。

対象範囲が狭い現金給付であり、その財源は、国、地方、および、事業主拠出金の３つで構成されている。

よって、子ども手当は、児童手当の抱える問題点を一部改善すると同時に、問題点を一部引き継いでおり、加えて、餡と皮の組み合わせが適切なのかといった新たな問題を提起している。例えば、地方自治体側からは、児童手当の財源負担が引き続き残っていることに対し、強い不満が表明されている。２０１０年12月21日、全国知事会、全国都道府県議会議長会など地方六団体からは、２０１１年度の子ども手当法案でも地方負担が継続されることに対し、「誠に遺憾である」との共同声明が発表されている。

児童手当とは、児童手当法に基づき、小学校終了前までの児童を対象に、現金給付を行う制度である。児童手当法の第１条には、その目的として、家庭の生活の安定への寄与と児童の健全な育成および資質の向上への貢献があげられている。

その給付水準は、３歳未満の児童については、１人当たり月額１万円、３歳以上の児童については、第１子と第２子は月額５０００円、第３子は月額１万円となっている。財源は、児童の年齢、親の就業状

図表8-2◎児童手当の所得制限

（万円）

扶養親族等の数	被用者					非被用者
	給与収入 a	給与所得控除 b	給与所得 c=a−b	8万円 d	所得 e=c−d	所得
0人	733.3	193.3	540.0	8.0	532.0	460.0
1人	775.6	197.6	578.0	8.0	570.0	498.0
2人	817.8	201.8	616.0	8.0	608.0	536.0
3人	860.0	206.0	654.0	8.0	646.0	574.0
4人	902.2	210.2	692.0	8.0	684.0	612.0
5人	944.4	214.4	730.0	8.0	722.0	650.0

（資料）児童手当制度研究会［2007］をもとに筆者作成。
（注）８万円は社会保険料控除および生命保険料控除に相当する額と説明される。

況によって、国、地方、事業主の負担割合が異なっており、次のように複雑である。

３歳未満の児童の財源は、被用者（除く公務員）については、事業主が70％、残る30％を国、都道府県、市町村が10％ずつ負担することになっている。自営業者など非被用者については、国、都道府県、市町村が３分の１ずつ負担することになってい る（図表８－１）。事業主拠出金については全額事業主が負担し被用者の負担はないが、その料率は標準報酬月額の０・13％（２０１０年度）と決められており、その課税ベースは、厚生年金保険法と同一とされている。他方、３歳以上の児童分については、被用者（除く公務員）、非被用者とも事業主拠出金がなく、国、都道府県、市町村が３分の１ずつ負担する。公務員に関しては、所属する官庁、地方公共団体が全額負担する。

児童手当の給付には、緩やかな所得制限があり、被用者か非被用者か、および、扶養親族の人数によって所得上限額が異なる（図表８－２）。例えば、被用者で妻が専業主婦、子ども１人の場合、６０８万円が所得上限となる。これは、給与収入

817・8万円に相当する。この所得には、分離課税されている利子所得や配当所得など金融資産所得は含まれない。

こうした緩やかな所得制限の結果、児童手当の給付対象となっている児童数は、0歳〜12歳人口の87・4%を占める1290・5万人となっている（厚生労働省「2008年度児童手当事業年報」、総務省「人口推計」2008年10月1日現在の0歳〜12歳人口より算出）。給付額の合計は、9980・5億円（2008年度）であった。

児童手当の課題

こうした児童手当に対しては、給付面、財源面から次のような課題を指摘できる。まず、給付面については、第1に、所得制限を設けることで、予算制約があるなかで給付を重点化している一方で、その所得基準が公平なのかという問題がある。1つは、基準となる所得には、源泉分離課税された金融資産所得は含まれておらず、よって、給与収入や事業所得が少なければ、多額の金融資産を保有していても、児童手当が受けられる。これは、児童手当に限らず所得を参照する際の問題点である。もう1つは、やはりクロヨン問題である。事業所得の捕捉の確からしさがここでも問われている。

第2に、所得制限を超えると、児童手当の給付額が全くなくなるため、所得制限の前後で、手取り所得の逆転現象が起きる。これは、本来、児童手当の額を、ある所得を超えるとすぐにゼロにするのではなく、所得が増えるにつれ段階的に減少させていく制度設計とすることで回避される。こうした設計は、日本の配偶者特別控除、米国や英国の給付付き税額控除で実際に行われている（第9章）。

第3に、金額の基準、すなわち、3歳未満と3歳以上、および、第1子、2子、3子の差も、現代に合わせて再整理しても良いと思われる。児童手当が、もともと3歳未満の児童を対象とし、かつ、多子による貧困の防止をルーツとしているために、こうした構造になっていると思われるが、もう少しスッキリとした構造になってもよいであろう。

次に、財源面については、第1に、財源の複雑さと合理性への疑問がある。児童の年齢、親の就業状況によって財源の構成が変わるばかりでなく、事業主、国、地方と3者が財源を出し合うことで、結局、誰が最終責任を負っている事業なのかが見えにくくなっている。これは、児童手当が、1972年の発足以降、段階的に発展を遂げてきた結果によるところがあるとはいえ、本来、2010年の子ども手当スタートの際に、再整理されて然るべきであったろう。

第2に、事業主拠出金の性格の曖昧さがある。事業主拠出金を拠出しているのは、厚生年金保険の適用事業所だけである。すなわち、従業員5人未満の個人事業所、および、厚生年金の未適用事業所が除かれており、負担の公平性が確保されていない。また、税でも社会保険料でもない拠出金の性格も曖昧である。税や社会保険料であれば、議会や保険者を通じ、民主主義的なプロセスが介在する。ところが、拠出金では、そうしたプロセスを見出しにくい。そのため、単に取りやすいところからお金を取っているという印象が払拭しきれない。

第3に、そもそも、事業主、国、地方が財源の出し手として並列されるべきものなのか疑問が残る。

国と地方の負担とはいっても、それは、税でしかあり得ない。なお、日本の社会保障給付に占める家族政策の規模が、諸外国に比べて小さいことを勘案すれば、1兆円に欠ける児童手当の総給付規模そのものについての批判も当然あり得る。この点は、次節で改めて取り上げる。

2 子ども手当の現状と行方

マニフェストにおける子ども手当

2009年の民主党マニフェストでは、中学卒業までの子ども1人当たり月額2万6000円の子ども手当を創設すると表明されていた（2010年度は半額）。所要額は5・3兆円と想定された。同マニフェストでは、国の総予算207兆円の効率化、埋蔵金の活用、および、税制改正でそれぞれ、9・1兆円、5・0兆円、2・7兆円、計16・8兆円の財源を捻出するとした。このうち、子ども手当と紐づけで明記されているのは、税制改正のうち、配偶者控除と扶養控除の廃止である。マニフェストには、所得税の配偶者控除・扶養控除を廃止し、「子ども手当」を創設するとある。

もっとも、こうした内容には、次のような問題がある。第1に、予算の効率化や埋蔵金などからマニフェストに記載されているような財源が出てこなかったことだ。このことは、広く指摘され続けてきたことである。

第２に、税制改正で捻出する２・７兆円の積算根拠である。とりわけ、控除廃止といっても、所得税だけなのか、住民税を含むのかが明確ではない。確かに、所得税、住民税とも配偶者控除を廃止すれば、それぞれ０・６兆円、０・７兆円の税収増が見込め、扶養控除を廃止すれば同様に０・５兆円、０・６兆円の税収増が見込める。計２・４兆円だ（筆者試算）。マニフェストの２・７兆円とも大きな差はない。しかし、住民税収は地方に入るのであり、それを国の政策である子ども手当にそのまま使える訳ではない。この点、２００９年のマニフェストを見るかぎりでは、民主党がどのように考えていたのか不明だ。

第３に、子ども手当の財源手当としての配偶者控除廃止だ。控除は、ある価値観を根底に成立している。配偶者控除を廃止するとしても、配偶者控除が拠って立つ価値観の見直しからスタートしなければならない。子ども手当の財源探しが第１目的であってはならないはずだ。

２０１０年度の子ども手当の全体像

２０１０年度の子ども手当は、「平成22年度における子ども手当の支給に関する法律」という単年度の法律、および、所得税法と住民税法の改正という２つの柱によって構成されている。この法律によって、２０１０年度は、中学卒業までの子ども１人につき、月額１万３０００円が、親の所得制限なしに給付されることとなった。

その結果、２０１０年度の子ども手当の給付総額（６月からの10カ月分、予算ベース）は、２兆２

554億円となっている。通年ベースに引き直せば約2・7兆円であり、児童手当の3倍近くの給付規模となる。うち非公務員分は、2兆643億円である。その財源の内訳は、児童手当分8414億円（うち国2326億円、地方4652億円、事業主拠出金1436億円）、児童手当では不足する分1兆2230億円となっている。児童手当で不足する分は、国の負担である。

2010年度の子ども手当導入を構成するもう1つの柱が、所得税法と住民税法の改正である。具体的には、子ども手当の対象年齢となる15歳以下については、所得税と住民税における扶養控除（改正前、それぞれ38万円、33万円。第3章参照）を廃止することで、いくらかでも財源を捻出しようというものである。所得税については2011年（すなわち2011年1月）から、住民税については2012年度分（すなわち2012年6月徴収分）からとなる。

それにより、国と地方の増収の政府推計値は、2011年度は6300億円（国4300億円、地方2000億円）、2012年度は1兆6000億円（国4400億円、地方6200億円）とされている（2010年11月17日厚生労働省「子ども手当に関する厚生労働大臣・地方6団体会合資料」14ページ）。なお、地方の増収には、所得税収増の32％が地方交付税として地方に繰り入れられる分が含まれている。

2011年度の子ども手当法案

2009年マニフェストでは、2011年度以降の子ども手当は満額の2万6000円とされていたが、結局、２０１１年度限りの時限立法として提出された「平成23年度における子ども手当の支給等に関する法律案」では、１万３０００円のままとなった。

ただし、３歳未満の子どもに関しては７０００円が上積みされ、２万円となった。なぜなら、扶養控除の廃止による家計の税負担増に伴い、子ども手当導入前と導入後を比較して、１万３０００円のままでは、むしろ家計の得失はマイナスになってしまうためである。３歳未満の子どもに関する上積みの財源には、年間約２５００億円（２０１１年度予算。12カ月分。11カ月分だと２０８５億円）を要するが、結局、給与所得控除の上限設定によって賄われることとなった（第３章）。

こうした財源の安易な埋め合わせ方には、子ども手当の財源に配偶者控除廃止を充てようとしたのと通ずる問題がある。第３章で述べたように、給与所得控除は所得税見直しの際の筆頭候補であるものの、その見直しには手順が必要である。給与所得控除には、クロヨン問題の補償の意味合いがある。よって、給与所得控除の縮小に際しては、クロヨン問題への正面からの取り組みが欠けてはならない。「負担増を１５００万円以上の収入層に限定したのだから、きちんとした手順を踏まなくてもいい」と考えているとすれば、それは、決して許されるものではないだろう。

このような２０１１年度の子ども手当案であるが、これも結局、野党の賛成を得ることはできず、２０１０年度の根拠法を６カ月間延長することとなった（すなわち３歳未満の上乗せがない）。

図表8-3　子ども手当と税制改正による家計の得失

（万円）

収入	扶養控除廃止によるマイナス A	うち所得税	うち住民税	子ども手当 B	3歳未満 児童手当減 C	3歳未満 計 A+B+C	3歳以上小学校卒業前 児童手当減 C	3歳以上小学校卒業前 計 A+B+C	中学生 児童手当減 C	中学生 計 A+B+C
100	0.0	0.0	0.0	15.6	−12.0	3.6	−6.0	9.6		15.6
200	−4.6	−1.3	−3.3	15.6	−12.0	−1.0	−6.0	5.0		11.0
300	−5.2	−1.9	−3.3	15.6	−12.0	−1.6	−6.0	4.4		10.4
400	−5.2	−1.9	−3.3	15.6	−12.0	−1.6	−6.0	4.4		10.4
500	−6.5	−3.2	−3.3	15.6	−12.0	−2.9	−6.0	3.2		9.2
600	−7.1	−3.8	−3.3	15.6	−12.0	−3.5	−6.0	2.5		8.5
700	−10.5	−7.2	−3.3	15.6	−12.0	−6.9	−6.0	−0.9		5.1
800	−10.9	−7.6	−3.3	15.6	−12.0	−7.3	−6.0	−1.3		4.7
900	−10.9	−7.6	−3.3	15.6		4.7		4.7		4.7
1,000	−10.9	−7.6	−3.3	15.6		4.7		4.7		4.7
1,100	−11.1	−7.8	−3.3	15.6		4.5		4.5		4.5
1,200	−12.0	−8.7	−3.3	15.6		3.6		3.6		3.6
1,300	−12.0	−8.7	−3.3	15.6		3.6		3.6		3.6
1,400	−15.8	−12.5	−3.3	15.6		−0.2		−0.2		−0.2
1,500	−15.8	−12.5	−3.3	15.6		−0.2		−0.2		−0.2

（資料）筆者試算。
（注１）妻は専業主婦、子ども１人の給与所得者世帯を想定。
（注２）社会保険料控除は、収入900万円まで収入の10％、1,000万円以上は収入の4％＋54万円と仮定した。
（注３）所得税のみならず、住民税の改正も実施される2012年度以降を想定。
（注４）子ども手当は、１人当たり一律月額13,000円と想定。

子ども手当と税制改正による家計の得失

では、子ども手当が１人当たり月額１万３０００円（すなわち２０１１年９月までの支給内容が２０１１年10月以降も続くと想定）、所得税と住民税の税制改正が完全に実施される２０１２年度以降の家計の年間収入別の得失は、子ども手当導入前（２００９年度）と比較してどのように変化するのであろうか。子ども１人、妻は専業主婦という給与所得世帯を想定して、収入１００万円から１５００万円まで、１００万円刻みでそれを試算してみた（図表８－３）。想定する子どもの年齢は、児童手当であれば月額1万円の3歳未満、月額5000円の3歳以上小学校卒業前、児童手当が給付されない中学生の3つとした。

まず、3歳未満の子どものいる世帯の場合、年間収入200万円から800万円までの層、および、1400万円以上の層でマイナスとなる。3歳未満の子どもに対しては、児童手当であっても月額1万円が支給されていた。子ども手当の支給額1万3000円では、扶養控除廃止によって家計はマイナス幅の方が上回ってしまうのである。そのため、「平成23年度における子ども手当の支給等に関する法律案」では、3歳未満に対しては、月額7000円（年額8万4000円）の上乗せが目指されたのである。これであれば、いずれの収入層でも子ども手当による家計の得失は何とかプラスになる。

なお、扶養控除廃止による家計のマイナス分の内訳をもう少し仔細にみると、例えば、収入200万円の世帯では、所得税がマイナス1・3万円、住民税がマイナス3・3万円である。よって、住民税における扶養控除が廃止される前であれば、3歳未満の児童手当がなくなって代わりに子ども手当が1万3000円であっても、家計全体ではプラスになる。収入300万円から500万円の層も同様である。しかし、収入600万円から800万円の層については、3歳未満の児童手当がなくなる世帯では、住民税における扶養控除廃止前、すなわち2011年度から既に、家計の得失がマイナスになってしまう。何のための子ども手当か分からなくなっている。

次に、3歳以上小学校卒業前までの子どものいる世帯についてみると、年収700万円と800万円の収入層、および、年収1400万円以上の収入層で、子ども手当により、得失がマイナスになっている。年収700万円と800万円の収入層については、児童手当5000円と子ども手当1万3000円との差を、増税幅が上回っているためであり、特定の収入層だけ得失がマイナスになるという歪な状況になっている。

さらに、中学生の子どものいる世帯は、もともと児童手当の給付がなかったことから、収入1400万円以上の収入層を除き、子ども手当の導入によって得失はプラスとなる。以上の3つの世帯形態を比較してみると、中学生のいる世帯ではおおむねプラスになり、かつ、プラス幅も大きい。子ども手当は、いわば「中学生手当」といった印象を受ける。

3つのオプション

このように、子ども手当は、根本的かつ早急な議論の立て直しが求められている。その際、3つのオプションがあろう。1つ目は、所得制限を設けず、2つ目と3つ目は所得制限を設けるオプションである。

1つ目は、2009年マニフェストの貫徹である。親の所得にかかわらず普遍的に給付するというのも1つの理念である。その際、留意すべき点は、まず、恒久法が目指されなければならず、本章で饅頭の餡と皮と表現したように、児童手当法を残し、財源をそのまま引き継ぐようなことはやめるべきだ。国と地方の役割分担を曖昧なままにせず、明確にすることが必要である。次に、配偶者控除廃止などを財源に充てるとしても、単に財源探しのための控除廃止であってはならない。これらの点で、

２００９年マニフェストは曖昧であったといえる。

２つ目は、民主党がかねてより提唱している給付付き税額控除への切り替えである。米国のＣＴＣ（Child Tax Credit）、英国のＷＴＣ（Working Tax Credit）のように、個人所得税制を通じて、給付を行う仕組みとしてもいいはずである。すると、これは普遍的給付ではなく、低中所得層向け給付となる。いわば理念を変えるということだ。給付付き税額は、第９章で改めて論じる。

３つ目は、自民党の主張のように、児童手当に戻すことである。児童手当法そのものは、前述のように今でも生きており、子ども手当がなくなれば、自動的に児童手当に戻る（ただし事務的な準備が必要とされる）。自民党は、民主党の子ども手当を、高速道路無料化などとともにバラマキ４Ｋと名付け批判を展開している。児童手当に戻し、これまでも行われてきたように、財源の目途が得られた時点で、順次児童手当を拡充していくのである。

もっとも、児童手当に戻す場合でも、まず、本章で掲げた児童手当の問題点を克服し、かつ、所得税と住民税における扶養控除を元に戻すことが必要であろう（これは、忘れてはならないポイントだ）。子ども手当導入と扶養控除廃止はあくまでセットとなっていたからだ。児童手当に戻すのであれば、扶養控除を元に戻さないと辻褄が合わない。また、日本の社会保障給付の内訳が高齢者向けに偏っており、少子化傾向にも明確な反転の兆しがみられないでいる状況に、どう対応するのかという点に関して、自民党としてのポリシーが必要である。

いずれの政策が好ましいか。政党だけで頭を捻っても答えが出るものではない。無駄の削減といった曖昧な財源ではなく、税目や税率を明記した税制改正案や歳出を特定した削減案など具体的な財源確保策を付けて、子ども手当を再度マニフェストに明記し、国民の信を問う必要がある。そうした税制改正や歳出削減があってもなお、子ども手当に国民の支持が集まれば、それが真に必要とされている政策であるという証左になる。税と社会保障を同時に決定するという意味で、一体改革でなければならないのである。

第 9 章

給付付き税額控除の可能性と課題

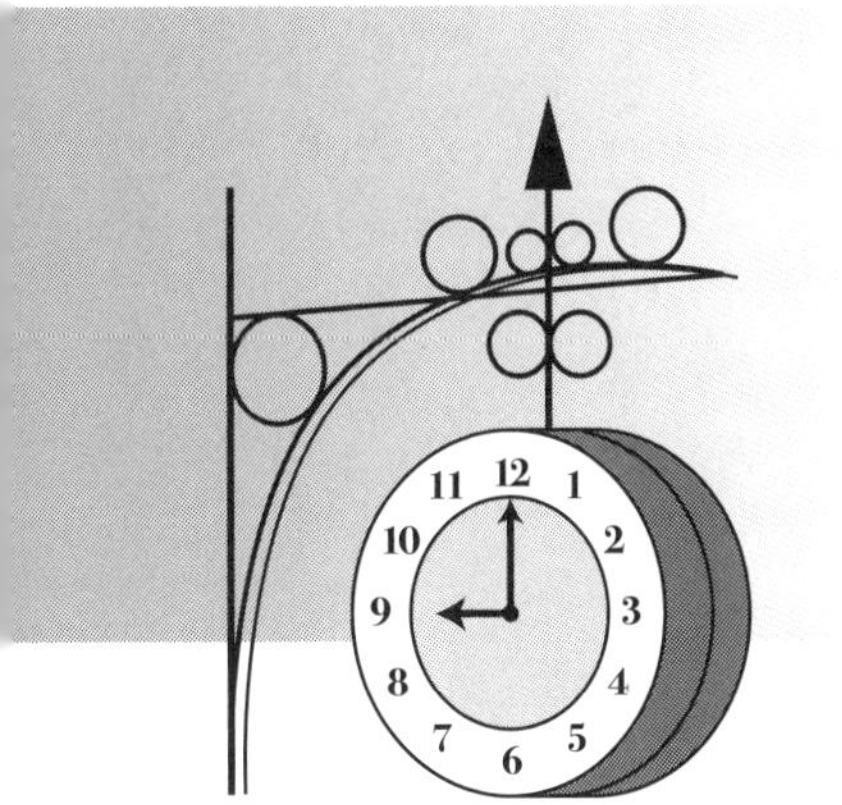

給付付き税額控除は、個人税制を通じて、社会保障給付までをも行う政策ツールであり、欧米では広く活用されている。日本の税と社会保障の一体改革の議論のなかでも、欠かせないテーマの1つである。実際、民主党は、かねてより、給付付き税額控除の導入を掲げており、例えば、税と社会保障の抜本改革調査会（現、社会保障と税の抜本改革調査会）は、2010年12月に公表した「中間整理」のなかで、次のように述べている。

「現役世代、高齢期を通じて基礎的な生活を支える一手段として、『給付付き税額控除』を積極的に検討すべきである。所得税における所得控除は、最高税率の高い高所得者に有利である一方で、低所得の人にはメリットが乏しい。これを『給付付き税額控除』に転換することによって、収入の無い人にも一定の給付を行うことができる。低収入の現役世代、高齢者が増加する中で、年金や生活保護との関係に留意しつつ、『給付付き税額控除』を検討する意義は大きくなっている」

こうした民主党の積極的な意思表明は、給付付き税額控除に慎重な自民党と対照的である。自民党のマニフェストである政策集「J－ファイル2010」には、給付付き税額控除という言葉は出てこない。あるいは、自民党政権下の政府税制調査会「抜本的な税制改革に向けた基本的考え方」（2007年11月）でも、給付付き税額控除の議論の意義は認めつつも、導入に向けた諸課題の列挙にとどまっている。

しかし、民主党が与党になっても、政権内には給付付き税額控除に関する具体的な議論をしている様子は見えない。それは、「中間整理」における「検討すべき」という表現にも端的に示されている。

本来、抜本改革調査会の役割は、検討を促すのではなく、自ら内容を詰めることではないだろうか。給付付き税額控除は、確かに、実際に日本で導入するとなればクリアしなければならない課題が多い。しかし、チャレンジすべきテーマである。民主党政権には、意思表明ではなく、具合的内容の作成が求められている。

1 所得控除・税額控除・給付付き税額控除

個人所得課税における「所得控除」(deduction from income) と「税額控除」(tax credit) は、名前は一見似ていても、家計にもたらす経済効果は大きく異なる。また、税額控除のなかでも、「給付なし」と「給付付き」とでは、やはり異なる。この点を明確にするため、①控除なし、②所得控除、③税額控除（給付なし）、④給付付き税額控除の４パターンについて、低、中、高収入の収入階層ごとに経済効果を試算してみる[1]。給与収入２００万円、５００万円、１５００万円の３つの世帯を、それぞれ低、中、高収入世帯と仮定する。控除は所得控除の１つである38万円の基礎控除を例にとる（図表９－１）。

1　子どものうち１人は16歳以上の特定扶養控除対象者を想定。住民税は考慮に入れていない。

図表9-1 所得控除による納付税額軽減効果（年間ベース）

（万円）

	給与収入	給与所得控除（控除項目）	給与所得	所得控除（控除項目） 基礎	社会保険料	配偶者	扶養	課税所得	納付税額（注2）	
基礎控除がない場合	200.0	78.0	122.0	0.0	20.0	38.0	38.0	26.0	1.3	a
	500.0	154.0	346.0	0.0	50.0	38.0	38.0	220.0	12.3	
	1,500.0	245.0	1,255.0	0.0	114.0	38.0	38.0	1,065.0	197.9	
基礎控除がある場合	200.0	78.0	122.0	38.0	20.0	38.0	38.0	0.0	0.0	b
	500.0	154.0	346.0	38.0	50.0	38.0	38.0	182.0	9.1	
	1,500.0	245.0	1,255.0	38.0	114.0	38.0	38.0	1,027.0	185.3	
納付税額軽減効果	200.0								1.3	a−b
	500.0								3.2	
	1,500.0								12.5	

（資料）筆者作成。
（注1）いずれも給与所得者世帯。夫婦子1人（16歳未満）。妻は専業主婦。
（注2）この場合、算出税額＝納付税額。税額控除がないため。

まず、そもそも基礎控除がないと想定した場合、低、中、高収入層の納付税額は、それぞれ年間で、1・3万円、12・3万円、197・9万円となる。次に、所得控除としての基礎控除がある場合、これは現行通りであるが、低、中、高収入層の納付税額は、それぞれ、ゼロ、9・1万円、185・3万円となる。基礎控除がない場合に比べて、それぞれ1・3万円、3・2万円、12・5万円（百円単位で四捨五入のため、引き算の結果が合わないことがある）の納付税額の減少である。

すなわち、所得控除による38万円の基礎控除がこれだけの納付税額軽減効果をもたらしている。このように、高収入層ほど効果が大きいのは、所得税が累進税率体系をとっているためである。所得控除形式では、累進税率体系のもとで、高い税率が適用されている高収入層ほどメリットが大きい。抜本改革調査会の「中間整理」が、所得控除は高所得者に有利だといっているのは、このことだ。

図表9-2 税額控除による納付税額と給付額

（万円）

	給与収入	給与所得控除（控除項目）	給与所得	所得控除（控除項目）				課税所得	算出税額	税額控除（控除項目）	納付税額	給付額	所得控除形式との比較
				基礎	社会保険料	配偶者	扶養						
税額控除（給付なし）がある場合	200.0	78.0	122.0	0.0	20.0	38.0	38.0	26.0	1.3	5.7	0.0	−	0.0
	500.0	154.0	346.0	0.0	50.0	38.0	38.0	220.0	12.3	5.7	6.6		2.5
	1,500.0	245.0	1,255.0	0.0	114.0	38.0	38.0	1,065.0	197.9	5.7	192.2	−	−6.9
税額控除（給付付き）がある場合	200.0	78.0	122.0	0.0	20.0	38.0	38.0	26.0	1.3	5.7	0.0	4.4	4.4
	500.0	154.0	346.0	0.0	50.0	38.0	38.0	220.0	12.3	5.7	6.6	0.0	2.5
	1,500.0	245.0	1,255.0	0.0	114.0	38.0	38.0	1,065.0	197.9	5.7	192.2	0.0	−6.9

（資料）筆者作成。
（注１）いずれも給与所得者世帯。夫婦子1人（16歳未満）。妻は専業主婦。図表9－1と同じ。
（注２）税額控除5.7万円は、所得控除38万円の場合と税収中立、すなわち（1.3万円+3.2万円+12.5万円）÷3で設定した。

では、基礎控除が税額控除形式である場合には、低、中、高収入層の各世帯に与える経済効果はどう変わるのであろうか（図表９－２）。税額控除は５・７万円、「給付なし」とする。課税所得に税率をかけて求められた算出税額から税額控除を差し引いたものが納付税額である（図表３－２も参照）。算出税額は、低、中、高収入層それぞれ、１・３万円、12・３万円、１９７・９万円となる（基礎控除がない場合と同一）。ここから、税額控除５・７万円を差し引くと、低収入層は、１・３万円が５・７万円によって相殺され、納付税額ゼロとなる。中収入層の納付税額は６・６万円、高収入層は１９２・２万円となる。

基礎控除が所得控除形式の場合（現行と同じ）と比べてみると、低収入層の納付税額は、いずれの場合もゼロなので同じである。中収入層の納付税額は、所得控除形式よりも税額控除形式の方が有利である。高収入層では逆に、税額控除形式の方が不利である。ここで特に低収入層に関しては、税額控除が５・７万円あったとしても、算出税額が１・３万円しかないため、相殺後の残り4・4万円の税額控除は使われずに無駄になってしまう。

そこで、この税額控除の残り4・4万円を算出税額の相殺にとどめず、給付したらどうなるか。この仕組みが「給付付き税額控除」である。低収入世帯に対しては、残り4・4万円は現金として給付されることになる。算出税額の相殺1・3万円と給付4・4万円、計5・7万円の経済効果である。別の言い方をすれば、1・3万円－5・7万円＝▲4・4万円という負の個人所得税を発生させていることになる。

給付される4・4万円はマイナスの所得税というより、社会保障給付と考える方が分かりやすいかもしれない。さらに、適用に一定の就労要件を付ければ、米国のＥＩＴＣや英国のＷＴＣ（Working Tax Credit）のような給付付き勤労税額控除となる。なお、以上の説明は、税制を通じて給付する理由にまでは立ち入っていない。この点を念頭に置きつつ、議論を先に進めたい。

2 英国にみる具体例

ＷＴＣとＣＴＣの各要素

では、給付付き税額控除とは、より具体的にはどのような仕組みなのであろうか。英国のＷＴＣとＣＴＣ（Child Tax Credit）を例にとり、給付付き税額控除の具体的イメージを把握したい。英国で

図表9-3　英国におけるCTCとWTCの各要素

Child Tax Credit	（ポンド/年）	〔概要〕
Family element	545	就労要件なし。社会保障給付であるChild Benefitに加えて支給される。Family elementは1世帯当たり。Child elementは子ども1人当たり。子どもの要件は、16歳以下（学生の場合20歳未満）。子どもが1歳未満の場合、baby addition545ポンドが加算される。
Family element, baby addition	545	
Child element	2,300	
Working Tax Credit	（ポンド/年）	〔概要〕
Basic element	1,920	就労要件あり。Basic elementは、WTC の適格者全てに適用。Couple element と Lone parent element は、それぞれ夫婦と1人親に適用され、Basic element に加算される。 30 hour element は、就労時間が週30時間以上の場合に加算される。さらに、50歳以上で就労復帰中の場合、就労時間が30時間未満でも加算が行われ、30時間以上であればボーナス加算が行われる。
Couple element	1,890	
Lone parent element	1,890	
30 hour element	790	
50+ return to work payment (16～29 hours)	1,320	
50+ return to work payment (30+ hours)	1,965	
Childcare element of the Working Tax Credit	（ポンド/週）	〔概要〕
Maximum eligible cost for one child	175	政府登録・認定の外部の保育サービスを利用した場合、要した費用の80%を税額控除できる。但し、左記の限度額あり。
Maximum eligible cost for two children	300	

（資料）HM Revenue & Customs ‘A guide to Child Tax Credit and Working Tax Credit’ をもとに筆者作成。
（注１）Tax Creditの要素には、他にもDisabled child elementなどがある。本図表では省略。
（注２）WTCの就労要件は、子どもを養育している場合、週16時間以上。そうでない場合、原則25歳以上かつ週30時間以上。

は、個人所得を課税ベースとする租税は、国税である個人所得税だけである。控除は、ＷＴＣおよびＣＴＣといった税額控除が主体であり、英国の所得控除は基本的に日本の基礎控除に相当するタックス・アローワンス（tax allowance）のみである。

　まず、ＣＴＣは就労の有無にかかわらず適用される。その金額は、世帯の属性によって異なる。ＣＴＣは、次のように、複数の要素から構成されている（図表９－３）。Family elementは、1世帯当たり年間545ポンド（2010～2011年課税年度、以下同）であり、子どもが1歳未満であるとbaby additionとしてさらに545ポンドが加算される。Child elementは子ども1人当たり2300ポンドである。例えば、小学生の子ども1人がいる夫婦世帯の単純なCTCの積み上げ額は、545+2300=2845ポンドとなる。「単純な積み上げ」と断っているのは、後に説明するように、収入によって税額控除の金額は削減されるためである。このほか、図表中では省略しているが、子どもが障がい児の場合にはDisabled child elementが加算される。

一方、WTCは就労が適用要件となる。WTCの構成要素の1つであるBasic elementは、WTC適格者全員に適用され、年間1920ポンドである。Couple elementおよびLone parent elementは夫婦および1人親に適用され、年間1890ポンドである。例えば、先ほどと同様の夫婦と子1人の世帯がWTCの就労要件を満たしている場合には、CTCの2845ポンドに加えて、WTCの3810ポンド（=1920+1890）が上乗せされ、単純な税額控除の積み上げ額は6655ポンドとなる。

このほか、就労促進のための構成要素がある。30 hour elementは、就労時間が週30時間以上の場合に加算される。さらに、50歳以上で就労復帰の場合には、50+ return to work paymentとして加算が行われ、週30時間以上の就労には、ボーナス加算がある。政府登録・認定の保育所を利用した際、その保育費の80%（ただし上限あり）を税額控除できるChildcare elementがある点もこの制度の特徴といえる。

総じて、英国のWTCとCTCは、低中所得層の所得底上げ、就労促進、子育て支援に重点の置かれたラインナップである。

図表9-4 英国における収入ごとの税額控除額（Tax Credit）

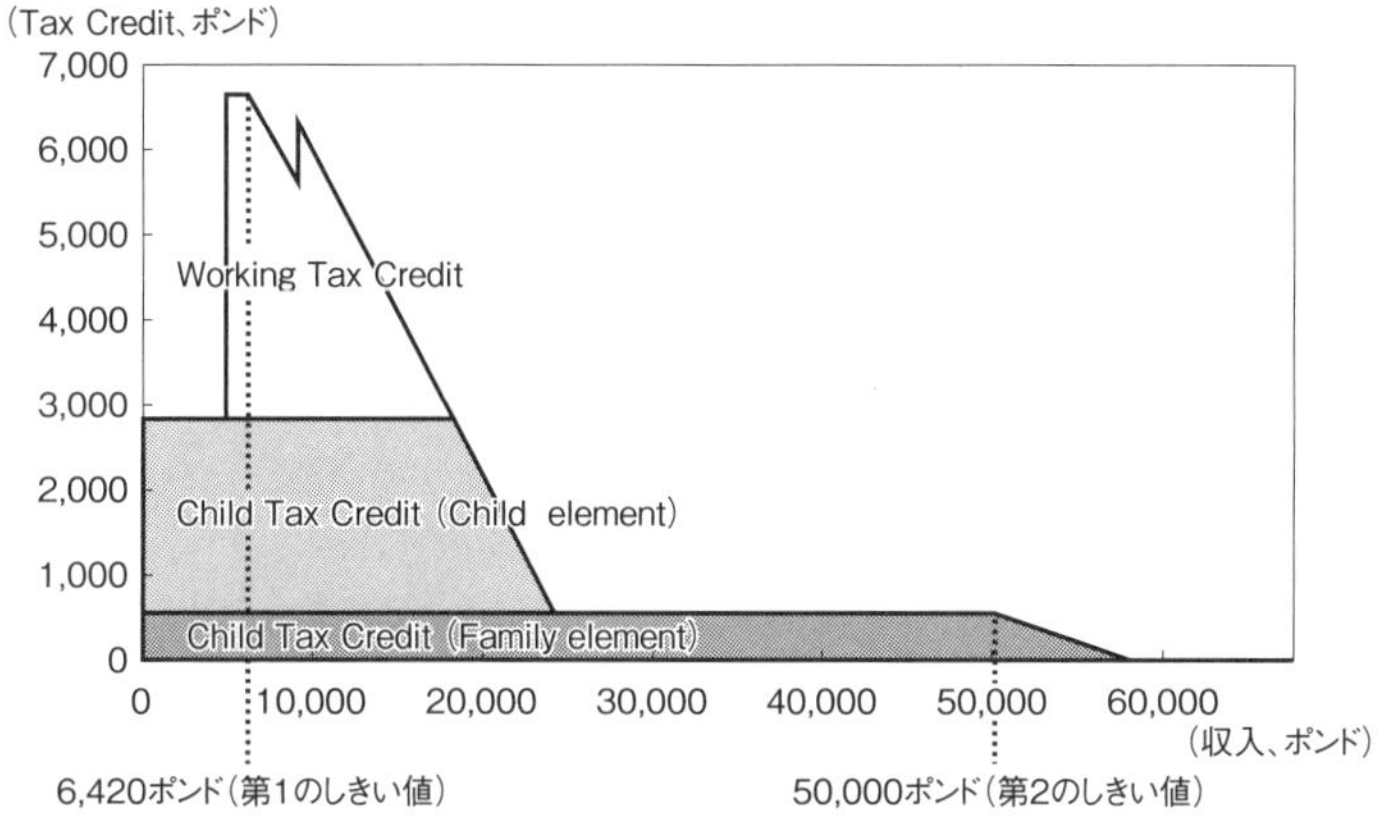

（資料）HM Revenue & Customs 'A guide to Child Tax Credit and Working Tax Credit' をもとに筆者作成。
（注１）夫婦と子1人世帯のケース。政府登録・認定の保育サービスを利用していないなど単純なケース。2010～2011課税年度の数値。
（注２）収入5,000ポンドをWTCの適用要件である週16時間就労で稼ぐと仮定している。

収入ごとの税額控除額

こうして積み上げられた税額控除は、全ての収入層に全額認められる訳ではない。収入が一定額（しきい値　threshold）を超えると、収入が増えるにつれて税額控除が段階的に削減される仕組みとなっている（図表９－４）。図では、税額控除額の総計を示す図形が、その右側で斜めに削り取られている。段階的に削減されるのは、しきい値を超えた時点でいきなり税額控除をゼロにすると、しきい値の前後で、可処分所得の逆転現象が生じるためである（日本の児童手当はそうなってしまっている）。

しきい値は２つある。１つは年間収入６４２０ポンドであり、ＷＴＣおよびＣＴＣのChild elementなど（Family element以外）の税額控除に適用される。削られる順番は、最初がＷＴＣ、次がＣＴＣとなる。収入９３００ポンド辺りで就労時間が30時間を超えるため、いったんはＷＴＣの30 hour elementによって税額控除額に加算がある（図表９－４の先端には２つの山があり、右側に小さな山がある、これが加算を意味する）が、世帯の年間収入がさらに増えるにつれて、税額控除額はＣＴＣのFamily elementを除いて、段階的に削減されていく。夫婦と子ども１人の世帯の場合、収入が２万４１１２ポンドになると、税額控除からＣＴＣのChild element もなくなり、Family elementだけが残る[2]。なお、この２万４１１２ポンドは、英国の個人所得の中央値２万６８００ポンドをやや下回る水準となっている[3]。

２つ目のしきい値は、ＣＴＣのFamily elementに適用される５万ポンドである。ＷＴＣやＣＴＣのChild elementなどが低所得層向けであったのに対し、ＣＴＣのFamily elementはかなり普遍的な性格を持っている。収入が５万ポンドを超えると、ＣＴＣのFamily elementも段階的に削減され、収入が５万８１７０ポンドになると、ＣＴＣのFamily elementもなくなる。以上のようにして最終的な税額控除が求められる。

2　計算式は次の通り。まず、この世帯の単純な積み上げの税額控除（除くＣＴＣのFamily element）は、６９００ポンド（=CTC Child element 2,300+WTC4,600）。ＷＴＣには30 hour elementを含む。他方、（収入は24,112－6,420）×0.39＝6,900ポンドとなる。

3　HM Revenue & Customs 'Personal incomes by tax year 2007 - 2008' 3.5表。数値は、納税者３２５０万人のみを母集団とする中央値なので、非納税者を含めればさらにこれを下回ると思われる。

収入階層別の経済効果

では、こうした税額控除は、納付税額も含めて、トータルで家計にどのような経済的効果をもたらしているのであろうか。年間収入がゼロ、2500ポンド、5000ポンド、1万ポンド、2万ポンド、3万ポンド、4万ポンド、5万ポンド、6万ポンドの9つの収入階層を例に、確認しておきたい。やはりここでも、夫婦と子ども1人の世帯を想定している。

ちなみに、税額控除の適用を受けている627・9万世帯のうち、非就労が22・9％の144・1万世帯、就労が77・1％の483・8万家計である（図表9－5）。非就労世帯と所得1万9999ポンド以下の就労世帯を合わせると、税額控除適用世帯全体の約64％を占める。

説明の便宜上、収入1万ポンドの家計から計算してみると、収入1万ポンドからタックス・アローワンス（基礎控除）の6475ポンドを差し引いて、課税所得は3525ポンドとなる（図表9－6）。ここに累進税率による税率をかけると、算出税額は705ポンドとなる。一方、税額控除の単純な積み上げ額はWTCが4600ポンド、CTCが2845ポンド、合計7445ポンドとなる。もっとも、収入1万ポンドは、1つ目のしきい値である6420ポンドを超えている。そのため、1万ポンドと6420ポンドとの差額の39％に当たる1396ポンドが、単純に積み上げられた税額控除7445ポンドから差し引かれ、最終的な税額控除は6049ポンドとなる。

すると、さきほどの算出税額705ポンドは、この税額控除6049ポンドで実質的に相殺され、さらに、残る税額控除5344ポンドが家計の可処分所得の増加となる。「実質的に」と断っている

図表9-5 英国、税額控除適用世帯

就労・非就労の別	所得階層	世帯数（万件）	ウエイト（%）
非就労（out of work）		144.1	22.9
就労（in work）		483.8	77.1
	£6,420以下	84.6	13.5
	£6,421～£9,999	56.4	9.0
	£10,000～£19,999	116.1	18.5
	£20,000～£29,999	80.2	12.8
	£30,000～£39,999	87.3	13.9
	£40,000～£50,000	45.9	7.3
	£50,000以上	13.3	2.1
	合計	627.9	100.0

（資料）HM Revenue & Customs 'Child and Working Tax Credits Statistics'（2010年12月）より筆者作成。

のは、現在、英国の税額控除は、手続き上、算出税額との相殺ではなく、銀行口座にそのまま振り込まれるためである。5344ポンドは、収入1万ポンドの世帯にとって収入の約5割増しといったイメージであり、加えて、日本の児童手当に相当するChild Benefit（20・3ポンド／週）が給付されることを勘案すると、税額控除とChild benefit（52週分で10560ポンド）を合わせて計6400ポンドが、政府から給付されることとなる。

次に、年間収入が1万ポンドより低い層をみると、年間収入2500ポンドの家計は就労時間の面からWTCの適用要件を満たさずCTCのみとなるため、税額控除は2845ポンドである。もとより算出税額はない。続いて、もう少し収入の高い年間収入5000ポンドの家計は、WTCの就労要件を満たすため、単純な税額控除の積み上げ額も合計額6655ポンドになり、かつ、収入が1つ目のしきい値を下回っていることから、この額全て最終的な税額控除となる。この家計も、もとより算出税額がない。

図表9-6　英国、Tax Creditと実質の納付税額

（年、ポンド）

収入	基礎控除（Tax allowance）	課税所得（Taxable Income）	算出税額	単純なTax Cerditの積み上げ：Working Tax Credit	Working Tax Credit：Basic element	Working Tax Credit：Couple element	Working Tax Credit：30 hour element	Child Tax Credit	Child Tax Credit：Family element	Child Tax Credit：30 hour element	WTC+CTC	収入のThreshold超過分の一定率（単純な積み上げ額から削減）	削減の対象：WTC, CTC Child element	削減の対象：CTC Family element	最終的なTax Credit	Tax Credit－算出税額
0	6,475	0	0	0	0	0	0	2,845	545	2,300	2,845	0	0	0	2,845	2,845
2,500	6,475	0	0	0	0	0	0	2,845	545	2,300	2,845	0	0	0	2,845	2,845
5,000	6,475	0	0	3,810	1,920	1,890	0	2,845	545	2,300	6,655	0	0	0	6,655	6,655
10,000	6,475	3,525	705	4,600	1,920	1,890	790	2,845	545	2,300	7,445	1,396	1,396	0	6,049	5,344
19,057	6,475	12,582	2,516	4,600	1,920	1,890	790	2,845	545	2,300	7,445	4,928	4,928	0	2,517	0
20,000	6,475	13,525	2,705	4,600	1,920	1,890	790	2,845	545	2,300	7,445	5,296	5,296	0	2,149	**−556**
30,000	6,475	23,525	4,705	4,600	1,920	1,890	790	2,845	545	2,300	7,445	6,900	6,900	0	545	**−4,160**
40,000	6,475	33,525	6,705	4,600	1,920	1,890	790	2,845	545	2,300	7,445	6,900	6,900	0	545	**−6,160**
50,000	6,475	43,525	9,930	4,600	1,920	1,890	790	2,845	545	2,300	7,445	6,900	6,900	0	545	**−9,385**
60,000	6,475	53,525	13,930	4,600	1,920	1,890	790	2,845	545	2,300	7,445	7,445	6,900	545	0	**−13,930**

（資料）HM　Revenue & Customs 'A guide to　Child Tax Credit and　Working Tax Credit' をもとに筆者作成。
（注）夫婦子１人のケース。2010～2011課税年度の数値。

　一方、年間収入２万ポンドの家計に目を転じると、算出税額２７０５ポンド、最終的な税額控除は２１４９ポンドである。差し引き、実質的に５５６ポンドの税負担をしていることになる。年間収入３万ポンドの家計になると、ＷＴＣおよびＣＴＣのChild elementは段階的減少により、もはやなくなっている。ＣＴＣのFamily elementが５４５ポンド残っているだけだ。年間収入６万ポンドの家計は、もはや税額控除は全く適用されない。

　このように、税額控除は、相対的に低所得層に重点的に充てられている。もっとも、他方で、英国における所得税以外の税目に目を転じると、付加価値税の標準税率が20・０％（２０１１年１月より

17・5％から引き上げ）に達していることにも留意する必要がある。付加価値税は、収入の高低にかかわらず負担する税目であるためだ。

課税最低限再論

ここまでの議論を材料に、課税最低限の国際比較について考えておきたい。課税最低限とは、個人所得課税の負担がなくなる収入のポイントである（第3章参照）。日本の財務省がホームページに掲載している資料では、日本、米国、英国、ドイツ、フランス5カ国の課税最低限の水準が、世帯形態別に円換算で比較されている。課税最低限は世帯形態によって異なるため、ここでも夫婦と子ども1人の3人世帯を例にとると、それぞれ、220・0万円、297・6万円、86・8万円、232・9万円、335・9万円となっている（図表9－7の左のグラフ）。

なかでも英国は86・8万円と極端に低いが、これはタックス・アローワンス（基礎控除）6475ポンド（日本円で86・8万円、1ポンド134円で換算）のみが計上されているためである。ところが、これまで示してきたように、WTCやCTCがあることを考慮に入れると、実質的に税負担が発生する収入（課税最低限）はそれよりも高い水準になる。

それを試算したのが、図表9－6のなかに示している収入1万9057ポンド（日本円で255・4万円、1ポンド134円で換算）である。なお、財務省の資料でもこの点について注記がつけられている。この255・4万円を英国の課税最低限と捉え直して、改めて、上記5カ国の課税最低

図表9-7 課税最低限の国際比較

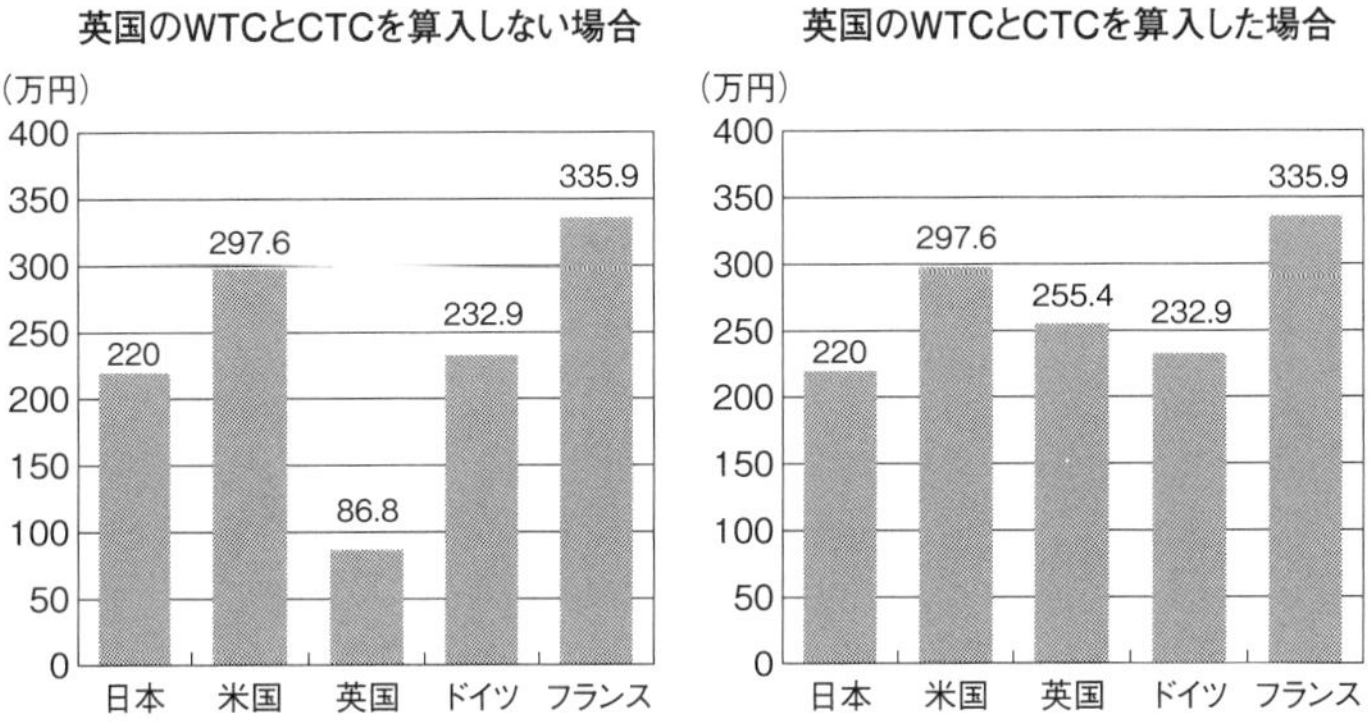

（資料）財務省資料をもとに筆者作成。
（注１）英国のWTCとCTCを算入した場合の英国の数値（筆者試算）を除き、日本の財務省資料の数値（2010年７月現在）。
（注２）夫婦子１人の給与所得世帯。

限を比較すると、日本、米国、英国、ドイツ、フランス、それぞれ２２０・０万円、２９７・６万円、２５５・４万円、２３２・９万円、３３５・９万円となる（図表９−７の右のグラフ）。すると、日本の課税最低限は５カ国中最も低いことになる。財務省資料では、他の世帯形態についても、英国の課税最低限は86・８万円となっているが、ここでの夫婦と子ども１人世帯のモデルと同様に、修正を施すことができる。

よって、今後、日本の課税最低限の見直しの議論となった際にも、単純に英国のタックス・アローワンスの水準まで切り下げていくことができる訳ではない。この点には、十分な留意が必要である。

実務的側面は申告が出発点

実務的側面についても、簡単に触れておこう。

英国では、個人所得を課税ベースとする租税は国税だけである。給付付き税額控除の申請者は、前年度の所得を歳入税関庁（HM Revenue & Customs）に申告する。なお、英国の歳入税関庁は、日本の国税庁、税関、および日本年金機構の徴収機能を統合した組織に相当する。

こうした所得情報に基づき、英国の歳入税関庁は、給付付き税額控除の額を決定し、翌年度、各申請者の銀行口座に対して給付する。翌年度に、給与の高い会社に転職するなど事前に定められた基準を上回る大きな収入の変化がない限り、当年度中は既に決定済みの額が給付される。

就労要件のあるWTCについては、週労働時間が基準を満たさなくなると、打ち切られることとなる。その際、WTCという税制における可処分所得底上げの適用はなくなるものの、それに代わり、就労可能か否かにより、それぞれ求職者給付（Job Seeker's Allowance）、所得補助（Income Support）といった社会保障制度の適用を受けることになる。

税制を通じた社会保障給付の背景

WTCもCTCも、社会保障給付を主なルーツとし、段階的に税額控除に転換され、2003年4月に現在の形になっている。WTCは、もともとFamily Creditという資力調査付きの社会保障給付であり、給付庁から給付されていた。CTCは、子ども関連の社会保障給付、および、所得税制上の所得控除である夫婦控除であった（図表9－8）。

では、社会保障給付が所得税制に統合され、行政組織も歳入税関庁（当時は内国歳入庁）という税

図表9-8 社会保障給付から税額控除へ切り替えられるまでの変遷

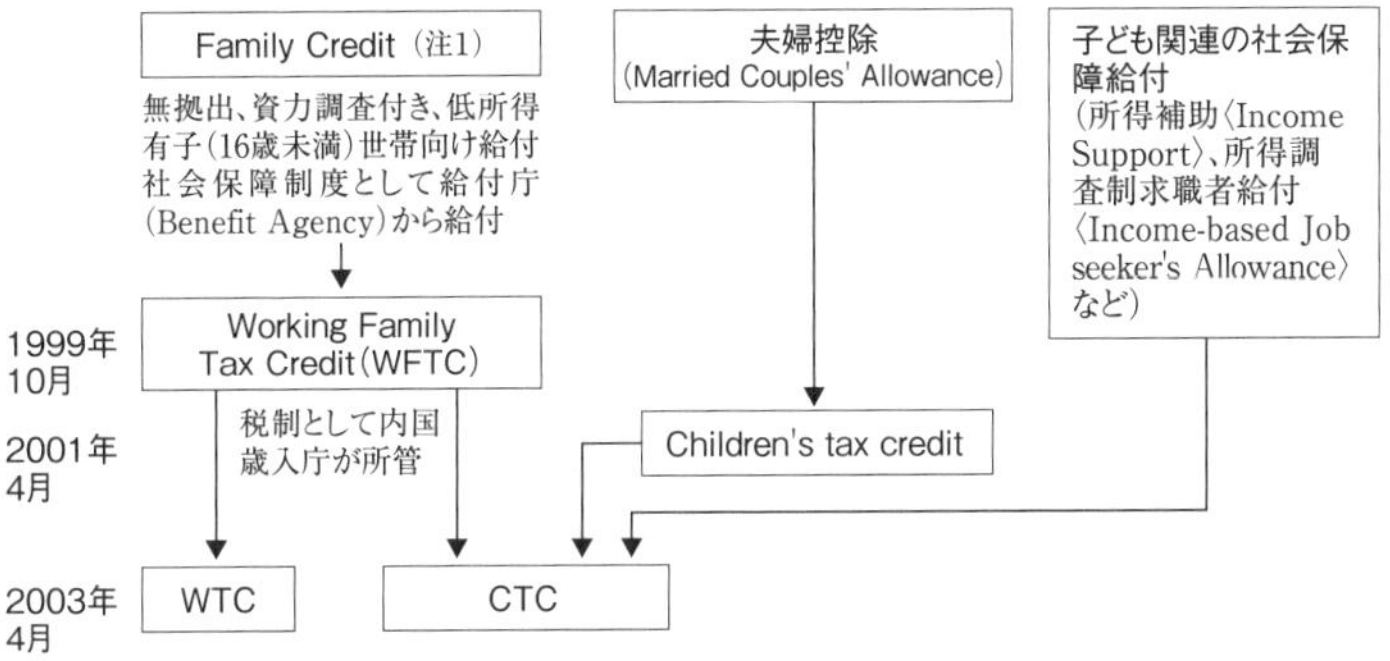

（資料）筆者作成。
（注1）週労働時間が16時間を超えるとIncome Supportに代わってFamily Creditが給付された。
（注2）上記とは別にChild Benefitがある。

務当局で所掌されるようになったのはなぜだろうか。英国財務省は、社会保障給付を税額控除に切り換えていく過程において、「英国の税制と社会保障給付制度の現代化（The Modernisation of Britain's Tax and Benefit System）」というレポートを継続的に公表している。そのなかから、重要と思われるポイントを拾い上げていこう。

第1に、所得税制のために税務当局（HM Revenue & Customs）が収集した世帯情報を有効活用できる。税務当局は、個々の世帯の所得、被扶養者数、年齢などを把握している。これらの情報を用いれば、世帯の実情に応じた所得支援を迅速に行うことができる。

第2に、税制を通じて給付することで、受給者の心理面および手続き上のハードルが下がり、受給率の改善が見込める。社会保障給付を受けるために、福祉事務所に出向き、スティグマ（汚名）を感じながら、煩雑な申請手続きを強いられることは、真に支援を必要としている人の受給申請を躊躇させることになりかねない。それではせっかくの制度も宝の持ち腐れになってしまう。

一方、税制であれば、より簡便に、スティグマを感じさせない方法で、所得を審査することが可能である。ひいては、受給率の改善が期待できる。加えて、給付が雇用主を通じて給与袋のなかに入れられ、給与とともに支払われれば（米国のＥＩＴＣに倣い、当時の英国ではこうした給付方法が好ましいとされていた）、働くことが報いられるという実感を受給者はより持ちやすくなる。

第3に、税と社会保障の制度面および行政面の無駄な重複を減らすことができる。1つの例として、当時50万世帯がFamily Creditを給付庁から受給しながら、内国歳入庁に所得税を納税していた。政府からお金を受け取り、再び、政府にお金を支払っている。これは無駄なことだ。

第4に、税制と社会保障制度が統合され、簡素化されることで、国民の理解も進み、政府もマネジメントしやすくなる。

こうして列挙すると、英国では、最大限の効果を効率的にあげるために、制度も行政も既存の概念にこだわらず根本的に作り変えている様子がうかがえる。柔軟性を感じる改革といえる。「英国の税制と社会保障給付制度の現代化」においても、次のように述べられている。「税制も社会保障制度も、就労インセンティブ向上と貧困削減のための手段提供という同じ目的に向けて役割を果たすべきだ」

3 日本版ＷＴＣの可能性

誰をどのような規模で対象とするのか

給付付き税額控除は、政策目的を実現するためのあくまでツールであり、まず政策目的が明確にされなければならない。日本に給付付き税額控除を導入するとすれば、そこには大きく分けて３つの利用方法が考えられる。１つは、ＷＴＣのような就労インセンティブを喚起する形での勤労者の所得支援である。２つ目は、税と社会保険料の役割再構築のツールとしての活用である。第１章以降何度も指摘してきたように、行き詰まりをみせる今日の社会保険料と社会保障財政を、給付付き税額控除を用いて再構築するのである。３つ目は、ＣＴＣのような子どものいる家計への所得支援である。以下示すのは、１つ目と２つ目に関する試案である（なお、ＣＴＣは森信編著［２００８］に詳しい）。

まず、日本でＷＴＣを導入するとすれば、どのような形があり得るだろうか。日本版ＷＴＣの可能性を考えてみたい。はじめに、対象者と規模を定める必要がある。図表９－９は、国税庁「民間給与実態調査結果」による、給与階級別の人数と給与総額である（１年を通じて勤務した給与所得者を対象としている）。給与所得者は計４５０６万人、総給与は１８２・９兆円である。ここでは、このうち、給与収入２００万円以下の１１００万人の可処分所得の底上げを暫定的な目標とする。これは、いくつかの観点から判断して、全く根拠のない数値ではない。

第1に、生活保護との比較である。現在、生活保護費は、例えば、単身高齢者（68歳以上）の場合、生活扶助月8万820円（東京都区部）と住宅扶助月5万3700円[4]を合わせ年間約161万円である。また、医療費、介護費などは、別途医療扶助、介護扶助などとして給付が行われる（例えば、医療扶助の場合、費用負担なしで国保と同様の診療＝現物給付を受けることができる）。フルに就業している人は、可処分所得でこの水準を上回ってしかるべきであろう。

第2に、課税最低限との比較である。現在、課税最低限は、単身世帯114・4万円、夫婦世帯156・6万円、夫婦と子ども1人の世帯220・0万円などとなっている（財務省試算値）。給付付き税額控除の特徴の1つが、課税最低限を下回る層に対し給付を通じて経済的効果を及ぼすことにあることから、給与収入200万円以下の層は給付対象として1つの目安となる。特に、今後、消費税率が引き上げられるとなれば、その逆進性批判への対応として、給付付き税額控除は、重要な意味を持つであろう。

第3は、相対的貧困率における貧困線との比較である。2009年に厚生労働省が試算した相対的貧困率の貧困線114万円を、収入に換算すると、1人世帯、2人世帯、3人世帯それぞれ133・0万円、187・5万円、226・9万円となる（図表7－8も参照）。日本版WTCの暫定的な対象である給与収入200万円は、おおむね平仄が合っている。

4　第1回社会保障審議会生活保護基準部会資料3、最低生活保障水準の具体的事例（平成23年度）。住宅扶助の額は、上限額。

図表9-9 ● 給与階級ごとの人数と国税庁が把握する給与総額

	人数(万人)		給与総額(兆円)	
	階級ごと	累計	階級ごと	累計
100万円以下	399	399	3.2	3.2
200 〃	701	1,100	10.3	13.5
300 〃	790	1,890	20.0	33.5
400 〃	815	2,705	28.4	61.9
500 〃	616	3,321	27.5	89.5
600 〃	407	3,728	22.4	111.8
700 〃	246	3,975	15.9	127.8
800 〃	169	4,144	12.6	140.4
900 〃	115	4,259	9.7	150.1
1,000 〃	71	4,330	6.7	156.9
1,500 〃	130	4,460	15.4	172.2
2,000 〃	27	4,487	4.6	176.8
2,500 〃	8	4,495	1.9	178.7
2,500万円 超	10	4,506	4.2	182.9
計	4,506		182.9	

(資料) 国税庁「民間給与実態調査結果平成21年」より筆者作成。
(注) 1年を通じて勤務した給与所得者。

このように、給与収入200万円以下、合計1100万人の対象者を想定した上で、次に、どこまでの税額控除（金額）を行うのかという問題を考えてみよう。ここでは、暫定的に、1人当たり税額控除として年間10万円、および、30万円の2パターンを想定する。すると、合計所要金額は1・1兆～3・3兆円規模となる（1100万人×10万円、1100万人×30万円）。

もちろん、これらの仮定には次の留意が必要である。第1に、「民間給与実態調査」の給与所得者には、低収入とは断定できない人も含まれていることである。家計の補助として就労しているがゆえに収入が低くなっている主婦や学生アルバイト、および、フローの収入は少ないとしても、別途、不動産や金融資産などのストックを多額に保有している人などは、いわゆる低収入層には含まれないだろう。

第2に、低収入の水準は、世帯形態によっても異なるため、一律に100万円以下、あるいは、200万円以下などと区切るのも厳密な方法ではない。ここで200万円と区切っているのも、主に統計上の制約に由来するものである。

第3に、英国の事例で見たように、単に収入のみならず、扶養家族の人数、年齢、就労時間、および、税額控除の金額としきい値など、さらに詳細な制度設計を行わなければならない。もっとも、詳細な制度とすればするほど、現実問題として行政機関への負荷も大きくなる。この点にも留意しておかねばならない。法律に書き込んだことがそのまま実行される訳ではないことは、日本の5000万件の消えた年金記録問題でも実証済みである。

第4に、ここでは給与所得者のみを対象としているが、実際には、事業所得者や農林漁業者まで適用範囲を拡大することになるはずである。英国や米国などを見ると、給与所得者のみならず事業所得者らも含めて給付付き税額控除を実施しており、給与所得者に限るというここでの前提は、シミュレーションの便宜上そうするだけにすぎない。これらに留意した上で、議論を先に進めよう。

給与所得控除の見直しによる財源確保と留意点

では、1100万人に対して減税・給付となる1・1兆～3・3兆円の財源は、どのように捻出するのか。ここでは、既存の給与所得控除を見直して財源を捻出し、一部をWTCに作り変える案を考える。レベニュー・ニュートラルの案である。第3章で給与所得控除の見直しによる税収増を3パターン試算している。1つ目のパターンである改革1は、所得税と住民税合計で1・0兆円の税収増、改革2は、同様に3・12兆円の税収増であった。

第3章の改革案をおさらいする。改革1は収入1000万円までの給与所得控除額の上がり幅を抑えるとともに、収入1000万円以上の給与所得控除額を192・6万円で頭打ちにする。改革2は給与収入1000万円までの給与所得控除額をさらにきつく抑制するとともに、給与収入1000万円以上の給与所得控除を156・7万円で頭打ちにする。いずれも給与収入1000万円までの給与所得控除額を抑制し、給与収入1000万円以上の給与所得控除を頭打ちとするものである。

改革1あるいは改革2で得られる税収増が、日本版WTCに必要な財源規模にほぼ相当する。そこで、第3章の改革1の財源をもって、1人当たり10万円の給付付き税額控除を設ける案を改革1A、同様に、改革2の財源をもって、30万円の給付付き税額控除を設ける案を改革2Aとする。ただし、こうした財源捻出方法にも留意すべき点が主に3つある。それは、今後日本で議論を進める際にも共通するものだ。

第1に、いずれにしても中高収入層の実効税率（納付税額／収入）引き上げとなるため、中高収入層の所得稼得インセンティブを阻害するとともに、租税回避誘発の弊害が起こり得るということである。実際、最近では、ベストセラーとなった海外児童書の翻訳家がスイス居住を根拠としてスイスで計35億円の所得申告をし、日本で所得申告をしていなかったケースが大きく報じられた[5]。こうした

5　最終的には、スイス居住が東京国税局に認められず、7億円の所得税が追徴されているので、租税回避の誘因が完全になかったとは言い切れない。

弊害についての認識が欠かせない。

第2に、個人所得課税全体の累進性が高まることになるため、国民的合意形成を図る必要があることだ。累進性を高めるということは、善し悪しというよりも、価値観に依存する。給与所得控除を見直すことによる納付税額軽減効果の縮小に不満を持つ層も出てくるであろう。一部の高収入層だから良かろうというのではなく、地道に合意形成を図る努力が必要だ。

第3に、所得控除である給与所得控除と税額控除であるWTCとが並存すると、税制が一層複雑になることである。簡素さを重要な要素とする租税原則からみて、これは好ましいことではない。実際、米国でも、給与所得者の経費の概算控除である所得控除（Standard Deduction）と給付付き勤労税額控除であるEITC（Earned Income Tax Credit）が並存し、複雑であるとの指摘がなされており、それを解消するため全てを税額控除に一本化する改革案が、大統領諮問委員会から提案された（President's Advisory Panel[2005]）。

そこで、例えば、英国のように、所得控除はタックス・アローワンス一本に集約し、他は全て税額控除とした方が、簡素さという点では好ましい税制となる。他方、それはきわめて大規模な税制改革となる。簡素さの追究は、改革の難易度を高めることともなり、税制改革の目標地点をどこに置くのかという見極めも必要であろう。

図表9-10　改革1A

（万円）

給与収入	現行	改革					改革と現行との差
	納付税額(=算出税額)	算出税額	税額控除			納付税額	
				算出税額相殺	給付		
100	0.0	0.0	10.0	0.0	10.0	0.0	10.0
150	5.3	5.3	10.0	5.3	4.7	0.0	10.0
200	10.1	10.1	10.0	10.0	0.0	0.1	10.0
300	19.1	19.1	0.0	0.0	0.0	19.1	0.0
400	28.7	29.0	0.0	0.0	0.0	29.0	**－0.3**
500	42.4	43.6	0.0	0.0	0.0	43.6	**－1.3**
1,000	152.2	160.4	0.0	0.0	0.0	160.4	**－8.2**
1,500	321.2	343.7	0.0	0.0	0.0	343.7	**－22.5**

（資料）筆者作成。
（注）１人世帯。納付税額は、所得税と住民税の合計。

日本版ＷＴＣによる家計の得失

では、給与所得控除を見直し、それをもって給付付き税額控除の原資とする税制改革によって、各収入階級の家計には、どのような経済効果が見込めるのであろうか。まず、改革１Ａである。給与収入１００万円、２００万円、３００万円、５００万円、１０００万円で経済的効果を見てみよう（図表９－10）。なお、ここでは、Child Tax Creditを想定していないため、単身世帯を例に挙げるものの、結果は、夫婦や子どもがいる他の世帯形態にも定性的におおむね当てはまる。

給与収入１００万円世帯は、単身世帯の課税最低限１１４・４万円を14・４万円下回り、現在、納付税額ゼロである。改革後も、算出税額はやはりゼロであるが、10万円の税額控除が適用されることから、10万円を給付として得ることとなる。次に、給与収入２００万円世帯は、現行では、納付税額は所得税３・２万円、住民税６・９万円、計10・１万円である。改革後の算出税額は現行の納付税額と変わ

図表9-11 ● 改革2A

（万円）

給与収入	現行	改革					改革と現行との差
	納付税額（=算出税額）	算出税額	税額控除			納付税額	
				算出税額相殺	給付		
100	0.0	0.0	30.0	0.0	30.0	0.0	30.0
150	5.3	5.3	30.0	5.3	24.7	0.0	30.0
200	10.1	10.7	30.0	10.7	19.3	0.0	29.4
300	19.1	21.2	0.0	0.0	0.0	21.2	**−2.1**
400	28.7	33.1	0.0	0.0	0.0	33.1	**−4.4**
500	42.4	49.1	0.0	0.0	0.0	49.1	**−6.8**
1,000	152.2	171.6	0.0	0.0	0.0	171.6	**−19.5**
1,500	321.2	359.2	0.0	0.0	0.0	359.2	**−38.0**

（資料）筆者作成。
（注）１人世帯。納付税額は、所得税と住民税の合計。

らないが、この算出税額が給付付き税額控除10万円によってほとんど相殺され、納付税額は０・１万円になり、現行比やはり10万円のプラスの経済効果になる。

給与収入３００万円世帯では、改革後も現状と全く変わらず、所得税および住民税の納付税額は19・１万円である。これより収入の高い層では、改革によって給与所得控除が縮小された影響を受けて増税になる。例えば、収入５００万円世帯で１・３万円、１０００万円世帯で８・２万円の増税となる。

次に、改革２Aについて見てみよう。収入ごとに各世帯が受ける経済効果の構造自体は改革１Aとほぼ同じであり、その程度が異なる（図表９－11）。給付付き税額控除の適用対象となる収入２００万円以下の層が受ける経済的効果は、現状比ほぼプラス30万円となる。収入３００万円世帯は２・１万円の増税、それ以上の世帯の増税幅は、給与所得控除のさらなる縮小に伴って改革１Aに比べて膨らむ結果となる。

以上の試算結果は、ＷＴＣのごくシンプルな枠組みである。さらに、英国の事例で見たように、しきい値を設定して税額控除の段階的な削減を導入したり、就労要件を付与したり、ＣＴＣのChildcare elementなど様々なオプションを加えていくことができる。

4 社会保険料と税の役割の再構築

社会保険料の行き詰まり再論

日本の社会保険料は明らかに行き詰まりを見せており、社会保障財源における税と社会保険料それぞれの役割を再構築することは、今後日本が「税と社会保障の一体改革」を進めていく上で、重要な要件となる。これは、消費税増税によって一般会計を穴埋めするといった範囲にとどまらない。一体改革の際に、重要なツールとして期待されるのが、給付付き税額控除である。

行き詰まりについて、これまでの議論をおさらいする。第１に、今日の社会保険料の負担と受益の対応関係の希薄化がある。背景には、社会保険料を原資としながら、これを本来の役割である給付には使わずに、後期高齢者支援金や前期高齢者納付金などの仕組みを使って他制度へ所得移転がなされていること、加えて、給付に対して一定割合の国庫負担が投入されていることなどがある。

その国庫負担は政府部門間移転として投入され、加えて、キャッシュ・フローは極めて複雑であり、国民がその税投入を実感しにくくなっている。政府も、国民に説明し切れていない（国民の負担受け入れが進まない要因となる）。このように、社会保険料の負担と受益の対応関係が希薄化し、被保険者からの適正な財源調達や給付の効率化促進など社会保険料が本来持つ機能が損なわれている。

第2に、制度の分立と加入条件の問題、および、国庫負担の投入方法のひずみにより、低所得層の社会保険料負担感が重くなっている。社会保険料には、所得税のような控除もなく累進税率もない。国民年金に至っては定額負担であり、国民健康保険も応益部分があるため、総じて逆進的である。加えて、国民健康保険の保険料は、現役層についていえば、他制度比で負担水準が高く、かつ、市町村格差も大きい。実際、国民年金や国民健康保険料の収納状況は、著しく低調である。

第3に、社会保障財政に「国庫負担」や「公費負担」が投じられているとされるが、実際には、税で適切に調達しきれておらず、国債残高累増という重いツケを残しながら、社会保障給付を続けている。社会保障給付の一定割合を中央政府や地方政府の一般会計から自動的に移転するという財政構造は、かつてのように自然増収が見込め、高齢化率が低かった頃の過去のモデルと考えるべきなのだ。また、こうした国庫負担の存在が、本来であれば主体的存在であるはずの、協会けんぽや市町村国保など健康保険制度の保険者に、国への依存心を知らず知らずの間に涵養している側面もある。保険者が国に泣きつくという構造があるとすれば、それは根本的に改めるべきだ。

以上のことから、今後の改革においては、次のような指針を掲げる必要がある。1つは、社会保険料の名目で費用を徴収する場合、負担と受益の対応関係を明確にすることである。現在、社会保険料においてなし崩し的に拡大している再分配の役割は、税に集約する。２つ目は、政府部門間移転としての国庫負担あるいは公費負担はやめ、家計への直接移転とすることである。３つ目は、国や地方の一般会計からの税の投入目的を明確にすることである。例えば、全ての国民の貧困線以上の可処分所得の確保といった指針を定める必要がある。４つ目は、税と社会保障制度全体を極力簡素にすることだ。国民が容易に全体像を俯瞰でき、政治家がマネジメントできる制度でなくてはならない。一部の官僚にしか分からないような制度はナンセンスである。複雑な制度のままでは、５０００万件の消えた年金記録問題のようなスキャンダルは今後も続くのではないだろうか。

国民健康保険料を税額控除に切り替える改革試案

そうした指針のもと、具体的に、国民健康保険料を例に、個人所得課税上の所得控除から税額控除への切り替えを考える。田近・八塩［２００８］において、税額控除による税と社会保険料負担の一体調整として示されているアイディアの応用である。田近・八塩［２００８］は、オランダとスウェーデンの事例を参照し、所得控除を給付付き税額控除に切り替えることにより、社会保険料が本来持つ特質を残しつつ、低所得層の社会保険料負担を軽減する所得税改革を提案している。

第７章で詳述した通り、とりわけ国民健康保険料には、次のような複数の問題を指摘できる。１つは、貧困線近辺の収入層の保険料負担感が最も高いことである（現役世代の場合）。その負担水準は、協会けんぽの労使保険料を全て本人が負担しているイメージになっている。よって、被用者でありながら被用者健保からあふれ、国保への加入を余儀なくされると、一挙に貧困線以下に落ち込みかねない。２つ目は、収入が相対的に低い層も含めて、保険料に著しい市町村格差が見られることである。保険料の格差自体は、市町村の努力の反映として捉えるべきとしても、４倍を超える必然性は見出しにくい。３つ目は、保険料軽減基準を超えた収入層において、保険料が逆進的であることである。４つ目は、子どもを含め世帯人員が多いほど、応益部分を通じて保険料負担が重くなることである。子ども手当の発想と、全く逆である。

こうした状況の一端を数値で表したものが、図表9－12の上段である。ここでは、国民健康保険料負担が異なるA町、B町、C町それぞれについて、収入１３０万円、３００万円の２つの世帯（１人世帯を想定）の国民健康保険料負担額、税負担額、可処分所得などについて計算してみた。

３つの町のうち、国民健康保険料負担が最も低いのがA町であり、B町、C町の順に高くなる。収入１３０万円世帯が支払う国民健康保険料について、A町、B町、C町をそれぞれ、５万円、10万円、20万円とした。ここで示す保険料の金額は、計算を分かりやすくするための想定値ではあるが、こうした水準や格差は実態をほぼ反映している（第7章参照）。収入３００万円世帯の国保の保険料は、12・5万円、25・０万円、50・０万円と想定している。

こうした想定下、収入１３０万円世帯を例に可処分所得をみると、A町居住者は１２１・２万円、同様にB町１１７・０万円、C町１０８・５万円である。国民健康保険料の差によって（日本の税および社会保険料のうち、著しい地域格差があるのは国保のみである）、可処分所得にもこれだけ差が

図表9-12 ● 国民健康保険料を所得控除から給付付き税額控除に切り換えた場合の数値例

〔現行〕　（万円）

	収入 a	給与所得控除 b	人的控除 c	国民健康保険料（所得控除） d	課税所得 e=a−b−c−d	算出税額（=納付税額） f=e×税率	可処分所得 g=a−d−f
A町	130.0	65.0	38.0	5.0	22.0	3.8	121.2
B町	130.0	65.0	38.0	10.0	17.0	3.1	117.0
C町	130.0	65.0	38.0	20.0	7.0	1.6	108.5
A町	300.0	108.0	38.0	12.5	141.5	21.7	265.8
B町	300.0	108.0	38.0	25.0	129.0	19.9	255.2
C町	300.0	108.0	38.0	50.0	104.0	16.1	233.9

〔改革〕　給付付き税額控除へ切り換え　（万円）

	収入 a	給与所得控除 b	人的控除 c	課税所得 d=a−b−c	算出税額 e=d×税率	国民健康保険料（税額控除） f	納付税額（注3） g=max(e-min(f,20),0)	給付額（注3） h=max(min(f,20)-e,0)	可処分所得 i=a−f−g+h
A町	130.0	65.0	38.0	27.0	4.6	5.0	0.0	0.4	125.5
B町	130.0	65.0	38.0	27.0	4.6	10.0	0.0	5.5	125.5
C町	130.0	65.0	38.0	27.0	4.6	20.0	0.0	15.5	125.5
A町	300.0	108.0	38.0	154.0	23.6	12.5	13.6	0.0	273.9
B町	300.0	108.0	38.0	154.0	23.6	25.0	13.6	0.0	261.4
C町	300.0	108.0	38.0	154.0	23.6	50.0	13.6	0.0	236.4

（資料）筆者試算。
（注１）簡単にするため、年金保険料はないものと仮定した。国民健康保険料も仮定の数値。１人世帯の場合。小数第２位を四捨五入。
（注２）掲載している人的控除は所得税における金額。
（注３）収入300万円世帯の場合の納付税額、給付額の計算式はそれぞれ次の通り。
g=max(e−min(f,10),0)、h=max(min(f,10)−e,0)。

つき、かつ、貧困線として厚労省が試算している１１４万円を援用するならば、Ｃ町居住者は、国保保険料が高いがゆえに、貧困線以下に落ち込んでしまうことになる。

そこで、次のような税と社会保障の一体改革を行う。国保の抱える課題への対応であるが、行うのはもっぱら税制改革だ。国保保険料を個人所得課税上、現行の所得控除である社会保険料控除から給付付き税額控除に切り換えるのである。これを「国保税額控除」と呼ぶ。国保税額控除の金額は、支払った国保保険料の範囲内かつ事前に定めた一定の金額以内とする。

一定の金額は、最大20万円とし、英国のWTCやCTCがそうであったように、しきい値を設け、収入がしきい値を超えると、段階的に削減される仕組みを取り入れる（図表9－13）。しきい値は、収入200万円とする。すると、国保税額控除の上限額は、収入200万円までは20万円、収入200万円を超えると段階的に削減され、収入300万円では同10万円、収入400万円でゼロとなる。

改革の効果

こうした改革の結果、まず、収入130万円世帯の可処分所得は、居住市町村にかかわらず、125・5万円と同一になる（金額が同一になることが重要であり、水準に意味はない。保険料や税額控除を任意に設定しているため）。結果に至る過程を見ると、いずれの市町村居住者とも、算出税額は4・6万円で同一である（図表9－12）。

A町居住者は、算出税額が国保税額控除5・0万円で全て相殺され、さらに0・4万円が給付される。B町居住者も、算出税額が全て相殺され、かつ、5・5万円が給付される。C町居住者も、算出税額が全て相殺され、かつ、15・5万円が給付される。その結果、可処分所得は、いずれの市町村の居住者も125・5万円で同一になる。

次に、収入300万円世帯では、改革後も、可処分所得はバラバラである。これは、収入300万円の世帯は、しきい値の収入200万円を超えており、給付付き税額控除の額が10万円にとどまるた

図表9-13◎国民健康保険料税額控除（試案）

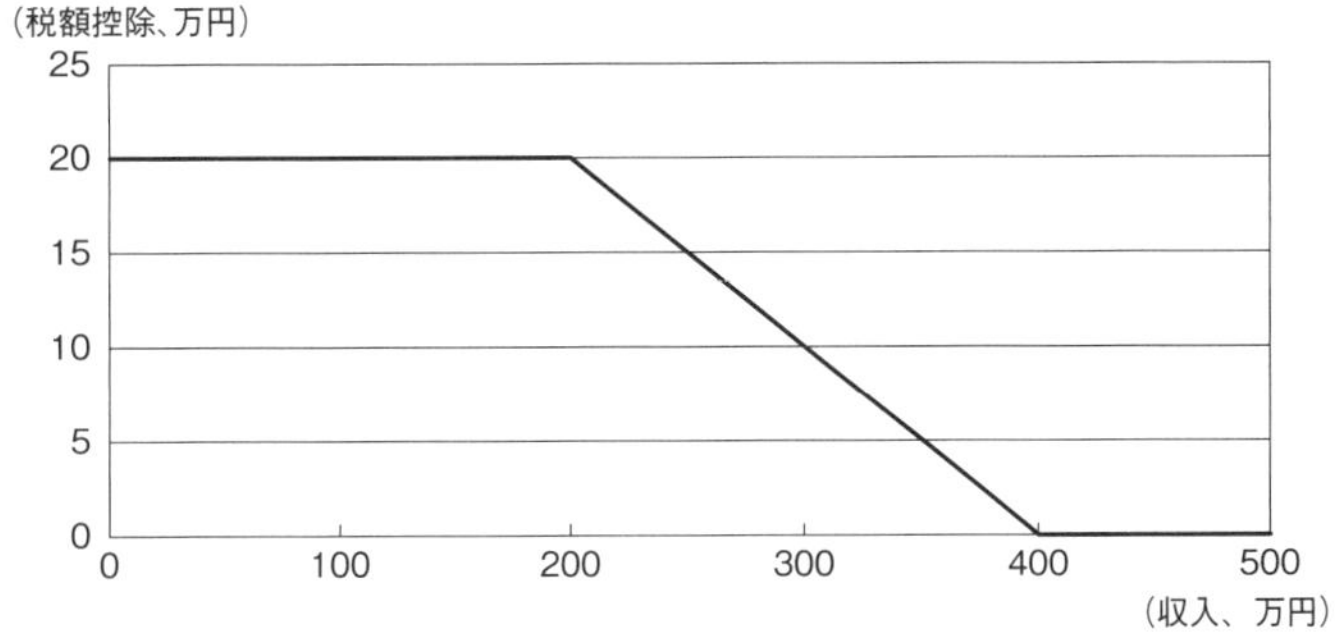

（資料）筆者作成。
（注）１人世帯の場合。

め、国保保険料の市町村格差のかなりの部分が、可処分所得に反映されているためである。

改革の効果をまとめれば、次の通りである。第1に、A町、B町、C町の国保保険料の格差を残しつつ、貧困線近辺の収入層の可処分所得を全国均一に揃えている。１２５・５万円を仮にナショナル・ミニマムとするならば、ナショナル・ミニマムが保障されている。改革後の日本の相対的貧困率を測れば、顕著に改善されているはずである。

第2に、収入１３０万円世帯の可処分所得を全国で均一にしつつ、それより収入が高い層では、可処分所得の格差を残している。これは、むしろ積極的に評価できるポイントである。上に述べたように、低収入層で保険料に著しい市町村格差がある必然性は認めにくいものの、一般的には、市町村格差があることは、負担と受益の対応関係が明確であることを身上とする社会保険料にとって必要であるためだ。

第3に、国の一般会計（中央政府）、国保（社会保障基金政府）、家計間のキャシュ・フローをみると、現行の政府部門間移転から、改革案では、中央政府から家計への直接移転へとシフトしている。ここでの改革案では、現行も改革案も国保保険料を同一水準としているが、実際には、現在国保に投入されている国庫支出金等を漸次縮小し、国保保険料の水準を引き上げつつ、それを給付付き税額控除の導入によって低所得層を中心に緩和する方向性が好ましい。

なお、こうした「国保税額控除」は、他の社会保険料にも、国保よりもっと簡単に応用可能である。例えば、協会けんぽにおいても、現在の約1兆円の国庫負担は廃止し、いったんは全て健康保険料で財源を賄うこととする。その上で、協会けんぽに加入する低収入層については、「協会けんぽ保険料税額控除」を設けた上で、支払保険料の一部を個人所得課税の算出税額と相殺し、納付税額を軽減したり、給付を受けられたりするようにするのである。

5 導入に際しての諸課題

政策目的の明確化

給付付き税額控除を実際に導入するためには、多くの課題があることも事実である。もっとも、それは、給付付き税額控除の導入如何にかかわらず、積極的にチャレンジすべき課題である。以下では、改めてそれらを列挙し、随時、今後の議論の進め方にも触れておきたい。

第1に、政策目的の明確化である。給付付き税額控除は、あくまでツールであり、その導入自体が目的ではない。誰を対象にどこまで支援するのかという政策目的がまず必要であり、その上で、給付付き税額控除をはじめとするツールの選択あるいは組み合わせの議論へと移るのが本来的道筋である。例えば、米国では、低所得層の所得底上げを、ＥＩＴＣと最低賃金の組み合わせで実現している（第1章）。

この点で、今の日本では、議論がやや主客転倒している感が拭えない。抜本改革調査会の「中間まとめ」において、給付付き税額控除を検討すべきとうたわれているものの、では、それにより具体的に何を実現するのかという肝心な点が明確に伝わってこない。

なお、政策目的として、例えば、相対的貧困率を5年以内にＯＥＣＤ平均値以下まで低下させるといった、数値を伴う具体性があることが望ましい。仮に、これを政策目的とする場合を考えると、先に述べた「国保税額控除」という仕組みは、極めて有効なツールとなるはずだ。

国税と地方税の関係整理

第2に、国税と地方税の関係の整理である。英国の個人所得課税は、国税のみである。よって、控除や税率を変更する際、国と地方との間で調整する必要はない。他方、日本では、住民税は所得税のレプリカであるかのようだ。例えば、所得税の給与所得控除を見直す場合、住民税の給与所得控除も見直しの対象となる。しかし、住民税の給与所得控除が見直されて税収が増加したとしても、それは地方自治体の税収であり、国の所得再分配政策にそのまま使える訳ではない。こうした国税と地方税の割り切れない関係は、給付付き税額控除を導入する際の大きな障壁になる。

所得情報の正確かつ一元的な把握および管理

第3は、所得情報の正確かつ一元的な把握および管理である。これも、第2の点と同様、国と地方の両方に関する課題である。現在、日本では、所得情報が国税庁と地方自治体に分散している。また、把握されている所得情報が正確であるという保証もない。それは、次のような仕組みとなっているためである。

まず、給与所得者に関しては、雇用主は、月々の給与および賞与支払いの都度、暫定的な税率表に基づいて国税である所得税を源泉徴収し、税務署に納付する（図表9-14）。当該年（図表中T年）終了後、支払い給与500万円超の被用者に関し、「源泉徴収票」を税務署に提出する。なお、「民間給与実態調査報告」によれば、1年を通じて勤務した500万円超の給与所得者は、全体の約4分の1に過ぎない。すなわち、それだけの所得情報しか税務署の手もとに届いておらず、残り約4分の3の所得情報は雇用主のもとにある。

他方、雇用主は、地方税である住民税に関しては、所得税と異なる納税義務が課せられている。雇用主は、T年の翌年に、支払い給与の額にかかわらず、被用者の居住するそれぞれの市町村に対し「給与支払報告書」を提出する。内容は、源泉徴収票と同じである。よって、市町村は、給与所得者に関して、大方の所得情報を持っていることになる。ちなみに、雇用主に対して、税務署と市町村か

図表9-14 源泉徴収、特別徴収、申告納税の流れ

		T年	T+1年
雇用主	所得税	T年の月々の給与・賞与から所得税を源泉徴収。国税庁に、給与支払い総額と源泉徴収税額を報告・納付	T年の支払い給与500万円超の被用者に関し、「源泉徴収票」を税務署に提出。源泉徴収とT年終了後の実際の所得税との差異は年末調整等で調整
	住民税		T年の支払い給与の額に関わらず「給与支払報告書」を市町村に提出。T年の給与にもとづく住民税を12等分し、T+1年に毎月特別徴収
事業所得者	所得税		T年の所得が所得税の課税最低限を上回れば税務署に確定申告
	住民税		下回っても市町村へ簡易申告

（資料）筆者作成。

らほぼ同様の作業を別々に課しているのは、いかにも無駄である。

次に、事業所得者は、Ｔ年の所得が課税最低限以上であれば、税務署に確定申告書を提出する。一方、課税最低限を下回っていれば、税務署ではなく、市町村に簡易申告書を提出する。所得税が非課税であっても、国民健康保険料の算定に必要となるためである。「就業構造基本調査」によれば、日本の自営業主は６６７・５万人である（２００７年）が、国税庁の統計によれば、税務署への納税者数はその約４分の１の１７９・６万人にすぎない（２００７年）。よって、事業所得者に関しても、大方の所得情報を持っているのは、市町村である。しかし、市町村が所得を把握しているとはいっても、第３章で指摘したように、クロヨン問題が存在し、かつ、第７章で指摘したように、所得把握の正確さには市町村の税務行政のレベルによってバラツキがあろう。市町村の持っている所得情報が正確であり、正確性が全国均一である保証はない。

給付付き税額控除を導入する場合、低所得層も含めた所得情報の正確かつ一元的な把握と管理が不可欠だが、このように、日本では導入のための前提条件が満たされていない。国税庁に日本年金機構を統合するという民主党の歳入庁構想では、給付付き税額控除にはほとんど意味がないのである。国税庁と市町村の税務行政の統合、少なくとも、緊密な連携が不可欠である。これは、給付付き税額控除を導入するか否かにかかわらず、早急に日本が取り組まなければならない課題だ。それをせずに、給付付き税額控除や所得比例年金を提唱するのは、いかにもチグハグである。

金融資産所得の捕捉と納税者番号

第4に、利子、配当、株式譲渡益といった金融資産所得の把握である。第8章で指摘したように、児童手当については、所得制限があるとはいっても、分離課税となっている金融資産所得は、所得には含められていない。こうした扱いは、給与所得や事業所得などのフローの所得が少なければ、多額の金融資産を保有していても、低所得と認定してしまうこととなり、税制や社会保障制度上での公平性を欠いている。

今後、給付付き税額控除を制度設計していく際には、給付審査において、金融資産残高あるいは金融資産所得を参照し、それが事前に定めた上限を超えれば、適用対象から外すことが公平性確保の上で必要であろう（念のため付け加えて言えば、金融資産所得は分離課税のままでよい）。例えば、英国の場合、300ポンドを超える金融資産所得について、300ポンドを超えた部分のみを計上するルールとなっている。

具体的には、日本における給付付き税額控除の申請者には、給与所得や事業所得などフローの所得だけでなく、金融資産残高あるいは金融資産所得の税務当局あて申告も求めることになる。もっとも、税務当局では、その申告内容の真偽を効率的にチェックする術がない。そこで、納税者番号の導入が必要となってくる。おおまかなスキームは次の通りだ。

国民は、１人ひとり納税者番号を持ち、銀行や証券会社などの金融機関に口座を開設する際、納税者番号を告知する義務を負う。金融機関は、一定期間における、次の情報を税務署に報告する義務を負う。すなわち、顧客名、納税者番号、金融資産所得の支払額、および、源泉徴収税額などである。こうした情報を複数の金融機関から受け取った税務署は、納税者番号を活用し、複数の金融機関で取引している人の金融資産所得を名寄せする。それをもって、給付付き税額控除の申請者が申告してきた金融資産所得の真偽をチェックするのである。

このように、納税者番号は、単に国民一人ひとりに付番するだけでは全く十分ではなく、日々の金融取引、あるいは、本書では述べていないが、雇用契約などのなかで根付かせることが不可欠である。そしてそれが地道で大変な作業なのだ。政府・与党社会保障改革検討本部では、番号制度導入の検討が進められており、２０１１年1月には、「社会保障・税に関わる番号制度についての基本方針」が公表されている。もっとも、経済取引のなかに根付かせることに関しては、今後の作業と位置づけられるにとどまっている。

給付の実施主体の決定

第5に、誰が申請受付（確定申告で代替するのが効率的であろう）と給付を実施するかということである。英国や米国では、給付付き税額控除は、それぞれ国の税務当局であるHM Revenue & Customsや Internal Revenue Serviceが所掌している。もっとも、その行政執行は決して容易なことではない。

米国財務省職員の論文によれば（Holtzblatt，Mcgubbin [2004]）、EITCの過大請求額は、EITCの全申請額313億ドルのうち最大で35・5％に及ぶという（1999年の数値）。原因の第1位は、養育の有無、同居期間、年齢など子どもに関する適格性の誤りである。EITCは、子どもの有無および人数などによって金額が変わるためだ。

第2位は、低所得のシングルマザーが高所得の両親と同居しているケースなど、本来はEITCを申請できないルールへの抵触である。第3位は、夫婦であれば共同申告しなければならないにもかかわらず、そうしていないなど所得申告方法に関するものである。第4位は、所得額の申告の誤りである。このうち、事業所得の過少申告が最も多い。日本でいうクロヨン問題である。

こうした問題は、日本も給付付き税額控除を導入すれば、当然の結果として生じるであろう。しかし、それを口実にして給付付き税額控除をまともに検討することもないまま断念するのではなく、民主党の歳入庁構想を拡張（市町村の税務行政の統合）した上での具体化、および、納税者番号制導入などによって、問題の克服にチェレンジしていくことを心がけるべきであろう。

第10章

改革の時間軸

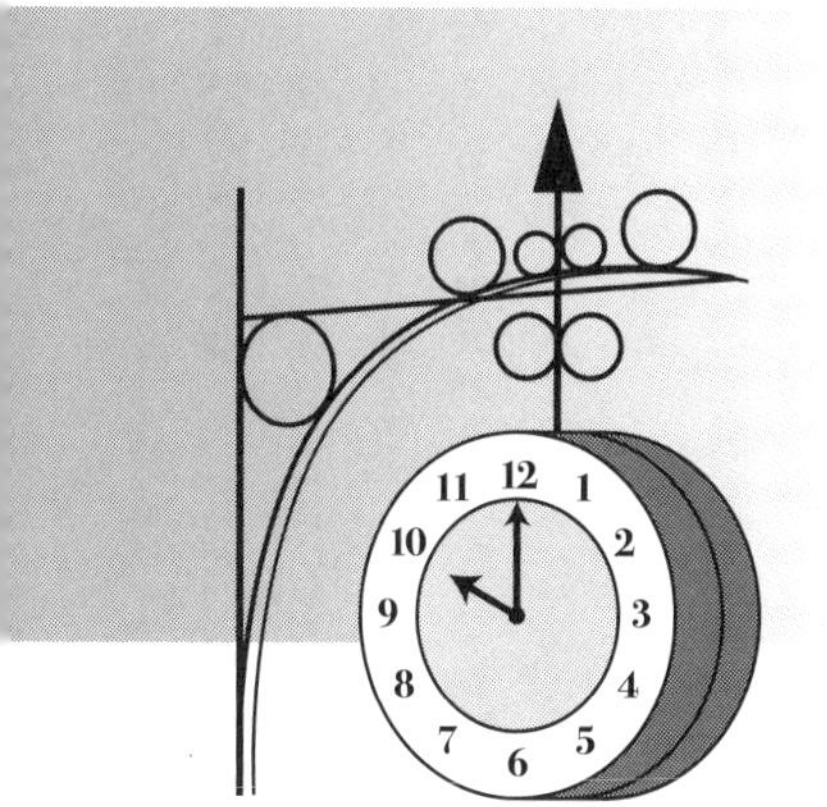

東日本大震災後の税と社会保障の抜本改革

２０１１年3月11日、１０００年に1度とも言われる大震災と大津波が東北と北関東などを襲った。東日本大震災である。東北と北関東の沿岸部を中心に未曾有の被害が出た上に、福島第一原子力発電所の事故が重なり、震災発生以降、震災復興および原発事故収束に政府の全精力が注がれている。３月23日に内閣府から公表された被害規模の試算では、道路・港湾・空港設備・住宅などの直接被害が16兆円から25兆円に上るとされている。なお、ここに原発事故関連は含まれていない。

大震災の発生は、政府で進められてきた税と社会保障の一体改革にももちろん大きな影響を与え、議論の修正を迫ることとなった。大震災発生の翌3月12日に予定されていた第5回社会保障改革に関する集中検討会議は延期され、本格的に再開されたのは4月27日になってからである。５月２日に成立した第１次補正予算では、２０１１年度予算案時点で予定されていた社会保障関係費の一部が震災復興に転用されることが決まった。１つは、子ども手当の3歳未満児への１人月額７０００円の上乗せの取りやめであり、もう1つは、基礎年金の国庫負担2分の1維持のための埋蔵金の転用である。

大震災発生後の税と社会保障の一体改革において、改めて確認されるべきは、税と社会保障の一体改革の重要性が増しこそすれ、低下してはいないということだ。それは、主に以下の４つの観点から確認できる。

１つ目の観点は、震災復興にかかる期間および規模の社会保障との相違である。震災復興は、経済的には一定期間のなかで収束する（させるべき）課題であり、その規模も前出の内閣府の試算を前提とすれば16兆円から25兆円に原発事故関連を加えたものである。しかも、その復興財源には、税ではなく民間資金で調達されるものも含まれるはずだ。他方、社会保障給付費は、第1章で述べた通り94・1兆円（2008年度）、一般会計の社会保障関係費は28・7兆円（2011年度当初予算ベース）である。さらに、高齢者人口が上昇し続ける2042年頃まで（国立社会保障・人口問題研究所2006年12月死亡中位推計）、社会保障給付の財政需要は増加し続けることとなる。

2つ目の観点は、今日、税と社会保障制度の見直しを迫る要因となっている、少子高齢化や就業形態・家族形態などの構造変化は、何ら変わっていないということだ。例えば、被用者年金や被用者健保からあふれた人々が国民年金や国民健康保険に流れ込む構造は、今もそのままだ。むしろ、大震災後の消費自粛や原発事故を受けたエネルギー制約の影響などによって経済が低迷すれば、状況がさらに深刻化する可能性もある。目の前に起きている問題と同時に、見えにくいが深刻な構造問題に目を向ける構えが必要であろう。

3つ目の観点として、やや抽象的な言い方になるが、政府・与党の税制や社会保障制度のあり方に関する「背骨」、「根本理念」、あるいは、「譲れない一線」を明確にすることが不可欠であるということだ。現在、これが曖昧である。例えば、第1次補正予算編成に至る過程で、子ども手当は、切り崩されることとなった。制度は理念の見えない、分かりにくいものとなっていき、今後も、ダッチロールを繰り返す懸念がある。名前だけ「子ども手当」が残り、中味は「児童手当」といったことにもなりかねない。仮に、真に政府・与党として大事にしている政策であれば、何が何でも守ろうということになるはずだ。あるいは、基礎年金の国庫負担割合維持のための埋蔵金2・5兆円も、将来世代の負担を抑制するための財源に手をつけないという信念、将来世代への責任感があれば、復興費への転用とはならないはずだ。

4つ目の観点として、3つ目の観点とも関連するが、より根本的に、社会保障関係費を点検することにより、新たに復興に回せる財源が見つかる可能性があるということだ。直ぐに挙がる候補は2つある。1つは、高齢者医療円滑運営対策費（第6章参照）の廃止・縮小である。これは、2008年4月の新しい高齢者医療制度の発足当初、高齢者の負担が重くなったという批判を受け、自民党政権が急遽2008年度補正予算で2528億円を計上し、高齢者の窓口負担と保険料負担の軽減を図ったものである。この負担軽減策は民主党政権以降も続いている。

もう1つは、マクロ経済スライドである（第4章参照）。これを機能させることによって、新たな財源捻出が期待できる。ごく単純化して計算してみよう。年金給付は、日本全体で約50兆円、国庫負担で賄われている部分は約10兆円である。マクロ経済スライドは、本来、毎年度、年金給付の伸びを約0・9％ポイント抑える仕組みである。マクロ経済スライド発動前に比べ、発動初年度は、年金給付全体で4500億円、国庫負担で賄われている部分に限れば900億円抑制される計算である。発動2年目は発動前に比べ、それぞれ9000億円、1800億円抑制される計算である。発動3年目は、そこにさらに上積みされた抑制額となる。

一体改革を2段構えに

さて、第9章までに述べてきた政策は、比較的直ちに実現可能な項目と、腰を落ち着けて取り組むべき本格的な改革とが混在している。それは、現在の政府・与党の議論にも通じており、時間軸で整理されていない。加えて、政府と与党との間には、そもそもの政策のベクトルの相違も見受けられる。例えば、集中検討会議への準備作業会合（2011年4月19日）にゲストスピーカーとして招かれた大田弘子政策研究大学院大学教授（元経済財政政策担当大臣）も、次のように指摘している。「それから、政府と民主党の考えが同じなのか、違うのか。どうも違うような感じがするが、少なくとも年金一元化、それから最低保障年金の創設といった制度の根幹にかかる部分は、一刻も早く決着させる必要がある。ここを明確にしないと、話は先に進まない」

そこで、本書で提案するのが、税と社会保障の一体改革を今後の時間軸のなかで第1段階と第2段階とに明確に分け、2段構えとすることである（図表10－1）。第1段階は、本書でいうところの狭義の一体改革を主体とする。狭義の一体改革はそれだけでは十分ではないが、急がれる内容であり、否定されるべきものではない。例えば、今の日本は増税なしで2012年度予算を組める状況にはない。問題は、それで終わりとしてしまうことである。第1段階の期間は2011年度中とする。一方、第2段階は、広義の一体改革（抜本改革）とし、2011年中から議論を始め、第1段階が終了する2012年度以降に実施していく内容である。

第1段階の具体的内容を述べる前に、2011年、2012年の社会保障に関する予定を確認して

図表10-1 税と社会保障の一体改革の第1段階と第2段階

		2011年	2012年	2013年～
第一段階（狭義）		第1段階 6月 政府・与党社会保障改革検討本部成案 当面の消費税率引き上げ決定? 第2段階があることの明示 → 12年度予算編成 →	4月 基礎年金国庫負担維持財源 診療報酬改定 介護報酬改定 子ども手当、12年度以降の根拠法	
第二段階（広義）			第2段階	
	政策目的の明確化	9月 マニフェスト検証		
	インフラ整備 執行 番号制度	6月 「社会保障・税番号大綱」（仮称）		
	インフラ整備 執行 歳入庁構想	実現に向けた工程表決定		
	インフラ整備 議論	年金財政検証前倒し 社会保険会計整備 クロヨンの政府推計　など		
	制度設計	消費税、給付付き税額控除 年金一元化、最低保障年金 高齢者医療制度 国保、介護 子ども手当　など		

（資料）筆者作成。
（注）枠で囲ってあるものは筆者の提言。

おきたい。当初のスケジュール通りに、政府・与党の社会保障改革検討本部から２０１１年６月に成案が提示されれば、秋以降は、それを受けて、２０１２年度の予算編成に入ることになる（もっともその前に２０１１年度の第２次補正予算などがある）。２０１２年度は、社会保障関係費の予算編成にとって重要な出来事が複数控えている。まず、基礎年金の国庫負担２分１維持の財源確保である。所要額は約２・５兆円だ。

　次いで、診療報酬と介護報酬のダブル改定である。それぞれ２年ぶり、３年ぶりとなる。２０１０年の民主党マニフェストには、診療報酬の引き上げや介護ヘルパーの給与引き上げが明記されており、党としては、いずれの報酬も引き上げたいところであろう。他方、子ども手当については２０１１年度どころか、２０１１年10月以降の存在そのものが危ぶまれる状況にある。

こうした社会保障関係費に関する直近の予定に加え、そもそも、一般会計の歳入歳出の構造自体が、公債金収入が税収を上回るという異常な状態にある。こうした状態は、もはや続けてはならず、増税は不可欠である。ましてや、政府・与党が、診療報酬や介護報酬において若干でも引き上げを企図するのであれば、増税は絶対条件であろう。

そこで、税と社会保障の一体改革の第1段階は、狭義の一体改革、あるいは、「改革」というよりも、「２０１２年度予算編成の一環」と位置づけることとする。政府・与党が意図しているであろう消費税率の追加的5％程度の引き上げにより、２０１２年度予算をまずは異常な常態から若干改善させることにする。このとき、大事なのは、第2段階があるということを国民に明示することである。第1段階のみで、国民の間に打ち止め感が出てしまえば、失敗だ。第2段階では、早い時点で一層の国民負担増があること、および、税と社会保障のまさに抜本改革を実現することをきちんと示しておく。これで、第1段階のミッションは終了である。

第2段階における3つの要素

第2段階は、税と社会保障の広義の一体改革、すなわち、抜本改革である。これは、２０１１年から議論を開始し、2012年度以降、順次実施に移していく。その議論は、大きく3つの要素から構成される。1つは、政策目的の明確化である。2つ目は、インフラの整備である。インフラには、番号制度や歳入庁といった制度執行のためのインフラと、制度設計を議論するためのインフラがある。3つ目は、まさに税および社会保障の制度設計である。この3要素は、相互に強く関係する。

では、1つ目の政策目的の明確化とは何であろうか。例として、配偶者控除廃止の例を再び登場させよう。民主党は、子ども手当の財源として配偶者控除廃止を当初より計画していた。しかし、第3章で述べたように、配偶者控除廃止は、単なる子ども手当の財源対策であってはならない。女性の働き方や家庭内労働に対する民主党としての確たる価値観があって、それに基づいて配偶者控除を廃止するという手順でなくてはならない。

あるいは、給付付き税額控除を導入するとしても、給付付き税額控除というツールを一体何に使うのか、明確な政策目的が必要だ。雇用促進と低所得層対策を兼ね合わせたWTCなのか、子育て支援としてのCTCなのか、それとも、社会保険料負担の軽減策なのか。それを決めるのは、学者というよりも、政治家の意思そのものである。民主党政権が、政府税制調査会を政治家だけで構成しているのもそのためではないか。さらには、国と地方の役割分担、ナショナル・ミニマム設定の是非や設定する場合の水準なども、税や社会保障制度を設計する上で不可欠なテーマである。

こうした政策目的が、民主党において必ずしも明確ではなく、とりわけ、決定的に欠けるのは、世代間格差是正の視点である。世代間格差のことを、「損得論」と呼ぶ人もいる。「損得」には、お金に執着する卑しい人間という語感があり、世代間格差を論点とすることを好まない人は、意図的に世代間格差を損得という言葉に置き換えているのかもしれない。

しかし、世代間格差是正は、現在の世代が将来世代に対して負担をツケ回さないというモラルの観点や、社会保障制度を中長期的に財政面から持続可能なものとするという観点から欠かせないテーマである。世代間格差是正を政策目的として掲げれば、後期高齢者医療制度は、高齢者差別だという民主党の認識も大きく修正を迫られるはずだ。

執行のためのインフラ整備

2つ目は、インフラ整備である。第1のインフラが、制度を執行するためのインフラである。その1つは、政府が精力的に議論を進めている番号制度であり、もう1つは、歳入庁構想である。もっとも、番号制度に関しては、導入に向けた工程表が作成されているのに対し、歳入庁構想は、国税庁と日本年金機構の統合にとどまるという点でプランとして不十分なばかりか、改革に向けた工程表も存在しない。

例えば、2003年1月28日に公表された政府の「社会保障・税に関わる番号制度についての基本方針」には、「付番機関については、社会保障や税制の改革の方向に照らし『歳入庁の創設』の検討を進めるとともに（後略）」（同資料5ページ）と一言あるだけだ。「検討を進める」というのは、実質的には、何もしないと宣言しているように聞こえる。

歳入庁構想の具体化と税および社会保障の制度設計はまさに両輪のはずである。給付付き税額控除、GSTクレジットタイプの戻し税方式、および、所得比例年金などを執行するには、低所得層を含む所得情報を一元的に捕捉し管理する税務当局、すなわち、市町村の税務行政をも統合した歳入庁が必要である。民主党マニフェストにおける税および社会保障制度改革案が実現できるか否かは、その執行が可能か否かに大きく依存している。よって、制度設計を進めるためには、執行面でのインフラ整備を同時に進めることが不可欠である。歳入庁構想が全く音沙汰なしであるのは、政府・与党のサボタージュであり、歳入庁実現に向けた工程表を早急に作成する必要がある。

これは、既存の行政機関の統合となるため、財務省、厚生労働省、および、市町村にとっては、前向きになりにくい政策である。歳入庁構想の具体化が進まないのは、行政側の協力が得にくいことも大きな理由と推測される。そうしたなか、歳入庁構想推進の原動力となるのは、国民の強い支持である。国民の支持を得るには、歳入庁実現によって、国民に大きなメリットがもたらされることを政府・与党が明示することが有効であろう。

例えば、企業が、税務署、日本年金機構、市町村それぞれに提出していた届出用紙が、歳入庁が誕生することにより、一枚の用紙で済むようになる。中小・零細企業の社長が、忙しいなか、それぞれの機関から個別に税務調査に入られ、その都度対応させられていたのが、歳入庁ができることにより1回で済むようになる。これは、企業にとって納税事務負担の軽減となり、大きなメリットとなる。政府・与党は、そうした納税者側の時間的・金銭的負担（タックス・コンプライアンス・コスト）の現状を金額に換算して国民に示すのである。英国の政府は、保険料庁（Contribution Agency）が内国歳入庁に統合された1999年の前年の1998年に、そうしたタックス・コンプラアンス・コストを調査し改善策とともに公表している（Inland Revenue [1998]）。そこでは、雇用主が従業員の給与から所得税と国民保険料を源泉徴収し、それぞれの行政機関に納付したり、社会保障給付を行ったりすることによるタックス・コンプライアンス・コストが調査されている。そのコストは、13億2000万ポンド、GDPの0・2％に相当するという。

あるいは、給付付き税額控除の制度設計を急ぎ、国民にメリットのある制度であること、それを実現するには、歳入庁が欠かせないことを国民1人ひとりに示すのである。こうした積み重ねにより、国民の幅広い支持を集めれば、歳入庁構想も自ずと動き出していくものと期待される。現在、政府・与党は何もせず、手をこまねいているだけに見える。どうしても統合される行政機関の側に抵抗感がある、あるいは、士気が下がるというのであれば、歳入庁ホールディングカンパニーのようなものを作り、その下に、いったん国税庁、日本年金機構、市町村の税務行政をぶら下げた上で、必要に応じて段階的に統合を図るのも一案であろう。

そして、民主党政権には、行政刷新会議による事業仕分けという格好の舞台設定と経験もある。ここで、現在、企業や家計がどのようなタックス・コンプライアンス・コストを負っているか、それはいかにすれば改善されるかなどを徹底的に洗い出すのである。こうして番号制度が完備し、市町村の税務行政をも統合した歳入庁が実現すれば、国民のタックス・コンプライアンス・コストが大幅に軽減され、利便性が向上するだけではない。給付付き税額控除をはじめ、制度設計の可能性が一挙に広がることとなる。逆にいえば、執行のためのインフラが整わなければ、今後の制度設計の自由度も極度に狭くならざるを得ないのだ。

制度設計の議論のためのインフラ整備

もう1つのインフラは、制度設計の議論をするためのインフラだ。現在、2105年までの年金財政の将来予測の経済前提として、賃金上昇率2・5%、運用利回り4・1%など現実離れした数値が置かれているのは第4章で述べた通りである。これは、自公政権下の2009年2月に厚生労働省から公表された第1回財政検証の経済前提であり、合理的前提というよりも、2004年の年金改正時の自公政権の公約である100年安心、給付水準50%維持が依然として成り立っているように取り繕うための恣意的な前提とみる方が妥当である。

実際、民主党は、野党時代、こうした経済前提の設定を楽観的であると批判してきた。そもそも、日本には年金改革の議論の材料となる信頼に足る数値が存在しないのである。これでは、年金制度改革の議論など始めようもない。早急に政府は財政検証を自らの手でやり直し、年金制度改革の議論の基礎となる信頼に足る将来予測を作らなければならない。それをせず、社会保障改革に関する集中検討会議のように、議論の形をとってもほとんど意味がない。政府・与党は、このことをよく知るべきである。

有効な制度設計の議論

こうした政策目的の明確化、インフラ整備があって、制度設計の議論もはじめて有効なものとなってくる。税についていえば、改革の第1段階で仮に消費税を追加的に5％程度引き上げたとしても、日本の今の財政状況やさらなる高齢化を考えると一段の引き上げが必要なのは自明である。その際、消費税の逆進性批判に応えるには、民主党がかねてより主張するように、ＧＳＴクレジットタイプの戻し税方式の具体的な姿を国民に示す必要性も出てこよう。戻し税方式を導入するには、番号制度と市町村税務行政を包摂した歳入庁実現が必要である。さらなる消費税率引き上げの実現のためにも、現在の与党案を超えた歳入庁構想を具体化していかねばならない。

年金についても、インフラ整備と制度設計の有効性に関し、同様なことがいえる。１００年安心を取り繕うための２００９年財政検証をいったん破棄し、財政検証をやり直すことで、はじめて年金制度改革の議論が有効なものとなってくる。政府は、若い世代も２・３倍もらえる年金というが、実際は０・８倍、０・５倍あるいはそれ以下というのが等身大の姿だ。すると、少子高齢化の著しい日本で、賦課方式を基本としながら、所得比例年金などといっても、ほとんど意味がないことが分かってくるはずだ。

医療に関しては、議論の方法そのものを根本的に見直す必要があろう。２００９年11月に厚生労働省に設けられた高齢者医療制度改革会議のような従来型の審議会は、制度改革の議論には適さない。１つ目の理由は、現行制度の枠組みのなかで議論せざるを得ないためである。後期高齢者支援金の負担方法を調整し、改革だといってみせたところで、国民は誰もついていけないし、支援金自体が、議論の対象そのものであるからだ。2つ目の理由は、医療制度は、地方自治の問題という側面が強いためである。霞ヶ関で、保険者を指名しても、受ける自治体側にその気がなければ機能しない。地方自治体側からの積極的な議論を喚起する必要がある。

介護に関し、民主党マニフェストには、介護ヘルパーの給与引き上げが掲げられている。これは、介護報酬の引き上げではなく、WTC導入でも可能である。しかも、WTCによって実質的に介護ヘルパーの給与を引き上げることには、次のようなメリットがある。1つは、確実にヘルパーの処遇改善になることだ。介護報酬を引き上げても、もしかすると事業者の懐に入るかもしれないが、WTCであれば、減税・給付という形での経済的なメリットは確実にヘルパーの手許に届く。

もう1つは、特定の産業への補助金とならずに済むことだ。介護は、もちろん重要ではあろう。しかし、他産業、例えば、自民党の麻生太郎政権が注力していたアニメだって重要なはずだ。国内のアニメーターも低賃金であるという。どの産業が重要か否かに関し、政府の判断が正しいという保証はどこにもない。介護報酬の引き上げであると、介護にだけ補助金が向かうことになるが、WTCであれば、産業を選ばない。これこそ、真に税と社会保障の一体改革と呼ぶに相応しいレベルの改革である。

政府の一体改革はどこへ行くのか

２０１１年5月12日、第6回社会保障改革に関する集中検討会議に、厚生労働省案として「社会保障制度改革の方向性と具体策」が提出された。全19ページ、副題は、「世代間公平」と「共助」を柱とする持続可能性の高い社会保障制度、である。これは、社会保障改革に関する集中検討会議の議論におけるたたき台となるものと位置付けられている。最後に、これに論評を加えておきたい。

第1に、副題にもある通り、世代間の公平を前面に出している点が注目される。厚生労働省案のなかに、次のような記述がある。「現役世代のみならず、現在の政策形成プロセスに影響を与えることができない将来世代への社会保障費用の先送りも行われており、世代間の公平を図っていくことが喫緊の課題である」（社会保障制度改革の方向性と具体策、7ページ）。

本書第4章では、米国のＳＯＳＩを紹介するなかで、「現行制度にコミットしていない将来の加入者」という用語を用いて、将来の加入者の負担抑制の重要性を説いたが、それと同様の趣旨と受け取ることができる。まさに厚生労働省案の言う通りだ。厚生労働省年金局数理課［２０１０］では、世代間格差が「損得論」として切捨てられているのと比べ、好ましい方向で、スタンスが修正されている。

ただし、物足りない、あるいは、疑問に思う点がある。1つは、先ほどの引用のすぐ下で「全世代対応型」という言葉が出てくることだ。米国のＳＯＳＩにおけるＣＧＭ（第4章、第6章）を思い起こしてみよう。将来の加入者の財政的負担を示すＣＧＭを抑制するためには、現在の加入者の財政的負担、すなわち、現在の加入者の社会保険料引き上げ、あるいは、給付抑制をするしかない。すなわち、将来の加入者の負担を抑制するには、現在の加入者の懐が痛むようなことをしなければならない。したがって、「全世代対応型」といった、どの世代もハッピーとなるような甘いことはあり得ない。

2つ目は、厚生労働省案が念頭に置く世代間の不公平の範囲が狭いことである。厚生労働省案では、その範囲として、一般会計の赤字国債に対する言及はあるものの、年金制度や高齢者医療制度などにおけるCGM（そもそも日本では計測されていないが）の存在には全く触れられていない。年金に関していえば、マクロ経済スライド（第5章）が不発動であることによる現役世代および将来世代への負担先送りには、本来必ず触れなければならない。

3つ目は、世代間の公平を図るという着眼はその通りなのだが、そのための具体策に乏しいことである。マクロ経済スライドのほか、高齢者医療制度の保険料負担（第6章）、公的年金等控除（第3章）の見直しなどが盛り込まれて然るべきである。もっとも、ここが日本の税制や社会保障制度の議論において根深い点だが、具体策に乏しいのは、行政側が悪いのかといえば、そうとは言い切れないことだ。例えば、マクロ経済スライドをデフレ下でも機能するように見直すとなれば、年金受給額を名目で切り下げることになる。当然、一部の年金受給者のみならず与野党内からも反発の声が出るだろう。政治が大局的な見地に立ってマクロ経済スライドの見直しを了承しなければ、行政からは提言しようがない。

第2に、「社会保険制度の揺らぎ」（社会保障制度改革の方向性と具体策、7ページ）というソフトな表現ながら、社会保険制度の現状認識に柔軟な姿勢が見られることである。揺らぎは、厚生年金や被用者健保が適用されない非正規労働者の増加、現役世代にとっての社会保険料負担感の増大などに表れているという。これは、2008年の社会保障国民会議の中間報告が、年金制度への不信は制度への不信というよりも社会保険庁への不信だと硬直的な姿勢をとっていたのと対照的である。

もっとも、今後の議論でさらに検証すべき点がある。1つは、日本の社会保険は、本当に「揺らぎ」といった程度の状況なのかということだ。本書は、基礎年金拠出金、後期高齢者支援金、前期高齢者納付金など制度間の所得移転の拡大、少子高齢化の進行に伴う年金の収益率低下などの負担と受益の対応関係の希薄化を指摘した。加えて、本書では、負担と受益の対応関係と最低保障の矛盾なども指摘した。そうした社会保険の状況を考えると、「揺らぎ」といった生易しい言葉で表現できるのかということである。実態はもっと深刻ではないだろうか。

2つ目は、厚生労働省案は、「今後とも社会保障の中核としての社会保険制度を維持していくこと」としているが、厚生労働省案から垣間見える方法で、果たして社会保険制度を維持していくことが可能なのかということである。年金に関しては、少子高齢化の進行に伴う収益率の低下によって、若い世代は負担と受益がもはや完全には対応しないのが現実だ。健康保険と介護保険に関しては、制度間の複雑な所得移転や政府部門間移転による公費負担の投入などで、負担と受益の対応関係が希薄になっている。これを真に社会保険らしく再構築するためには、給付付き税額控除を用いた税と社会保険料の明確な役割分担などの抜本改革が必要となるのではないだろうか。

3つ目は、厚生労働省案では、こうした「揺らぎ」を是正するために、例えば、「非正規労働者への社会保険の適用拡大」をするというが、その具体的方法は不明なことである。非正規労働者への社会保険の適用拡大のためには、本書第5章で述べたように、基礎年金拠出金、および、それに起因する「9万8000円の壁」に切り込んでいかなければならない。それはやはり制度の抜本改革となる。

第3に、年金制度改革に関し、厚生労働省案は、民主党の提案する所得比例年金と最低保障年金を柱とする新たな年金制度の創設を今後の検討課題と位置づけ、それまでの間、現行制度の改善を図るとしている点である。2段階論だ。また、厚生労働省案が、現行制度を「複雑で社会の変化への対応が難しく、職業間で格差もある」と記述している点も、従来になく踏み込んでいる。

こうした2段階論は、好ましい方法と評価できる。民主党における年金制度の議論が遅々として進まないなかで、現行制度において改善すべき点を先ず改善するというのは、妥当な判断であろう。現行制度においても、厚生年金の適用基準（現在、厚生労働省課長の手紙が根拠であることは第5章で述べた）の法律への明記、厚生年金と共済年金の一元化など速やかに実施すべきであり、かつ、可能なことは少なくないからだ。それにより、民主党の掲げる一元化にも近づくこととなる。こうした2段階論は、政治に対して、いよいよ実行を迫るボールが投げられているのだ、ということを与野党の政治家は認識すべきである。

もっとも、厚生労働省案の現行制度の改善策は、2011年4月段階で報じられていた内容より大幅に圧縮されている。4月段階では、次のような内容も報じられていた（2011年4月19日付日本経済新聞朝刊による）。①会社員の専業主婦に保険料負担を求めない現行制度（すなわち第3号被保険者）の見直し、②厚生年金と共済年金の保険料の原則統一、③追加費用の削減、④高所得者の年金支給額は基礎年金国庫負担相当額を上限に縮減、⑤高所得者の公的年金等控除の縮減、⑥マクロ経済スライドをデフレ下でも機能するよう見直し。いずれも極めて重要なものばかりだ。④〜⑥などは、CGMの拡大を抑制し、世代間の公平に寄与し、制度の持続可能性を高めることになる。

報道を通じて伝えられた4月案から5月12日の厚生労働省案の間に何があったのだろうか。4月案における高齢者の負担増や給付減などの内容が、与党あるいは政府の反対にあい、取り下げざるを得なかったのか。仮にそうだとすれば、少子高齢化が進むもとでの年金財政の持続可能性確保など到底おぼつかないし、財源を捻出し得るところから地道に財源を捻出するという作業をせずに、一挙に消費税率の引き上げで片付けようと思っているとすれば、乱暴な政策決定である。

第4に、政府・与党は、税と社会保障の一体改革（もっとも、その定義は明確ではない）を目指しているにもかかわらず、厚生労働省に改革案の作成を指示していることから、本書でいう広義の税と社会保障の一体改革になっていないことが指摘できる。

例えば、厚生労働省案では、低所得者対策の一環として、保険料負担に関し、国民健康保険料の低所得者対策の強化、介護保険の低所得者対策の強化、非正規労働者への厚生年金・健康保険の適用拡大が挙げられている[1]。国保の低所得者対策の強化に関していえば、保険基盤安定制度（第7章参照）の拡充が念頭に置かれているものと推測される。現行制度の枠組みを所与とすれば、必然的にこうしたメニューになるだろう。

しかし、低所得者対策は、給付付き税額控除を用いることにより、より多くのメリットを取り込みながら実施できるはずである。そのメリットとして、主に3つ挙げられる。①政府部門間移転としての税投入ではなく政府から家計への直接移転となることから、家計が税の恩恵を実感しやすくなる、②併せて、社会保険料の負担と受益の対応関係が強化される、③給付付き税額控除を相対的貧困率の改善を視野に置いて設計したならば、その効果が確実に期待できる。

こうしたことは、厚生労働省案の掲げる就労促進についてもあてはまる。厚生労働省案は、就労促進の手段として、就業教育の充実、女性や高齢者の就業促進などを掲げているが、英国のWTCなどが、まさに就労促進を主な目的の1つとしているように、社会保障制度と税制とが同じ目的のために一体的に制度設計されるべきであろう。それが、税と社会保障の一体改革の重要な構成要素のはずであり、特に与党は、厚生労働省案の提言内容を、給付付き税額控除に置き換えることができないかを

1　報道によれば、国保に対し「厚労省は5000億円程度の（税金の）追加投入で、保険料上げなどを抑えられるように支援する」とあり、さらに、前期高齢者のうち「70～74歳に対し、給付の15％程度にあたる約4000億円を入れる」とある（2011年5月17日付日本経済新聞朝刊）。

徹底的に検討すべきである。

第5に、医療と介護に関し、サービス提供体制の整備や医療イノベーションの推進などミクロの政策が並べられる一方で、健康保険制度に関する記述が乏しいことである。今回の厚生労働省案は、改革案の射程は2015年からその5年後、10年後を展望しているとされ、比較的中期的な内容であるはずだが、こうしてミクロの政策が並べられているところをみると、2012年度の診療報酬と介護報酬ダブル改定をにらんだ、短期的な改革案といった印象を受ける。実際、社会保障改革に関する集中検討会議でも、医療や介護の制度論はほとんど話題に上っていない。

もっとも、健康保険制度（および介護保険制度）は、少子高齢化が進むなかでの持続可能性確保、ラストリゾートとしての国保の再編あるいは再構築、および、協会けんぽの適用促進といった、極めて重要な課題が数多く控えているはずである。厚生労働省案からは、そうした課題に取組もうという熱気がなかなか伝わってこない。ただし、これも、政治の側にこうした課題に正面から取組もうという当初は胸に秘められていた気概が後退していることを反映したものといえる。

おわりに――政争から政策へ

大震災からの復興および原発事故収束の道筋が見えないなか、永田町では政争が繰り広げられている。自民・公明両党が中心となって、昨日、内閣不信任決議案が衆議院に提出された。今日の衆院本会議での採決の直前まで、民主党内からの大量造反も伝えられていた。

菅直人首相が早期退陣に言及したことと引き換える形で、決議案は否決されたものの、民主党内にもともとあった亀裂が拡大するとともに、与野党対立が決定的になった。既にねじれ国会になっていることに輪をかけて、政治状況はより一層不安定になっていくことが予想される。しかし、どのような政治状況であろうとも、「税と社会保障の抜本改革」が、日本にとってまさに真正面から取り組むべき課題であることに変わりはない。

ただ、本書の原稿は5月半ばに脱稿しており、菅政権がこれまで提示してきた政策スケジュールやその時点での政府・与党間関係を前提とした記述がある。本書をお読みいただくにあたり、その点を踏まえていただけると幸いである。読者の皆さまが税と社会保障の将来を考える際、本書が少しでも役に立てるとするならば、筆者にとって望外の喜びである。

2011年6月2日

西沢和彦

参考文献

【あ行】

麻生良文［２００８］「年金財政の現状と問題点（1）、（2）」法学研究　78巻6号、7号
荒井晴仁［２００６］「法人成りと国民経済計算─国民経済計算と税務統計における給与所得の乖離について─」レファレンス２００６年9月
荒井晴仁［２００７ａ］「国民経済計算を用いた所得捕捉率推計の問題点─自営業所得の捕捉率を中心に─」レファレンス２００７年４月
荒井晴仁［２００７ｂ］「農業所得の捕捉率について」レファレンス２００７年8月
石弘光［１９８１］「課税所得捕捉率の業種間格差─クロヨンの一つの推計」季刊現代経済　spring 1981
井藤丈嗣［２０１０］「課税売上割合が95％以上の場合に生ずる益税問題─消費税率の引き上げを見据えて─」税研 Vol.25　No.4
今井一男、佐口卓、橋本司郎、増田康明［１９８５］「座談会公的年金制度の一元化と共済年金制度の改革」共済新報１９８５年1月共済組合連盟
今井澄［２００２］『理想の医療を語れますか』東洋経済新報社
岩本康志、福井唯嗣［２０１０］「医療・介護保険の費用負担の動向」RIETI Discussion Paper Series 10-J-035
栄畑潤［２００７］『医療保険の構造改革　平成18年改革の軌跡とポイント』法研

呉善充（オウソンチュン）［２００９］「消費税における益税の推計」財団法人関西社会経済研究所 KISER Discussion Paper Series No.17
大田弘子、坪内浩、辻健彦［２００３］「所得税における水平的公平性について」内閣府景気判断・政策分析ディスカッション・ペーパーＤＰ／03－1
奥野正寛、小西秀樹、竹内恵行、照山博司、吉川洋［１９９０］「不公平税制」現代経済研究グループ編『日本の政治経済システム』日本経済新聞社

【か行】

川瀬晃弘、木村真［２００９］「年金債務からみた２００４年年金改革の評価」経済分析１８１号
瓦田太賀四、都築洋一郎［２００４］「米国連邦政府財務報告の体系に関する一考察―「スチュワードシップ情報」の位置づけを中心に―」会計検査研究　第29号
北浦義朗［２００７］「国民健康保険料（税）の水平的不平等性」財団法人関西社会経済研究所 KISER Discussion Paper Series No.8
厚生労働省［２００３］「持続可能な安心できる年金制度の構築に向けて（厚生労働省案）」
厚生労働省［２００９］「相対的貧困率の年次推移」
厚生労働省年金局数理課［２０１０］「平成21年財政検証結果レポート」
小西砂千夫［１９９７］『日本の税制改革―最適課税論によるアプローチ』有斐閣
小村武［２００２］『予算と財政法三訂版』新日本法規

【さ行】
清水涼子［２００８］「公的年金に係る財務報告について」会計検査研究 第38号
児童手当制度研究会［２００７］『四訂児童手当法の解説』中央法規出版
社会保障国民会議［２００８］「中間報告」
社会保障審議会年金数理部会［２００８］『公的年金財政状況報告―平成18年度―』
鈴木亘［２００９］『だまされないための年金・医療・介護入門』東洋経済新報社
税制調査会基礎問題小委員会［２００５］「個人所得課税に関する論点整理」
政府・与党社会保障改革検討本部［２０１１］「社会保障・税に関わる番号制度についての基本方針―主権者たる国民の視点に立った番号制度の構築―」
総務省［２００４］「年金に関する行政評価・監視―国民年金業務を中心として―〈評価・監視結果に基づく第２次勧告〉」
総務省［２００６］「厚生年金保険に関する行政評価・監視結果」
総理府社会保障制度審議会［１９７８］『解説　皆年金下の新年金体系―基本年金創設勧告―』ぎょうせい

【た行】
高山憲之［２００９］「年金の２００９年財政検証と民主党の年金マニフェストをめぐって」年金と経済２００９年10月号　Vol.28 No.3
高山憲之［２０１０］『年金と子ども手当』岩波書店
田近栄治、八塩裕之［２００８］「所得税改革―税額控除による税と社会保険料負担の一体調整」季刊社会保障研究 44（3） 2008. Win.

田中秀明［2005］「厚生・共済統合より基礎年金の一元化を」週刊東洋経済2005年12月3日号
（財）地方自治情報センター［2006］「地方消費税の勉強会報告書」
（財）地方自治情報センター［2008］「地方消費税の清算基準に関する研究会報告書」
（財）地方自治情報センター［2010］「地方消費税の充実に向けた諸問題に関する研究会報告書」

【な行】

西沢和彦［2002］「医療保険制度における世代間格差――社会保障制度の世代間格差是正に数値目標設定を――」Japan Research Review 12（3）
西沢和彦［2005］「所得捕捉率推計の問題と今後の課題――1990年代以降格差大幅縮小との判断は早計」Business & economic review 15（12）
西沢和彦［2007］「健康保険財政の長期推計―少子高齢社会における新制度の持続可能性」Business & Economic Review 17（3）
西沢和彦［2008］『年金制度は誰のものか』日本経済新聞出版社
西沢和彦［2009］「日本版Working Tax Creditの設計―試算と導入に向けた課題」Business & economic review 19（4）
野田毅［2004］『消費税が日本を救う』PHP研究所
野田毅、岡田克也、枝野幸男、河野太郎、古川元久、大串博志、亀井善太郎［2008］「いまこそ、年金制度の抜本改革を。――超党派による年金制度改革に関する提言――」

【は行】

橋本恭之［2002］「消費税の益税とその対策」税研 Vol.18 No.22

蜂屋勝弘［2001］「課税最低限の水準に関する一考察―税額還付型所得補助制度を視野に入れて―」Japan Research Review 11（2）

八田達夫［1994］『消費税はやはりいらない』東洋経済新報社

林宏昭［1995］『租税政策の計量分析―家計間・地域間の負担配分』日本評論社

林宏昭［2002］『どう臨む、財政危機下の税制改革』清文社

福田浩三［2001］「病院負担の消費税はどうしたらよいか 日本の消費税制の誤りを憂いながら――」社会保険旬報 No.2091

藤田晴［1992］『所得税の基礎理論』中央経済社

藤田晴［2000］「消費税の福祉目的税化問題」、宮島洋編著『消費課税の理論と課題二訂版』税務経理協会所収

古市峰子［2003］「国際会計士連盟による国際会計基準（IPSAS）策定プロジェクトについて」日本銀行金融研究所 金融研究2003年3月

【ま行】

毎日新聞［2009］（2009年6月8日付）

三木義一［1995］「非課税取引とゼロ税率」日税研論集 第30号

宮島洋［2000］「消費課税の理論と課題」、宮島洋編著『消費課税の理論と課題二訂版』税務経理協会所収

民主党［２００９］「崖っぷちの日本の医療、必ず救う！」
村上清［１９９３］『年金改革』東洋経済新報社
望月正光［２００８］「産業連関表に基づく地方消費税のマクロ清算方式」関東学院大学経済経営研究所年報 第30集
森信茂樹［２０００］『日本の消費税』納税協会連合会
森信茂樹［２０１０］『日本の税制』岩波書店
森信茂樹編著［２００８］『給付つき税額控除 日本型児童税額控除の提言』中央経済社

【や行】

八代尚宏［２００９］『労働市場改革の経済学』東洋経済新報社
山田雄三監訳［１９６９］『ベヴァリジ報告 社会保険および関連サービス』至誠堂
山本守之、峰崎直樹［２０１０］「新春特別対談今後4年間で何をするか!?:税制改革の方向性」税経通信２０１０年1月号

【英文文献】

Federal Accounting Standards Advisory Board(FASAB)[1999]'Accounting for Social Insurance(Statement of Recommended Accounting Standards Number17)'
Federal Accounting Standards Advisory Board(FASAB)[2006]'Accounting for Social Insurance, Revised(Preliminary Views)'
Federal Accounting Standards Advisory Board(FASAB)[2008]'Accounting for Social Insurance,

Revised(Exposure Draft)'
Gerdt Sundström[2008] 'Aging and Old-age care in Sweden' http://133.25.26.12/conf/2008/jspeaker.html
HM Treasury[2002] 'The Child and Working Tax Credits: The Modernization of Britain's Tax and Benefit System Number Ten. '
Inland Revenue[1998]'The Tax Compliance Costs for Employers of PAYE and National Insurance in 1995-96'
Janet Holtzblatt, Janet Mcgubbin[2004]'Issues Affecting Low-Income Filers'
Henry J・Aaron, Joel Slemrod[2004]'Crisis in Tax Administration' Brookings Inst Press
OECD[2008] 'Growing unequal? : Income Distribution and Poverty in OECD Countries'
OECD[2009] 'Health at a Glance 2009'
OECD[2011a] 'Pensions at a Glance 2011'
OECD[2011b] 'Consumption Tax Trends 2010'
President's Advisory Panel[2005]'Simple, Fair, Pro-Growth :Proposals to Fix America's Tax System, Report of the President's Advisory Panel on Federal Tax Reform'
SSA[2008]'THE 2008 ANNUAL REPORT OF THE BOARD OF TRUSTEES OF THE FEDERAL OLD-AGE AND SURVIVORS INSURANCE AND FEDERAL DISABILITY INSURANCE TRUST FUNDS(2008 OASDI Trustees Report)'

●は行

●ま行

●や行

●ら行

●た行

●な行

●さ行

索　引

〈著者紹介〉

西沢　和彦（にしざわ・かずひこ）

（株）日本総合研究所調査部主任研究員。

1965年東京都生まれ。1989年一橋大学社会学部卒業、三井銀行（現三井住友銀行）入行。法政大学修士（経済学）。2006年より社会保障審議会年金部会委員。2009年より同日本年金機構評価部会委員。

主な著書に『年金制度は誰のものか』（日本経済新聞出版社、2008年)、『年金大改革』（同、2003年)。

税と社会保障の抜本改革

2011年6月24日　　1版1刷
2011年9月13日　　　3刷

著　者　　西　沢　和　彦

発行者　　斎　田　久　夫

発行所　　日本経済新聞出版社
http://www.nikkeibook.com/
〒100-8066　東京都千代田区大手町1-3-7
電話（03）3270-0251（代）

印刷／製本　中央精版印刷
ISBN978-4-532-49123-9